# 体罰と日本野球

中村哲也
Tetsuya Nakamura

# 体罰と日本野球

## 歴史からの検証

岩波書店

# 目次

## 第Ⅱ部　体罰の発生と拡大

# 序章　体罰の減らないスポーツ界

二〇二三年一月、高校野球の強豪・東海大学菅生《すがお》高校野球部の若林弘泰監督が、部員の尻を蹴って激しく叱責したり、他の部員にも平手打ちを加えたりして、被害生徒が退学していたことが発覚した。同監督は、東海大相模高、東海大、日立製作所で選手として活躍し、一九九一年に中日ドラゴンズから指名を受けてプロ野球選手となった。プロとしては大成しなかったものの、現役引退後に教員免許を取得して、高校野球の監督に就任していた。

同監督は、選手たちを発奮させるため、凡ミスをしたりふがいない投球をしたりした選手を「容赦なく怒鳴りつけ」る方針をとり、「泣いた選手はたくさんいる」が、「部を去っていった人間はひとりもいない」と著書に記していた(1)。しかし実際には、選手を口頭で叱責するだけではなく体罰も行使しており、それを理由に退部する部員もいたことが明らかとなった。同監督は、学生野球協会審査室から四か月の謹慎処分を受け、同校の野球部監督を解任された(2)。大阪産業大学附属高校野球部でも、元プロ野球選手の田上秀則監督が、暴力と不適切発言・不適切指導によって一年の謹慎処分を受けている(3)。

二〇一二年一二月、大阪市立桜宮《さくらのみや》高校(現・大阪府立桜宮高校)バスケットボール部主将が、顧問教員からの度重なる体罰や暴言によって自殺する、という衝撃的な事件が発生した(以下、桜宮事件)[4]。事件翌月の二〇一三年一月には、女子柔道日本代表監督による選手への暴力やパワハラも発覚し、スポーツ界の体罰・暴力を批判してそれを追放しようという宣言や声明が次々と発表された。

同年二月五日、下村博文文部科学大臣による「スポーツ指導における暴力根絶へ向けて」、四月には日本体育協会(現・日本スポーツ協会。以下、JSPO)・日本オリンピック委員会(JOC)等による「スポーツ界における暴力行為根絶宣言」が発表された。その他、日本体育学会(現・日本体育・スポーツ・健康学会)理事会や日本スポーツ法学会、日本スポーツとジェンダー学会などのスポーツ関係学会、多くの教員・スポーツ指導者を輩出している日本体育大学(以下、日体大)など、様々なスポーツ関係団体が声明や宣言を発表し、体罰を行使するスポーツ指導者を批判するとともに、スポーツ界の暴力的な環境の改善と人権の尊重などを訴えた[5]。

さらにJSPOは、「プレーヤーズセンタードの考え方のもとに暴力やハラスメントなどあらゆる反倫理的行為を排除」することを目的として、公認スポーツ指導者資格を再編するとともに、コーチのレベルに応じた研修を充実させている[6]。日本高等学校野球連盟(以下、日本高野連)は、二〇〇五年に発覚した夏の選手権大会優勝校の体罰事件をきっかけにして、二〇〇八年から在籍一〇年未満の若手指導者を対象にした指導法の講習や体罰防止のグループワーク等を実施している(甲子園塾)[7]。

桜宮事件以後、日本スポーツ界を挙げて体罰・暴力を排除する取り組みが進められ、指導者による体罰・暴力に対して社会から厳しい目が注がれるようになっているが、それでもスポーツ指導者による事件・不祥事は後を絶たない。図序-1は、二〇〇五年以降の高校・大学野球で発覚した不祥事件の件数と、その中に占める指導者による部内の暴力事件の件数およびその割合の推移を示したものである。

これを見ると、一年間の不祥事件数が最多を記録したのは二〇〇六年の二四一件で、そのうち指導者による部内の暴力事件は五〇件で二〇・七%となっており、その後も指導者による暴力は二〇〜三〇%台を推移してきたことがわかる。なかでも、桜宮事件をきっかけに指導者による暴力への関心が高まった二〇一三年には、過去最高となる八〇件(四八・五%)の不祥事件が報告された。

しかし、その後は少子化により高校・大学の野球部・部員数が減少すると、不祥事件数全体も減少し、二〇一〇年代後半にはピーク時の約半数となる年一〇〇件前後で推移するようになっていった。さらに二〇二〇・二一年は、新型コロナウイルスの感染拡大に伴う休校措置や部活動の活動自粛等により、不祥事件数は一年間で五〇件程度と、過去最低水準にまで低下した。

このように不祥事件数全体が減少する一方で、指導者による部内の暴力事件は年三〇〜五〇件程度で安定しているため、不祥事件全体に占める割合は急速に高まっている。また二〇一九年以降は、高校・大学野球の不祥事件全体の五〇%以上を指導者による部内の暴力が占めるようになっ

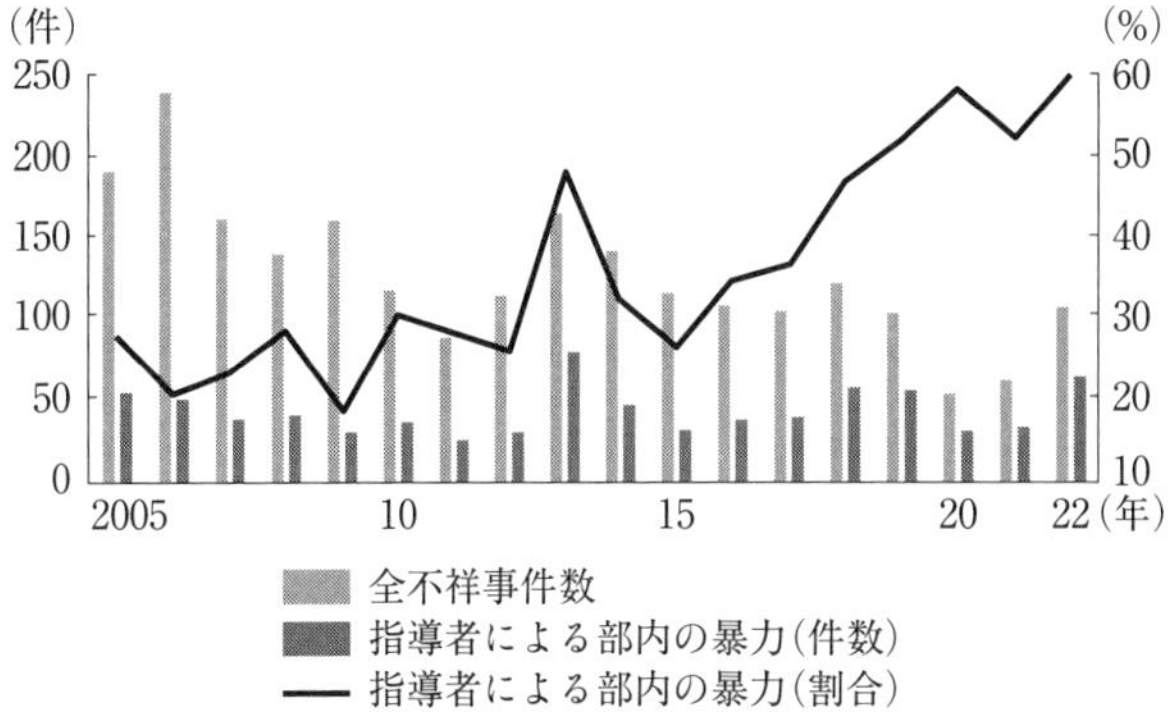


図序-1　高校・大学野球の不祥事件数と指導者による暴力の件数・割合

出典：朝日新聞記事より作成.

ているのである。

野球以外の競技でも、指導者による暴力事件の報道は後を絶たない。二〇二二年だけでも、部員にボールをぶつけた女子バレーボール部顧問(8)、部員を素手でたたいたり竹刀で喉やわき腹をついたりした剣道部顧問(9)、平手で顔をたたいて全治一か月のけがを負わせた女子ソフトボール部顧問(10)などの事件がメディアで報道された。こうした指導者たちは、学校・教育委員会から懲戒処分を受けたり、逮捕・起訴されたりするなど、以前よりも厳しい社会的制裁を受けるようになっている。しかし、それでもなお、スポーツ界の体罰・暴力は、根絶されずに発生し続けているのである。

## 体罰はどのようにとらえられてきたか――先行研究

日本スポーツ界における体罰が初めて社会問題化したのは、一九六五年の東京農業大学(以下、東農大)ワンダーフォーゲル部で発生した「死のシゴキ」事件であった。その後も、一九七〇年の拓殖大学空手サークル「拓忍会」事件、一九七九～八二年の戸塚ヨットスクール事件、一九八五年の中津商業高校陸上部事件など、上級生や指導者による体罰やしごきによって、選手・部員が死亡したり、自殺したりする事件が相次いだ。こうした事件が起こるたびに、教育学者やスポーツ社会学者らによって、「なぜ日本スポーツ界では体罰が行われるのか」「なぜしごきはなくならないのか」ということが論じられてきた。

例えば、藤田昌士《ふじたしょうじ》は「勝利至上主義のもとでの過酷な「しごき」と練習、非科学的な訓練、それらに伴う生徒の健康と生活の破壊、あるいは生活の偏り、部員相互、とくに上級生と下級生との間の非民主的な人間関係」などをその要因と指摘した(11)。坂本秀夫は、「勝つためにすべてを犠牲にしてハードトレーニングを重ねることで、勝利主義と根性主義、しごきは表裏一体」になるが、試合結果がメディアで報道されると「勝利を目指す訓練の中にはどんなしごきや体罰があったのか」ということは忘れられる、と指摘した(12)。高校運動部がトップアスリート養成の拠点となって「運動部のセミプロ化」が進み、それが「軍隊的なしごきや体罰や侮辱」を助長するとも指摘された(13)。

運動部活動で、主に顧問や監督を担う体育教師の役割や権力についても指摘されてきた。一九八六・八七年に行われた調査では、体育教師の六七・四%が体罰を行使した経験があり、「体育教師の体罰行使率が異常に高い」ことが指摘された(14)。その理由について、体育教師の経歴をもつスポーツ社会学者の森川貞夫は、校内で威圧的・暴力的な手段を用いてでも部活動を強化したり、校内の規律維持や生徒指導を主導したりする役割を体育教師は期待されている、と指摘した(15)。教育社会学者の内田良は、体罰教師はほとんど処分されておらず、「生徒に暴力をふるう教員は、教育界に守られている」と述べている(16)。

こうした学校内での期待・役割とスポーツに関する知識・技能を背景にして、運動部では「レギュラーポジションの決定権も、選手交替の起用権もすべて監督の掌中」で、部員は「監督の指示命令には絶対服従」する。その結果、部員は「どんなペナルティを課せられても忠実に従」い、「練習中は監督の罵声が飛ぶ。乱暴な言葉の暴力が飛ぶ。練習が終わると正座でお説教ということもあれば、文字通りのゲンコツ制裁」、さらに「上級生の権威も下級生にとっては絶対で」「生徒間のいじめや体罰もこうしてまかりとおる」ようになる、と指摘された(17)。

近年では、こうした体罰を受けても、なぜ生徒は部活動・スポーツをやめないのか、なぜ体罰を受け入れるのか、といった視点の研究も現れている。庄形篤《しょうがたあつし》は、指導者が体罰を行使することもある女子ハンドボール部でフィールドワークを行い、技術的・精神的に「強くなる」、成長することを望むがゆえに、生徒自身が「体罰を受容することを選択している」と述べる。(18)

しかし、体罰を受けた側がそれを「主体的」に「受容」するのは、心理学でいわれるところの「認知的不協和」として解釈すべきであろう。(19) 形式的には、体罰があるクラブをやめて別のクラブに移ったり、そのスポーツをやめて別の種目を始めたりする自由や権利があるものの、移籍の困難、スポーツ推薦の可否、他の種目を始めることの時間的コスト等の理由から、生徒は事実上「指導者に忍従するか当該スポーツを辞めるかの二者択一を迫られている」のであり、(20) それゆえに多くの生徒は体罰やしごきを「主体的に受容」したり、そう見えるような行動をしていたりするのである。

スポーツ心理学の研究者からは、体罰を受けた経験をもつスポーツ選手は、その経験のない選手よりも「体罰が必要」と考えたり、指導者となった時に「体罰する(かもしれない)」と考える傾向が強いことも明らかにされている。(21) 卒業・引退後に体罰を含む自身のスポーツ経験を振り返り、そこに技術的・精神的な成長という意味を見出し、正当化するからである。(22) それゆえに、体罰経験のある指導者が、選手を成長させるために体罰を用いる、という体罰の再生産が起こり、それが一層体罰の根絶を難しくしているといえる。

メディアが報道する大会・試合で勝利するために、選手には過酷なトレーニングが課され、時に体罰やしごきも用いられる。部内では、規律の維持や部の強化を期待された監督が絶対的な権力をもっており、スポーツを続けようと思う学生・生徒は、体罰や暴言に不満があったとしても、それに反抗したり、チームを移籍したりすることができない。そのような環境で成長した選手が指導者となった時、選手に体罰を

表序-1　日本の大学生を対象にした体罰経験に関する調査

| 出　典 | 調査時期 | 調査対象 | 対象者数 | 体罰経験(%) |
|---|---|---|---|---|
| 阿江(2022) | 1994-95 | 女子体育大学生 | 596 | 37.4(中学 21.8, 高校 26.1) |
| 楠本ほか(1998) | 1996 | A 大学(体育専攻) | 706 | 43.8 |
| 野地・吉田(1996) | 1996 | K 大学教育学部生 | 135 | 38.5 |
| 安田(2000) | 1996 | 国立大学生・私立大学生・私立短大生 | 516 | 12.8 |
| 杉山(1997) | 1996 | 教育学部生・看護学校生 | 299 | 中学 29.0, 高校 17.9 |
| 高橋・久米田(2008) | 2006 | 奈良教育大学生 | 278 | 中学 20.0, 高校 16.6 |
| 冨江(2008) | 2006-07 | 女子体育大学生・共学体育大学生・一般大学生 | 564 | 中学 39.1, 高校 44.2 |
| 齋藤ほか(2016) | 2013-14 | A 体育大学生 | 977 | 29.8 |

出典：上記表中の出典より作成.

用いて指導する。先行研究では、日本スポーツ界で体罰が発生・存続する構造は、このように明らかにされてきた。

しかし、このような見解では、なぜ「日本の」スポーツ界で体罰が発生するようになったのか、ということを説明できているわけではない。メディアによる大会の報道、勝利至上主義、試合に勝つための過酷な練習、スポーツのプロ化・商業化等は、日本だけに限られたものではない。欧米諸国にも世界的な人気を誇るプロスポーツが存在し、世界的なトップアスリートが次々と誕生しているが、それらの国々では若いスポーツ選手に対して、指導者からの体罰が常態化しているわけではない。

表序-1は、日本の大学生を対象にして、部活動などのスポーツ指導で体罰を受けた経験があるかどうかを調査した研究の結果をまとめたものである。これを見ると、調査の時期や調査対象者によって結果が異なっているものの、おおむね十数%~四〇%程度の学生が、部活動において体罰を経験してきたことがわかる。

指導者を対象にして行われた調査でも、運動部を担当する教員の六一・六％に体罰行使の経験があり（一九八六・八七年、文化系は三八・四％）[23]、高校野球指導者を対象にした調査では体罰行使の経験がある者が約七割に達した（二〇〇六年）[24]。

一方、一九九三年にアメリカで行われた調査では、体罰を受けた経験のあるスポーツ選手は、全体の一七・五％であった[25]。日本の中高生の柔道を対象にした調査では、一九八三〜二〇一一年の二九年間で一一八人の中高生が柔道で死亡し、そのなかには指導者による体罰やしごきをうかがわせるものが複数あった。一方で、アメリカ・フランス等欧米六か国では、過去一〇〜二〇年間に柔道が理由で死亡した者は一人もいないという[26]。二〇一三年から一四年にかけて、日本・韓国・イタリア三か国の体育系学生を対象にした調査でも、韓国一四・八％、イタリア二一・八％に対して、日本は二九・八％の学生が体罰を経験していた[27]。

『日本の体罰』の著者でアメリカ人文化人類学者のアーロン・L・ミラーは、日本で英語教師として働いている時に、「法律ではっきりと禁止されているにもかかわらず、そのような教師たちが体罰を用いることに、当時の私は困惑した」経験から、体罰の研究を始めた[28]。ドイツ在住のスポーツジャーナリスト・高松平蔵も「ドイツのスポーツクラブには体罰やしごきがない」と述べている[29]。欧米諸国でスポーツ選手への体罰が皆無というわけではないが、量的にも頻度でも日本ほど多くないことは確かであろう。

さらに、本書で詳しく見ていくように、日本スポーツ界においても体罰の実態は、時代とともに変化してきた。しかし、勝利至上主義や根性主義、部内の指導者の権力、といった概念では、時代の変化とともに体罰の実態が変化したのはなぜか、ということを説明できない。歴史学的な視点から見れば、試合での勝利を追求する姿勢や、根性主義（論）、指導者の権力といったことがそのものが、日本スポーツ界やそれを取り巻く社会的な構造の変化のなかで形成されてきたものでもある。

さらに日本スポーツ界では、味方であるはずの選手に対して、暴力がふるわれるのはなぜか、という疑問も残る。試合に勝ちたいあまり、勝敗に熱中するあまり、対戦相手や応援団、審判に暴力を行使するというのは、正しい行為ではないが、その動機は理解しやすい。実際、一九八〇~九〇年代の欧州サッカー界を席巻したフーリガンは、相手チームのファンに暴力的な行動を繰り返した。[30] アメリカ在住のスポーツライター・谷口輝世子《たにぐちきよこ》も、「あくまで私の印象」と留保しながらも「日本ではチーム内で体罰や脅しが起こりやすいのに対し、米国ではチーム外の審判や対戦相手に対して直接的な暴力が起こりやすい」と述べている。[31] 勝利至上主義やプロ化・商業化という要因では、なぜ日本では「味方に暴力をふるうのか」は説明できないのである。

従来の研究では、こうした疑問に対する回答として旧日本軍の影響が重視されてきた。しかし、それでも部内の体罰が「いつから始まったのか」、そして「それはなぜか」ということについては、諸説入り乱れてきた。

日本体育大学元学長で日本体育史を専門とする谷釜了正《たにがまりょうしょう》は、日本スポーツ界の体罰は明治期に発生するようになったと主張する。谷釜は、一八八六年に高等小学校や旧制中等学校に兵式体操が導入され、それを指導した退役軍人らによって学校に体罰が持ち込まれた、と述べている。[32] スポーツライターの玉木正之も「日清・日露戦争を経て軍国主義が台頭し」、「楽しくスポーツをプレイするのではなく、身体を鍛えて強い兵隊をつくることが、スポーツを利用した体育の目的」となるなかで、「日本の軍隊、主に陸軍のなかの上下関係、すなわち上官の暴力による支配が、〔学校における〕体育会内部の上下関係、先輩と後輩の関係にも蔓延《はびこ》るようになり、暴力が「体罰」として定着するようになった」と述べている(33)。

これに対して、体罰の発生を昭和戦前期とする主張もある。教育学者の城丸章夫《しろまるふみお》は、「戦前の学校の命令・号令主義、取締り主義、教師ならびに上級生への絶対服従主義」は体操教師や配属将校らによって学校に持ち込まれ、戦後に旧陸軍の内務班《ないむはん》で行われていたような体罰やしごきが行われるようになった、と述べた(34)。スポーツ社会学者の内海和雄や、部活動を専門とする教育学者の神谷拓《かみやたく》も、戦前期の軍隊・軍国主義によって部活動に精神主義や体罰が持ち込まれ、勝利至上主義がそれを助長・促進させたと主張している(35)。

一方、一九〇七年生まれのスポーツジャーナリスト・川本信正は、自身の経験から「戦前のスポーツには、しごき事件はほとんどなかった」が、戦後、スポーツ指導に当たった先輩が「自分たちが軍隊生活で経験したしごきを、そのまま応用し」、「軍隊と同じような秩序が、学校の運動部に持ちこまれ」たと主張した(36)。スポーツ史研究者の坂上康博《さかうえやすひろ》は、戦前期からスポーツ界の体罰は存在していたが、一九五〇年代後半以降に「広範囲に広がり、一般化していった」と述べている(37)。

日本スポーツ界で体罰が発生・拡大した時期やその要因について諸説入り乱れているのは、いつ、どこで、どのような体罰が行われてきたのか、という実証研究が不足してきたからだ。そのため、体罰発生の要因として、「日本文化」や「日本社会の後進性」といった「文化主義的」な議論もしばしば見受けられてきた(38)。

しかし、桜宮事件を契機にスポーツ界における体罰の実証研究も進められている。体育史・体育社会学者の鈴木秀人《すずきひでと》は、旧制第一高等学校（以下、一高）野球部など旧制高校運動部員へのインタビュー調査や大学・師範学校運動部の史料調査を行い、旧制高校運動部では体罰などはなく、上下関係も厳しくなかったが「血反吐《へど》を吐くような猛練習」を行っていたこと、私大や師範学校の運動部では戦前期から上下関係が厳しく、上級生から下級生への体罰も行われていたことなどを明らかにした。また、体罰の軍隊起源説についても、「敗戦後の大学運動部の中に現われた軍隊経験者の殆《ほとん》どは、戦前から在籍していた学生が戦況の悪化に伴う徴兵猶予の停止によって学徒出陣し、敗戦後に復学してきた者たちなのであり、人的には明らかに連続している」ことから、「「軍隊起源説」は全く根も葉もない出鱈目というわけではな」いと述べている(39)。

鈴木の研究は、戦前期から運動部で体罰が存在していたことや、そこに軍隊経験者たちの影響があったことを実証した点で重要である。しかし、研究の焦点が体罰の発生時期と軍隊起源説に集中するあまり、体罰の実態の変化や、体罰の発生・拡大に関する軍隊以外の要因、特にスポーツ界の構造の分析を欠いている。日本スポーツ界で体罰が発生し始めた時期や要因も明確ではない。さらに「軍隊が消滅した後も、長期間にわたって体罰が存在し続けたのはなぜか」、「選手たちは体罰に耐えてまでもスポーツをするのはなぜか」といった疑問にも明確に答えられない。

## 体罰の要因・背景をどうとらえるか——課題の設定

このような日本スポーツ界の体罰に関する一連の疑問を解くため、本書では日本野球界の体罰の実態、すなわち、いつ、どこで、だれが、どのような体罰を行ったのか、といったことを史料に基づいて実証的に明らかにしていく。体罰の実態を詳細に見ることで、体罰が発生し始めた時期だけではなく、それが激化・拡大する要因や、体罰の実態の歴史的変化について明らかにしていく。

また、こうした体罰の実態の変化の要因を明らかにするために、体罰が行われた各チームの組織の実態や、それを取り巻く社会環境の構造的な変化についても見ていく。体罰やしごきが発生するようになった時に、チームの部員・選手数、監督・部内の上下関係等、チームの組織・運営の実態はどのようなものだったのか。大会・試合の環境、競技レベル等の変化を促した要因は何か。さらに、チームや選手たちを取り巻く社会の構造的変化、すなわち、野球の実力をもとにした進学・就職、プロ化・商業化、部員数の増加等、野球を取り巻く社会の構造的・制度的変化にも着目する。

それにより、戦前期に野球界で体罰・しごきが発生するようになるとともに、戦後、それが急速に激化・拡大していったことを構造的・実証的に明らかにしていく。こうした一連の作業を行うことにより、日本スポーツ界で行われてきた体罰の実態や、それが発生するようになった時期や要因を解明していく。

また、本研究を進めていくなかで、部内の上下関係や、寮内でのしごき、根性論、丸刈り、給水の禁止等、野球をはじめとした日本スポーツ界で行われてきた慣習がいつ、どこで行われるようになったのか、ということも明らかとなってきた。これらの不合理な慣習がいつ、どのように広がっていったのか、その理由はなぜか、といったことがらについても適宜論じていく。

最後に、日本スポーツ界の体罰に関する先行研究で残されていたいくつかの疑問、すなわち、体罰の軍隊起源説やその影響はいかなるものだったのか。日本スポーツ界では、なぜ対戦相手ではなく、味方の選手に体罰が行使されるのか。なぜ選手たちは、体罰に耐えてまでスポーツをするのか。そして、近年のスポーツ界の体罰の実態とその変化の要因は何か。こうした疑問についても検討していくこととする。

## なぜ野球なのか

本書は、日本スポーツ界の体罰の実態や、それが発生・変化していく要因等について明らかにするため、野球を中心的な分析対象としている。その理由は、明治初期に日本に西洋スポーツが伝播して以降、最も競技人口が多く、人気のスポーツが野球だったからである。近年は、競技人口ではサッカーが上まわっているとはいえ、野球は近現代日本で最も人気のスポーツだった。そのため、選手の自伝・回想録、部史、連盟史、試合記録等、野球に関する大量の一次史料や、それをもとに著された二次文献もまた数多く存在している。それにより選手の体験や部の実態といったミクロな事象から、野球を取り巻く社会構造といったマクロなレベルまで、様々な歴史的変化を明らかにすることができる。

特に、本書の主題となっている体罰は、練習中や合宿といった閉鎖空間で行われることが多く、その実態を第三者が知ることは難しい。さらに、それが数十年から一〇〇年も前のこととなると、その実態を解明することは極めて困難である。多くの場合、体罰が行われていたとしても、それが文書で記録されることはないし、被害者が死亡するなどして事件化しない限り、証拠もほとんど残らない。体罰を受けた経験がある人であっても、関係者に配慮したり、苦しい記憶の扉を開けることを望まなかったりして、自伝や回想録にそのことを書かない人もいる。

そのため、体罰の実態を明らかにするには、選手の自伝・回想録や、部史等の史料が大量に存在することが不可欠である。実は、プロ野球で活躍したような有名選手の自伝・回想録には、幼少期や中高大学時代、場合によってはプロになってからでも体罰を経験したことが記されている。それらの選手の大半は、別の時代、別のチームに所属していたわけだが、選手それぞれの体験や回想、チームに関する情報の断片をつなぎ合わせていくことで、体罰・しごきの実態やその時のチーム状況、同時代における体罰の実態・広がりや歴史的変化を明らかにすることができる。

そのため本研究では、一八九二年生まれの中沢不二雄《なかざわふじお》（神戸中・荏原《えばら》中・明大）から一九八一年生まれの鳥谷敬《とりたにたかし》（聖望学園《せいぼうがくえん》高・早大・阪神・ロッテ）まで一三八名の野球選手・指導者の自伝や回想録一六五冊をもとにして、選手の体罰経験だけでなく、練習の内容、しごき、合宿生活、上下関係等について事例を収集した（本研究で収集した自伝・回想録については、引用・参考文献一覧の「自伝・回想録」参照）[40]。

さらに、東京六大学野球の加盟校や、旧制中等学校時代から全国大会に出場・優勝したり、有名選手を輩出したりしている高校のなかには、校史や野球部史を発行している学校もある。選手個人の自伝・回想録に加えて、校史・野球部史も史料として活用することで、体罰が発生・拡大した時の学校・野球部の組織・活動の実態や、それらを取り巻く社会的な環境も明らかにしていくこととする。

野球以外の競技については、野球界の出来事を同時代の文脈に位置づけたり、野球界の状況を相対化したりするために、必要な範囲で触れていくこととする。

こうした作業を通じて明らかになってくるのは、野球が日本国内で人気競技であったがゆえに、他の競技に先駆けて体罰やしごきといった問題が発生するとともに、他の競技以上に問題が先鋭化・深刻化した、ということである。野球を中心としつつ、他の種目の状況も概観することで、日本スポーツ界で体罰が発生する構造と、日本における野球という種目の特殊性の両面が浮き彫りになるであろう。

## 本書の構成と概念の定義

本書の構成について簡単に説明しておく。

第Ⅰ部は、「体罰発生以前の日本野球」と題して、アメリカから野球が日本に伝播し、全国に普及・拡大していく様相とともに、当時の野球部員の活動や意識を見ることで、明治期の野球界には体罰が存在していなかったことを明らかにしていく。第一章では、明治後期に日本最強を誇った一高野球部、第二章では全国各地の中等学校野球部を対象として、部の成立、活動の実態、試合や大会が拡大する様相を見ていく。それにより明治期の野球部員は、他の学生に制裁を行ったり、校長の方針に反してストライキを行ったりするなど暴力的な面はあったものの、野球部員たちは対等な関係に基づいて部を運営し、体罰も行われていなかったことを明らかにする。

第Ⅱ部は、「体罰の発生と拡大」と題して、野球界で体罰が発生・拡大した様相を明らかにしていく。第三章は、大正期から昭和戦前期にかけて、旧制中等学校の野球の全国大会や東京六大学野球連盟が成立し、それがメディアで報道・放送されて野球人気が爆発的に高まるなかでの野球部の活動や組織、および野球を取り巻く社会環境の変化を見ていく。大規模な大会・リーグ戦が成立し社会的注目が集まるに伴って、有力選手はスカウトされて大学に進学したり、大企業に就職したりすることができるようになった。社会人野球・プロ野球が成立し、野球を職業とすることも可能となった。そうした社会的変化を背景にして、大会・試合での勝利を目指して、野球部内では部員数が増加して練習も激化するとともに、合宿が設置されたり、監督制が普及したりすることで競技レベルも急速に高まっていった。部内では次第に上下関係が固定化されていき、選手の強化や部内の秩序維持を目的に体罰やしごきが行われたりするようになっていったことを明らかにする。

第四章では、戦後から高度成長期にかけて、野球界で体罰やしごきが激化・拡大していく様相を見ていく。戦後、軍隊経験者の復員に加えて、学制改革やベビーブームによる急激な競技人口の増加、部員数の増加によって、部内の体罰やしごきが激化していった。学生時代に体罰やしごきを経験した選手や指導者が、社会人野球やプロ野球にも体罰を持ち込み、その体罰を受けた選手たちも、やがて指導者として体罰を再生産する様子を見ていく。

終章では、こうした野球界の構造的変化を踏まえたうえで、現代の体罰・しごき問題について、分析・検討するとともに、日本スポーツ界における体罰・しごきをなくすための対策・処方箋について考察していきたいと思う。

本書で使う主な概念については、以下のように定義する。体罰は「運動部内で、上位の立場にあるものが、下位の者に対して名目上、罰として行使する暴力」と定義する。スポーツ法学会元会長で日本学生野球協会審査室委員も務める弁護士・望月浩一郎は、「体罰」は「学校教育法上の概念」であり、「教員でないスポーツ指導者にはそもそも懲戒権が与えられていない」ことから、スポーツ指導者による暴力行為は「体罰」ではなく、「暴力」と使い分けるべきだと述べている(41)。

また、全国柔道事故被害者の会は「勝たせたいという気持ちが強すぎて手を上げてしまった」「気合いを入れるためだった」「試合に負けた」「指導した通りに出来ない」等の理由で、指導者が選手を殴ったり蹴ったりする行為は、「体罰」ではなく「暴力」、と述べている(42)。

近年、スポーツ界の「体罰」を「暴力」と表記すべきという見解が優勢であるが、人文・社会科学分野で「暴力」という概念は、戦争や国家権力から家庭内・象徴的なものまでレベルの異なる多様な強制力を指す。非常に幅広いだけでなく、価値中立的な概念でもあることから、本書で取り上げる事例から見ると抽象度が高すぎるように思われる。また、本書で取り上げる指導者が、教員免許保持者かどうか不明確な事例もあり、法的な観点から概念を使い分けることが難しい。一方、「体罰」という同一概念を用いることで、行為者や、学生、社会人、プロといったチーム種別の差異を超えて暴力的行為が行われるスポーツ界共通の構造を解明することが可能になるものと思われる。

これらの理由から、本書ではスポーツ指導者や上級生・先輩によって行使される暴力的な行為を「体罰」と表記していくこととする。

本書はテーマの関係上、現存する学校の野球部・運動部や、社会人・プロ野球チームで過去に行われた体罰やその他の暴力的行為等について、具体的に記述していく。記述に際して、団体名はすべて実名で表記した。個人名は、プロスポーツ選手・監督や、野球殿堂入りした人物等、筆者が著名人と判断した者、および著書の執筆者本人については実名で表記し、それ以外の者は名字をイニシャルで表記した。実証的な根拠に基づく研究であるがゆえに団体・人物の実名を記しているのであり、特定の団体・個人を誹謗・中傷するものではないことをあらかじめ明記しておく。

史料の引用に際して、濁点や句読点を追加し、漢字は現用のものに改めるなどの修正を行った。引用部の〔　〕は引用者による追記・注記である。

# 第Ⅰ部　体罰発生以前の日本野球

# 第一章　野球部活動の発生と制裁

## ——明治期の一高野球と早慶野球部

## 1　日本野球の発祥と一高

### 野球の伝播と一高野球部の設立

アメリカから日本に野球が伝播したのは、一八七二年であった。東京・第一大学区第一番中学校(現・東京大)のお雇い外国人教師ホーレス・ウイルソンが、ボールやバットなどの道具を日本に持ち込み、生徒たちとプレーしたのが、最初とされている。開成学校(現・東京大)や開拓使仮学校(現・北海道大)でも、お雇い外国人教師が学生と放課後の余暇として野球を行った。一八七八年には、アメリカから帰国した鉄道技師・平岡熙《ひらおかひろし》が新橋アスレチックスを設立し、以後数年間にわたって日本野球の中心的な存在となった。

一八八〇年代に入ると、東京の高等教育機関を中心にチームが結成されていった。一八八二・八三年頃に東京帝国大学(以下、東大)・東京大学予備門、駒場農学校、工部大学校(いずれも現・東京大)、一八八四年には慶応義塾、一八八五年には東京一致英和学校(現・明治学院大。野球部は白金倶楽部として創部)、東京英和学校(現・青山学院大)、立教学校(現・立教大。野球部はセントポール・クラブとして創設)、一八八八年に東京商業学校（以下、東京高商。現・一橋大）など、各校の学生たちが自発的に野球チームをつくり、練習や試合をするようになっていった。当時の野球は、遊び仲間から「常連」となった者を中心にして、学校の公認や経済的援助のないインフォーマルな集団での活動であった(2)。

旧制第一高等学校（以下、一高）野球部は、一八八六年、大学予備門から第一高等中学校への改称に際して、法学部・工学部等のベースボール会が合併して成立した。一高の学生たちは、野球部成立以前から新橋アスレチックスに出入りしており、ルールについて確認したり、技術練習を行ったりしていた(3)。

当時、一高生だった正岡子規は、野球のプレーに熱中しただけでなく、野球に関する随筆や詩歌も残した。子規は「運動となるべき遊技」が少ない日本で唯一「愉快」な競技が野球であり、「ベースボール程愉快にて満ちたる戦争は他になかるべし」と評した(4)。子規と同じ松山出身の一高生で、のちに文部大臣となる勝田主計《しょうだかずえ》は「ベースボールの真似を四五年続けたのみならず、ボートやテニスもやる」、「撃剣の夜稽古も始める、といつたような風」で、野球部員であっても他の種目に取り組む学生も多かった。勝田の回想では「当時のベースボールは極めて幼稚なもので」、「ピッチャーその他の投げる球も、今日〔一九三四年〕のやうに技好を加へた、且《かつ》強烈なものでな」かったという(5)。

子規のように野球に熱中する学生もいたものの、成立直後の一高野球部は、学生が放課後の余暇や気晴らしとして行うものであり、他のスポーツとかけもちする学生もいた。競技レベルも決して高いものではなく、「愉快」や「楽しさ」を重視した活動が行われていたといえよう。

## 「一高野球」の成立

こうした様相が一変するきっかけとなったのが、一八九〇年に発生した「インブリー事件」であった。同年五月、一高野球部は校庭で白金倶楽部と試合を行っていたが、六回までに〇対六とリードを許していた。そこに明治学院のアメリカ人神学講師・インブリーが垣根を越えて一高校内に入ってきた。それを見た一高柔道部員や寮生は、激高してインブリーに詰め寄り、投石して顔面を負傷させたのである(6)。

これにより、当日の試合は中止となるだけでなく、日米両政府を巻き込んだ国際問題に発展することまで危惧された。結局、一高生とインブリーの双方が謝罪することで事件は決着したが、一高野球部員はこれをきっかけに白金倶楽部への「復仇」を目指して、「一意奮励」練習に励むようになった。エース・福島金馬は、「校ハ即チ我家ナリ。校名ハ即チ我名ナリ。校威一点ノ繊塵《せんじん》ヲモ仮《か》ス勿《なか》レ」という一高のプライドを守るため、夏休みに一日も休まず練習した(7)。野球は「球ハ弄《ろう》スルカ為メニ非《あ》ラスシテ鬱勃《うつぼつ》タル胸中一片ノ気ヲ球ニ托《たく》シテ外ニ表示スルノ具」とされ、一高野球部は対外試合の勝利を目指して猛練習を行うようになっていった。

同年一一月八日に白金倶楽部との再戦が行われ、一高が二六対二で圧勝した。一高は、続く溜池倶楽部戦、白金・溜池連合チーム戦にも勝利し、ここに「一高時代」が幕を明けることとなった。

以後、一高野球部では猛練習が恒例となった。翌年から、福島にならって夏季練習が行われ(8)、「雪のなかでも」「霰《あられ》の中でも」練習していたことから、「上野の烏のなかぬ日あれど、我選手の影をグラウンドに見ざる日なし」とさえいわれるほどであった(9)。

練習内容も激しいものになった。寒い冬の日に素手でキャッチボールをすると、最初は石で打たれたような痛みを感じるが、次第にそれが「痒味《かゆみ》」に変わり、上着を脱ぐほど体が温まっていき、最後に「仕合」ともいうべき「投げ合い」を一時間も行った(10)。一高を代表する名投手・守山恒太郎《もりやまつねたろう》は、毎日寄宿舎のレンガ塀に向かって投球練習を行い、五寸の穴を開けたという伝説を残し(11)、日本初の国際試合の勝利投手・青井鉞男《あおいえつお》はバットの「千本振り」を行った(12)。「霜風の横なぐりに吹通す紀元節」に「上衣を脱ぎ」、「凍つた土の上を猛烈なゴロなどが飛んで来て、ドンと一つ素肌の胸に打突つた時などは、全く生優しい痛さぢやない」が、「泥の跡を金鵄《きんし》勲章と称して」練習に励むこともあった(13)。

一高野球部で、このような「猛練習」が行われるようになった背景には、彼らが学校のプライドをかけて勝利を追求したことに加えて、在学期間の問題があった。一八八七年の第一高等中学校の在学期間は、予科三年本科二年の五年制であった。しかし一八九二年に予科が二年に短縮、一八九四年には予科が廃止されて、本科三年となった。毎年入学してくる新入生を一～二年後には「名手」と呼ばれる選手に育て、「野球界における盟主の地位を死守」するために、猛練習が行われるようになったのである(14)。

一高野球部で猛練習が常態化するなかで、精神主義も強調されるようになっていった。一八八〇年代後半から九〇年代前半に一高野球部員だった正岡子規や中馬庚《ちゅうまかのえ》は、野球の魅力として「愉快」を強調していた。しかし、一九〇〇年代に入ると、一高野球部は「活発愉快なる運動術」ではなく、「剛健勇武の気」「直往邁進《ちょくおうまいしん》の概」などの精神修養の効果をもった「武士的野球」を主張するようになっていた。野球と武士道との関連が強調されるようになった背景には日清戦争(一八九四～九五年)後の武士道論の隆盛もあったが、この時期にプライドをかけて猛練習に励んだり、試合を行ったりするなかで、部員の野球に対する意識は「愉快」から「精神修養」へと大きく変化していったのである(15)。

一高野球部は猛練習の一方で、練習に際して様々な工夫もしていた。例えば、青井は、「顔の表情や態度で打者の気をぬきまたはジラしたり怒らせたりしようと」して、「深夜寝静まった寮内でコッソリ鏡を出して顔の表情を研究」した。守山も「目は左右の方が視野が広いもので、それにうつ向けると顔を動かさず敵にさとられずによく見ることが出来る」ため、「走者の動きを見るのには顔をうつ向けて見る」ようにした[16]。一九〇四年には、長塚順次郎が中心となってエドワード・J・プリンドルの *The Art of Curve Pitching* を『魔球術』と翻訳して出版するなど、海外の野球知識も積極的に取り入れた[17]。

猛練習に加えて、選手たちが工夫して練習をしたり、海外から知識を得たりした結果、一高野球部は、一八九〇年から一九〇四年の約一五年間にわたって、自他ともに認める球界の覇者として君臨することになったのである。

## 自治寮と校友会の成立

一高野球部の選手たちが、自ら学校のプライドをかけて猛練習に取り組むようになった背景には、一八九〇年に一高で自治寮と校友会が成立したことも挙げられる。

明治政府は、明治初頭から、日本の近代化を目指して教育機関を整備していった。しかし、西洋式の学問の導入は、それが内包する自由主義的・啓蒙主義的思想も広げることとなり、学校は民権派の学生が政治活動を行う拠点となっていた。政府は、一八八〇年に集会条例を制定したり、学生の政治活動を禁止したりするなどの対抗措置をとっていたが、一八八三年には、東大の学位授与式で学生が校内施設を破壊するなど(明治一六年事件)、学生の政治熱の高まりと蛮風の抑制は、教育行政担当官たちの間で重要な問題と認識されていた[18]。

一八八八年八月、木下広次《きのしたひろじ》が一高教頭に就任すると、同年一〇月に「籠城演説《ろうじょうえんぜつ》」を行い、一高生全員が自治寮で生活を共にする必要性を主張した。将来、日本国家を背負って立つエリート学生に特権的な自治を与えることで、政治運動を抑制するとともに、「自重自敬の精神気風」や国家有用の資質を磨くことがその目的であった[19]。こうした考えは、「籠城主義」と呼ばれた。一八九〇年二月に寮が建設されると、「親愛ノ情」「共同ノ風」「辞譲ノ心」「清潔ノ習慣」等の養成をうたった四綱領を提示し、その順守を学生たちに求めた。

赤沼金三郎など学生からも、木下の方針を歓迎する動きが起こり、彼らが中心となって自治寮規約の作成や総代・委員の選出などが行われた。規約では、整理整頓の徹底や飲酒の禁止等の「約束」が盛り込まれるとともに、「此《この》規約ニ背ク者アル時ハ其《その》ノ事情ニヨリテ制裁」を加えることも明記された[20]。一高の学生自治は、全学生を基盤とした代議制と相互制裁によって運営されていくことになったのである。

さらに、赤沼は「寮を誇りとし、寮運営に主体的に参加しようとする」自治の担い手を育成するためにスポーツを重視した。一八九〇年の一高対東京高商の競漕会では、二三艘の端艇《たんてい》に分乗した一高生が、赤沼の作詞した「花は桜木　人は武士」ではじまる「端艇部部歌」を歌って選手を応援した。一高が勝利すると、選手と寮生は夜遅くまで「祝杯ヲ挙《あげ》ケ凱旋歌ヲ歌ヒ歓呼」した[21]。これをきっかけに一高内では校風論が急激に盛り上がり、運動部員は校風を振作《しんさく》するため対外試合での勝利を目指し、それを一般学生が熱烈に応援することが通例となっていった。

一八九〇年一〇月には、一高校友会が成立し、教職員から徴収した会費をもとに活動を行うようになった。校友会会長は校長が務めていたが、実質的な運営は二名の職員と各部の代表者によって行われた。校友会には、文芸・ボート・撃剣・柔道・弓術・ベースボール・ローンテニス・陸上運動・遠足の九部が置かれた。校友会雑誌を発行する文芸部以外の八部すべてが運動部であることから、一高でスポーツが重視されていたことが見てとれる[22]。

各部は、校友会から経済的支援を受けて活動し、野球部には約四円から八円が支給された[23]。当時、バット一本一八銭(一八九五年)、グローブ一個一〜二円(一八九八年)だったことから[24]、潤沢な資金があったわけではないが、校友会の支援で基本的な用具を賄うことは可能であったと思われる(もっとも、初期の頃はキャッチャーとファースト以外はグローブやミットを使わず素手でプレーしていた)。

校友会規約に基づいて野球部規約も作成された。部員の互選に基づいて学期ごとに幹事二名を決めること、会計や入部申し込みの受付は幹事が担当すること、対外試合に出場する選手は部員の互選で選出し任期を一学期とすること、毎学期一回は校内大会を行うことなどが決められた[25]。一高の野球部員たちは、校友会から経済的な支援を受けつつ、役員やレギュラーを部員の互選で決めるなど、部員自治に基づいて活動していたのである。

### 対外試合

表1-1は、「一高時代」の一八九〇年から一九〇二年における一高野球部の対外試合の勝敗と総得失点を一覧にしたものである。これを見ると、この間の一高野球部の戦績は、六一勝一一敗、勝率八割四分七厘という驚異的なものであった。総得点は一一六〇点、総失点四四六点で、一試合平均得点一七・三点、平均失点六・七点であった。平均一〇点以上の得失点差がついていることからも、一高野球部の圧倒的な

表 1-1　「一高時代」の一高野球部の戦績

| 年度 | 勝 | 負 | 総得点 | 総失点 | 備考 | 中心選手(卒業年) |
|---|---|---|---|---|---|---|
| 1890 | 2 | 0 | 58 | 7 | | 岩岡保作 |
| 1891 | 1 | 0 | 10 | 6 | | 福島金馬 |
| 1892 | 1 | 0 | 32 | 3 | | 浜口茂之助 |
| 1893 | 1 | 1 | 21 | 12 | | 中馬庚 |
| 1894 | 0 | 0 | 0 | 0 | | 伊木常誠 |
| 1895 | 1 | 0 | 12 | 1 | | 伴宜 |
| 1896 | 9 | 2 | 185 | 80 | | 井原外助，五来欣造 |
| 1897 | 4 | 3 | 126 | 80 | | 青井鉞男 |
| 1898 | 5 | 0 | 70 | 45 | 2 試合得失点不明 | 森脇幾重 |
| 1899 | 5 | 4 | 110 | 76 | 1 試合得失点不明 | 藤井国弘 |
| 1900 | 7 | 0 | 91 | 30 | 2 試合得失点不明 | 長与又郎 |
| 1901 | 17 | 1 | 302 | 88 | | 守山恒太郎 |
| 1902 | 8 | 0 | 143 | 18 | | |
| 合計 | 61 | 11 | 1160 | 446 | | |

出典：第一高等学校野球部(1903)，木村毅編『明治文化資料叢書　第 10 巻　スポーツ編』風間書房，1962 年，177-229 頁，および全国旧制高等学校野球史編集委員会編『全国旧制高等学校野球史』1981 年，22 頁より作成．なお第一高等学校野球部(1903)では 1890 年から 94 年の試合数が 9 となっているが，6 試合の誤り．

実力がうかがえる。

一高野球部の地位を確固たるものにしたのは、八割以上という高い勝率に加えて、「復仇試合」、すなわち敗戦後のリベンジマッチでの勝利であった。一高野球部は、インブリー事件が起こった一八九〇年五月の明治学院戦をはじめ、敗戦の直後に六回リベンジマッチを行った。試合に際しては「我部浮沈の境」（一八九三年慶応戦）[26]、「九選手皆悲憤、誓《ちか》て之《これ》が復讐を為《な》さんと、爾来《じらい》練習獰猛一ヶ月」（一八九六年明治学院戦）など、選手は悲壮な心意気をもって猛練習に取り組んだ。その結果、一高野球部は六回のリベンジマッチのうちの五回に勝利し、それが一高野球部の声価をさらに高めていったのであっ

表 1-2　一高「復仇試合」一覧

| 対戦相手 | 1 試合目 | | 2 試合目 | |
|---|---|---|---|---|
| | 日付 | 勝敗(スコア) | 日付 | スコア |
| 明治学院 | 1890.5 | 中止(0 対 6) | 1890.11.8 | ○(26 対 2) |
| 慶応義塾 | 1893.6.19 | ●(10 対 11) | 1893.6.24 | ○(11 対 1) |
| 明治学院 | 1896.2.8 | ●(5 対 6) | 1896.3.7 | ○(12 対 7) |
| 西片倶楽部 | 1897.10.9 | ●(5 対 6) | 1897.10.19 | ○(28 対 11) |
| 郁球倶楽部 | 1899.2.13 | ●(1 点差負) | 1899.2.28 | ○(13 対 6) |
| 青山学院 | 1899.11.9 | ●(11 対 12) | 1899.11.25 | ●(15 対 18) |

出典：第一高等学校野球部(1903)，木村毅編『明治文化資料叢書　第10巻　スポーツ編』風間書房，1962 年，177-229 頁より作成.
注：○が勝利，●が敗戦.

た(表1-2)。

そして、一高野球部の地位を不動のものとしたのが、日本初の国際試合となった横浜外人(現・横浜カントリー・アンド・アスレティック・クラブ。以下、YCAC)戦での勝利であった。一八九六年五月二三日、一高対YCACの試合は、一高のエース・青井鉞男の投球で始まった。初回、青井はアメリカ製の滑りやすい新球にコントロールを乱して四点を失った。しかし、二回以降は立ち直り、三者連続三振でYCAC打線を封じた。一方一高は、一回に二点、二回に四点を奪って逆転すると、三回以降は打線が爆発、「全軍鼓噪《こそう》して敵を蹂躙《じゅうりん》し」九回までに二九点を挙げて圧勝した。試合後、帰校した野球部員は正門で校友たちの万歳で迎えられた。学生総代から「今日の勝単に我校の勝ならず、聊《いささか》以て邦人の勝と称するを得べし」と祝辞が述べられ、その後「壮談快語歓を極め」た「小宴」が催された[27]。一高の勝利が新聞で伝えられると、全国各地の学校から祝電が届けられた[28]。

一高野球部は、六月五日のYCACとの再戦も三二対九で圧勝し、その名が全国に知られることとなった。

## 一高野球部の活動の基盤

一高野球部の活動の基盤は、学期ごとに開催される校内大会にあった。一八九〇年の明治学院戦以降、一高内では野球人気が高まり、寮や学年、専攻に基づいた様々なチームが結成された。当時、一高には約一〇〇〇～一五〇〇人の学生がいたが[29]、そのなかからドイツ語予科生を中心とした土手下倶楽部、東寮の英語予科三年生を中心とした庭先倶楽部、南北寮の英語予科生中心の食堂前倶楽部、英語予科二年生中心の窓下倶楽部等のチームが結成され、練習や試合を行うようになっていった[30]。

一八九一年一一月に行われた本科対予科の試合には、三〇〇人を超える見物人が集まった。試合は一点差で本科が勝利したが、「若手の進歩」に対して「来学期には我校の選手として全校の名誉を托するに足るとは過当の評に非《あら》ざる可《べ》し」と、予科の力量も高く評価された[31]。一八九三年五月には、食堂前倶楽部が野球部員五人を擁する春秋倶楽部と試合を行い、木下広次校長・松田為常部長のほか、一高区域内の尋常中学校長も試合を視察した[32]。この他にも一年対二年、法科対二部、「彌次マッチ」「ヘタ張りマッチ」等、様々な校内試合が年に数回行われた。校内大会には野球部員以外の生徒も参加し、試合中に「暫《しばら》く中止して茶菓に一息」するなど[33]、多くの学生がスポーツを楽しんだり、学生間の親睦を深めたりする機会でもあった。

一方で校内大会は、野球部員が秀でた実力の学生を発掘する機会でもあった。白金倶楽部戦の勝利投手・福島金馬や、日本初の野球専門書『野球』の著者・中馬庚は土手下倶楽部出身、キャッチャー伊木常《いきつね》誠《まさ》とショート伴宜《ばんよろし》は、窓下倶楽部から野球部員となった[34]。校内大会に出場した学生から、実力のある者が野球部員に選ばれていたのである。

中馬は、『野球』のなかで選手の投票について、部員たちが選手の資格ありと認めた「二三人ヲ指名シテ選手九人並ニ補欠一人又ハ二人ヲ指名セシムベシ」と述べている。[35] 部員によって認められた二、三人が選手九人と補欠一～二人を指名する。それが一高野球部の選手を決める方法であった。そして、選手の互選によって二名の幹事が選出され、幹事を中心とした選手の合議によって、練習や対外試合、校内大会、連合試合といった活動内容が決められていたのである。

一高野球部が覇権を確立した一八九二年春には、連勝して対戦相手がいなくなってしまったため、福島や中馬らは後進に道を譲るために「自ラ引退」を決断した。[36] このように一高野球部の選手たちは、野球部規約の策定、合議や選挙による幹事・選手の選出、さらには引退まで、自分たちで決めていた。一高時代は、選手たちが自分たちで活動内容や方針を決める選手自治の時代でもあったのである。

## ＯＢ・監督の役割

校友会野球部が成立して体制が整備されるとともに、覇権を確立して一高内での野球部の地位が高まったことなどを背景にして、卒業生の中には野球部ＯＢとしての意識を強くもつ者も現れはじめた。

一八九三年、京都の第三高等学校(現・京都大学。以下、三高)野球部が同志社に敗れたことを聞いた一高野球部員は、三高の雪辱を果たすために京都遠征を計画した。ＯＢとなった中馬庚は、京都遠征の必要性を積極的に主張し、木下前校長から遠征費を寄付する約束まで取り付けた。同志社から試合を拒否されて遠征は立ち消えとなったが、ＯＢ中馬の動きは、野球部にひとつの方向性を与えていた。[37]

ＯＢが野球部員を指導することも増えていった。一九〇一年に一高を卒業した守山恒太郎は、東大を経て軍医となったが「軍服姿で時々グラウンドに現われて、われわれの練習を見てくれた」。守山の指導は厳しく、「守山さんが裏門から姿を現わすと」「捕手(香西)の目には真っ先きに入り、彼の様子がピリリッと変わるので私にはハハア守山さんが来られたなとわか」るほどであった。[38] 練習中に選手が「生爪を剝がし」ても、守山は「生爪一枚位何だ！ 行《や》れ！ 行《や》れ！」と、選手を「叱り付け」て練習させたという。

守山も現役時代には、先輩の青井鉞男から就寝前に三〇〇球以上の投球を命じられ、それをしないと「寝台に上ることを許され」なかったという。このようにOBたちが、後輩の選手たちを指導するようになり、その結果として上下関係も生まれはじめていった。

また一高野球部は、補欠も含めて約一〇人しか部員がいなかったため、対校試合では審判の確保が不可欠であった。多くの場合、どちらかの学校OBが審判を務めたが、母校が有利になるような判定を頻繁に下して、他校から審判を断られる者もいた。なかでも守山は「一高の為めとあらば、どんな不正な審判でも行」うため、相手チームからは「鉄面呪ふべき」存在として嫌われ、「守山の審判は何処でも鼻摘みになつた」という。[39]

しかしOBたちも、いつまでも野球に熱中してはいられなかった。「一高野球部選手は卒業して大学に入ったあと一、二年の間はグラウンドに顔を出して後輩選手たちの指導に当たる」が、「大学へ行って二年三年となるとそれぞれ学業が忙しくなり、殊に工科や医科では実習がはじまる。こうなるとそう頻繁にグラウンドには来られな」くなっていったのである。[40]

学業を優先してグラウンドから遠ざかるOBもいた。YCAC戦の勝利投手・青井鉞男は「学士になつて後に、一高グラウンドに来て投げて見せた腕前は既に見る影もなかつた」と評されるほど、[41] 野球から遠ざかっていたようだ。中馬は大学進学後も頻繁に一高野球部の活動に関わったが、それは彼が野球や一高野球部をこよなく愛しただけでなく、実験や実習のない文科（史学）の学生だったこととも大きく関係していたものと思われる。

一八九六年のＹＣＡＣ戦では、文科大学生の中馬と三年の五来欣造《ごらいきんぞう》が、一高野球部最初の「監督」となった。五月一九日、ＹＣＡＣから一高との試合を受諾する旨が伝えられると、中馬・五来も部の会合に参加し、試合に関する「庶務を主《つかさど》」ることとなった。中馬はエース青井と横浜に行ってＹＣＡＣグラウンドで事前練習の許可を求めたり、握手する際に「竊《ひそ》かに彼の掌を試むるに脂気多くして皮は薄弱なり。何そ恐るゝに足らん」と偵察したりした(42)。試合前日にも、中馬と青井は横浜に行ってＹＣＡＣと雨天時の対応を協議した。

中馬と五来は、ＹＣＡＣとの試合に帯同して種々の交渉を行い、もしチームが負けた時には選手たちを慰めるつもりでいた。しかし試合に大勝すると、宴会で二人は褌《ふんどし》一枚になって「狂舞快哉《きょうぶかいさい》を叫」び、五来は「長舌を揮《ふる》ふて」選手全員の顔に「キッス」した。二試合目も勝利すると、中馬と五来は帰りの汽車で抱き合ってビール五本を飲み干した(43)。

このように中馬と五来は、一高野球部初の監督であったが、その主な役割は対戦相手との交渉や敗戦時の選手の慰謝などであった。出場する選手は、事前に互選で決められており、負傷者が出なければ選手交代もなかった。バントやエンドラン等の作戦もなかったため、試合中に監督がすること自体が、ほとんど存在しなかったのである。

明治中期に出版された野球の専門書でも、監督は「選手の後見」として「試合の前後に起る色々の事件を世話してやり、又忠告も与える人」[44]や、「練習、監督、掛引打合、対手との協議等仕合の前後に起る、百般の事件を委」ねるものとされていた[45]。当時の監督は、遠征や合宿等、野球部が学校外で活動する際に、選手の行動を「監督」することが、その名の由来であった。ただ実際は、試合に関する事務や対戦相手との交渉等を行ったり、「忠告」したりすることを主な役割としており、監督と選手との間に厳しい上下関係はなかったのである。

## 2　一高から早慶へ

### 野球と学業

一高では、大学で必要とされる専門知識や、語学の素養を身につけるために高度な教育が行われていた。一八八六年に定められた「高等中学校ノ学科及其程度」では、第一・第二外国語、国語及漢文、地理、歴史、数学、物理、化学等一九教科があり、一週間に二六〜三〇時間の授業が行われた[46]。一八九四年、高等学校令によって学科の内容が改訂され、法科・文科志望の第一部、工科・理科・農科志望の第二部、医科志望の第三部という学科ごとに履修科目が再編され、週当たり二九〜三一時間の授業が行われた。

一高では一年に三回試験が行われ、点数が悪いと落第、二年続けて落第すると退学となった。統計データは少ないが、一八八九年の一高の学年末試験は、一一〇五人が受験して八七一人が合格、合格率七八・八%だったことから、約五人に一人が落第したようだ[47]。

のちに一高校長・文部大臣等を歴任する安倍能成《あべよししげ》は、一九〇二年に一高生となったが、二年の時にクラスで一七人が落第し、安倍もその一人なった。クラスメイトの藤村操《ふじむらみさお》が自殺し「組全体に動揺とショックを与へて、学科を勉強する気持が薄れて来た」ことが原因であったが(48)、いかなる理由であれ一高で学業を怠ることは、即落第につながる可能性があった。

それゆえ、一高生にとって学業は極めて重要であった。ある一高生は試験勉強を「最も恐るべく、最も憂ふべき」ものと述べた。普段はバンカラで知られる一高生も、試験前日となると「一人のバットを手にする者」もいなくなり、寄宿寮内は誰一人声を発することなく、皆電灯の下で勉強した(49)。

そのため、試験が終わってスポーツができる喜びも格別であった。試験終了後、「筆は直ちにバットに代へられつ、長く欝結《うっけつ》したりし心頓《と》みに晴れ渡れる心地し、球取り損ねて「勉強シタカラナ」と断るもをかし」と野球部員の心境が語られた(50)。

学業での怠慢は、落第や退学に直結していたため、勉強と野球の両立は一高野球部員にとって至上命題であった。野球部員の中には「お前は学校に何しに来たんだ、ベースボールをやりに来たか、学問をする気があるのか無いのかと先生に叱られ」たり(51)、父親から「毬投《まりな》げばかりやつて勉強を怠つてゐちやいかん」と説教されたりする者もいた(52)。

『校友会雑誌』でも、体を強くしたり「頭脳をクリヤーにする」ために運動は必要だが、力士のように運動を「一生の職」にするのではない以上、一高では学業が「主」であり、運動は「従」にすぎない、とスポーツに熱中する学生への忠告が掲載されることもあった(53)。一高野球部員は、教師や親から叱責されたり、校友から忠告を受けたりしながらも、日々練習や試合に励んでいたのである。

一高野球部員にとって、学業が重要だったことを示しているのが、一八九三年六月に行われた慶応義塾との二試合である。試験を目前に控えて誰一人として運動場に姿をみせず「人々試験の準備に余念なき」ある日、慶応義塾野球部より試合の申し込みが舞い込んだ。しかし、それに「理事は当惑」した。先月から雨が降り続いて部員は一〇日以上ボールに触れていないうえ、試験の「準備に暇を惜しむの時」だったからである。

しかし、前年六月の東京英和学校戦以降、試合の申し込みを拒否され続けていたため、部員たちには「外敵を熱望」する気持ちもあった。結局、試験前のためベストメンバーは組めないが、青井や五来ら「なまけ者」で作ったチームで慶応と対戦した。結果は一〇対一一で敗れ、約二年続いた連勝記録が途絶えることとなった。

この結果に野球部員は「敵を侮つて爰《ここ》に至る、慚愧《ざんき》出づる所を知らず」、と「先輩苦心の賜《たまもの》」である「部名」を傷つけたことを強く後悔した。選手たちはすぐに慶応との再戦を望んだが、それには二つの問題があった。

ひとつは、翌日から一週間にわたって試験があるため、いつ練習するかということ。もうひとつは、試験が終わって夏休みに入ると校友が「四散」するため、「諸君果たして誰れと共に凱歌を歌奏せんとするや」ということであった。野球部員は、すぐに慶応とリベンジマッチを希望したが、練習時間と試合日程という問題に直面したのであった。結局、練習は「毎夕食後二時間」に限定して行うこととなり、「選手は試業の余暇を偸《ぬす》んで、毎夕練習」した。野球部員は「此数日間は実に我部浮沈の境」と感じられるほど、強い緊張感のなかで練習と試験勉強に取り組んだ。

慶応との再戦は、試験終了日の午後一時半から一高校庭で行われ、一高が一一対一で勝利し、「一週の汚辱」が「是に終《ここ》」ることとなった。(54) 一高野球部の選手たちは、試験勉強の合間をぬって毎日二時間練習し、試合の勝利と学業の両立という難題を見事クリアしたのであった。

一高野球部にとって、野球と学業の両立が非常に重要だったことを示すエピソードを、もうひとつ紹介しておく。前述したように、一八九六年五月、一高野球部は日本初の国際試合YCAC戦に勝利した。勝利の報を聞いた木下広次前校長から送られた祝電の内容は、以下のものであった。

一、臨戦尚不失礼《いくさにのぞみてなおれいをうしなわず》勝而不慢《かちておごらず》敗而不挫《やぶれてくじけざる》は日本武士道の本意にして第一高校の夙《つと》に特色とする所なることを

二、吾人少壮《ごじんしょうそう》青年者は独り技術の点のみならず知識の点に於《お》ても同じく光輝ある全勝を博するの責務あるを記憶されんことを(55)

木下は、日本初の国際試合での勝利に際して一高生たちに「勝っておごらず敗れてくじけず」という「日本武士道」の精神とともに、「知識の点」でも「光輝ある全勝を博するの責務」を求めたのであった。そして、実際に一高野球部員の多くは、身につけた知識や学歴を生かしてその後の人生を送ることとなった。「一高時代」の野球部員六六人のうち、同窓会名簿に名前のないもの四人、職歴不明のもの九人を除いた五三人のその後の経歴は(重複含む)、社長・取締役一六人、官僚一二人、大学・高等学校教授一〇人、医師五人、国会議員四人(うち大臣二人)等であった。

一高野球部初代監督・五来欣造は、早稲田大学(以下、早大)で政治学教授となった。のちに東大野球部

長・第一二代東大総長を務めた医学者・長与《ながよ》又郎《またお》、内務・文部大臣や枢密顧問官を務めた潮恵之輔《うしおしげのすけ》も、一高時代の野球部員であった。それ以外の者も、大半が校長、技師（長）、弁護士など、管理職や専門職に就いた(56)。中馬は、新潟中（現・新潟高）や徳島の脇町中（現・脇町高）などで校長を歴任した。一高在学中は、教師や親に叱られたり、友人たちに忠告されたりしながら野球に取り組んだ部員も、卒業後は、他の一高生と同様に、博士や大臣となっていったのである。

　このように見ていくと、先行研究で指摘されているように、一高の野球部員が試合での勝利に「至上」というほどの価値を感じていたかどうかは疑わしい。確かに彼らは、自らのプライドや学校の名誉をかけて、試合での勝利に執着したが、その背後には常に学業との両立という問題が付きまとっていた。そのため、いくら試合が重要とはいっても、試験勉強をなげうってまで勝利を追求することはなかったのである。

　明治後期に一高の覇権を可能としたのは、選手が試合での勝利を熱望して猛練習に取り組んだことに加えて、試験勉強の合間に二時間練習しただけで試合に勝てる、という当時の野球のレベルがあったことも間違いない。一高野球部のプライドの源泉は、学業と野球の両者において「全勝」する点にあったが、「一高時代」は選手の努力次第でそれが可能となる幸福な時代でもあった。しかし、その後の社会状況の変化によって一高野球部の覇権は次第に困難なものとなっていったのである。

### 入試の難化

　一高野球部を苦境に追い込んだ要因として、旧制高校入試の難化が挙げられる。旧制高校のなかでも一高入試は極めて難解だったが、それでも一八九〇年代までの倍率は二倍以下で、「絶対的学力不足による試験難」であった。しかし、一九〇〇年代に入ると倍率が二・五〜三・五倍に、一九一〇年頃には約五倍にまで上昇し、入試は他人を蹴落として合格を勝ち取る「零和《ゼロサム》ゲーム」、ないしは志願者をふるい落とす「排斥試験」となった(57)。

旧制高校入試の難化を受けて、一九〇二年に文部省は入試を単独選抜から総合選抜へと改めた。これにより、旧制高校入試では全国共通の問題が使われるようになり、志望校に不合格の受験生が、合格最低点を上回った他の学校に入学できるようになった。

一高は、旧制高校入試が難化の一途をたどるなかでも、最難関の学校であり続けた。例えば、一九〇三年の入試の状況を見ると、一高の倍率は全校平均の二・四九倍を大きく上回る三・五九倍、合格最低点もすべての部類で最も高かった。その結果、一九〇〇年代に入ると「中学選手達のうち技倆《ぎりょう》優秀な者でこの難関を突破し来る者は皆無」で、「中学で選手をやった者で〔一高に〕入学して来るのはいずれも選手中で素質も恵まれず、業《わざ》も劣るものばかり」になっていた(58)。

明治中期から後期にかけての中高等教育機関の整備や、帝国大学の社会的威信の確立に伴って、その登竜門と位置づけられた旧制高校入試の倍率は急上昇し、そこに合格することは狭き門となっていった。その結果、中学校時代に野球に打ち込んでいた生徒が、一高をはじめとした旧制高校に入学することは、極めて困難になっていったのである。

### 早慶野球部の誕生

慶応義塾(以下、慶大)は、幕末の一八五八年に中津藩士・福沢諭吉が江戸築地鉄砲州の藩中屋敷に開いた蘭学塾を起源としている。幕末から一八八〇年頃までは、他の私塾と同様、苦しい学校経営を余儀なくされたが、その後次第に生徒数が増加し、一八八八年に一〇〇〇名を超すと経営が安定し、一八九〇年には大学部が設置された。(59)

慶大には幕末の時点ですでに運動場があり、ブランコやシーソー等の運動用具も設置されて、学生に運動を奨励してきた。福沢は、健康の増進や娯楽を重視し、「東京大学は少年の健康屠殺場」として二人の息子を大学予備門から慶大に転校させるほどであった。(60)

前述のとおり、野球部は一八八四年には活動しており、選手が新橋アスレチックスに出入りしたり、一高と試合をしたりしていた。塾内では野球部のほか、柔道・剣道・弓術や端艇等も行われていた。こうした状況から「義塾の先輩や当局者も各運動部を組織的に統一する必要を感じ」、一八九二年五月に剣術・柔術・野球・端艇・体操・弓術・操練(兵式体操)・徒歩の八部からなる慶応義塾体育会が結成され、学生は「幾種類でも各自の好むところに従って」運動することが可能となった。(61) 体育会の結成により野球部も「チームらしいものが組織され」、学校を代表して活動するようになっていった。

当時の慶大グラウンドは「非常に細長い菱形の妙な地形で」、「二塁をオーバーすると」ボールが「山に入ってしまう」ほど狭かった。しかし「学習院と明治学院の他は、どこの学校でも良い運動場を持っているところがな」く、「みな最寄りの原ッぱで練習」したという。それでも一九〇一年に関西に「武者修行旅行」をしたり、多種目と兼部していた部員が「野球部オンリーとなって」活動したりするなかで徐々に力をつけていった。(62)

早大は、大隈重信が養子・英麿《ひでまろ》を校長として一八八二年に設立した東京専門学校を起源とし、一九〇二年に早稲田大学へと改称した。早大も、設立当初は学費や大隈の政治的立場の問題に苦しんでいたが、学校の体制が整備されるとともに学生数が増加し、一九〇〇年頃には三〇〇〇人以上の学生を抱えるようになっていた(63)。

一八九五年、「紳士だか学生だか分らない風体」で「乱暴を働」くなど「風紀が余りよくなかつた」学生たちを正して、「文武兼修ノ主旨ヲ履修スルヲ目的ト」して早稲田倶楽部が作られ、柔道部や撃剣部などが組織された。早稲田倶楽部は、学校当局と交渉して道場を設立するなど、運動施設の整備も行った。一八九七年、早稲田倶楽部が発展的に解消して東京専門学校体育部となり、郊外運動・器械体操・撃剣・柔道・弓術・テニス・野球の七部が成立した。一九〇四年には、各部二名の代表と体育部部長・安部磯雄からなる評議員会が設けられ、その決議によって体育部が運営されることとなった(64)。

体育部の成立と前後して、一九〇一年頃に橋戸《はしど》信《しん》らを中心にして「野球部と名の付くようなものが成立した(65)」。創立当初は早稲田中学野球部にも負けていたが、橋戸や押川清、泉谷祐勝《いずみたにすけかつ》ら有力選手の入部と厳しい練習によって急速に力をつけていった。

一九〇三年、早大の橋戸から慶大野球部に試合が申し込まれたことをきっかけにして、第一回早慶戦が行われた。試合に際して、両校委員がチームを代表して打ち合わせを行い、試合日程、会場や審判などが決められた。試合は九対一一で慶大が勝利し、試合後には懇談茶話会が催された。

当時の早大野球部でチームの運営を主導したのは「キャプテイン」であった。キャプテンは、「国に主君あり、国会に議長あるが如く」「選手九名を統一すべき、首領」とされ、「単に其技量に於て、チーム中唯一の明星たるは勿論《もちろん》、精神上に於て、善く自己を統御し得る、自制克己の人」が適任と橋戸は考えていた。(66)橋戸主将のもと、早大野球部は夏休みに茨城県の竜ケ崎で合宿を行い、「汗をダク〳〵流して」、「フィルディングにバッティングに精のあらん限り」の練習を行うなどして、(67)徐々に力をつけていった。

## 「一高時代」の終焉

一九〇四年六月一日、一高野球部は橋戸・押川・河野安通志《こうのあつし》らを擁する早大と試合を行い、六対九で敗戦を喫した。さらに翌日、一高はOB守山恒太郎が主審を務める「必勝態勢」で慶大との試合に臨んだが、九回二死一塁、慶大・桜井弥一郎が逆転ランニングホームランを放ち、サヨナラ負けを喫した。(68)早慶両校に連敗したことで、一高野球部の権威は失墜した。早慶両校が「一高の選手を凌駕する技倆《ぎりょう》を有す」ることが明白となり、一高内でくすぶっていた一般学生の不満が爆発し、野球部員に対して「紛々たる讒謗《ざんぼう》、轟々《ごうごう》たる罵言」が浴びせられた。(69)

さらに、一高内では校風や運動部への批判を背景にして、魚住影雄や安倍能成を中心にした個人主義が急速に拡大していった。魚住は、籠城主義を「保守思想の反動的現象」と批判し、個人主義に立脚した校風論やスポーツ論に加えて、皆寄宿制度の廃止を主張した。野球部をはじめとした運動部による「自治自由を標榜する全体主義」は、球界での覇権を失うと同時に、終わりを迎えることとなったのである。(70)

その後も一高野球部員は、かつての栄光を取り戻すために悲壮な努力を続けた。寮では夜一〇時に「九戦士がそろつてバットを振」った。(71)一九〇五年六月に行われた一高対慶大の試合では、故障中のエース・小西善次郎が「肩や肱《ひじ》に痛み止めの注射をして出場」し、「皮膚が破れて、血が素肌に付けた白のユニフォームを染め」てもなお投げ続けた。(72)

のちに歌人となる水原秋桜子《みずはらしゅうおうし》は、一九一一年に一高に入学したが、「寄宿寮にはいってから二、三日すると」「野球部の練習に加わることをすすめられ」、一〇日もすると正三塁手になった。当時の一高野球部は「退部する人が多いため、新しいものを入れぬと数が揃わぬ」からであった。選手は必死に努力を続けたが、早慶両校とは「技術の差が歴然として、どうにも仕方がない」と秋桜子が感じるほど、大きなものになっていた(73)。

内村鑑三の息子でのちに東大医学部教授・プロ野球コミッショナーとなる内村祐之《うちむらゆうし》の活躍により、一九一七年に早慶に連勝するものの、一高が球界の覇権を握ることは二度となかった。一高野球部は、実力的に早慶両校には及ばなくなり、かわって一高三高定期戦や旧制高校大会など、旧制高校同士の試合・大会に活動の重点を置くようになっていくのである。

## 3　一高と「制裁」

### 運動部員による制裁の横行

一八九〇年に成立した一高自治寮は、学生の代表者による代議制と、違反者に対する相互制裁を原則として運営されていた。寮や校友会の方針・規約を、代表者となった学生の合議で決定するとともに、その違反者に対しては、学生たちが相互に制裁することで規律の維持が図られた。

一八九〇年一一月八日、一高校庭では野球部対白金倶楽部の「復仇試合」が行われていた。しかし同日、倫理講堂でも唱歌会のイベントが開かれており、唱歌会学生は野球部の応援に参加しなかった。当日夜、三名の野球部員は「講堂ニ入リ机席ヲ顚覆《てんぷく》シ唱歌会ヲ罵」った。校風の振作を担う重要な試合の応援に参加しなかった唱歌会学生に対して、野球部員が制裁を加えたのである。この騒動によって倫理講堂は閉鎖され、校友からのけものにされた唱歌会は消滅することとなった(74)。

この事件に見られるように、一高内において、校風を振作して共同の風を育成する役割を担っていたのは、野球部などの運動部員であった。彼らは、対外試合や国際試合に勝利することで、一高の価値観を体現する存在として校内でも一目置かれる存在となっていた。そして、その価値観から見て「校風紊乱《びんらん》する」と判断した者に制裁を加えたり、「非行者」を捕まえて「鉄拳制裁」を下したりすることもあった。

こうした運動部員による制裁は、一高自治の精神を体現するものであったが、その正当性や制裁方法には疑問を投げかけられることもあった。例えば、運動部員は「優柔なる徒」を「蛇蝎《だかつ》」のように嫌い、彼らに対して「自己の怨恨」を晴らしていると思われるような制裁を行うこともあった。「鉄拳制裁」と称して、深夜に一人の学生を集団で罵倒し、「鉄拳雨の如く乱下する」こともあった(75)。制裁前に飲酒し「鉄拳を揮《ふる》ひ恣《ほしい》まゝに其忌む所の者を攻撃」するなど(76)、「制裁の乱用」が疑われることもあった。

こうした制裁の実態に対して、一部の学生から「部的の感情に駆られて校名を思はざるやの疑いなき能《あた》はず。之《こ》れ果して能《よ》く運動と精神と一致せりと謂《い》ふを得べきか」と疑問が投げかけられた(77)。対外試合で得た名声を背景にして「運動的勢力を運動圏外に利用し」、暴力的な風習が一度生まれると「人は新陳するも風習は代謝せず」(78)、「遂に容易《たやす》く制すべからざる」ものとなって「独裁政治国」のようになっている、とも批判された。一高自治において、校友間の相互制裁は学校当局の権力的な介入・監督を排する手段であったが、一九〇〇年頃には運動部員が制裁権を独占し、「運動家即ち制裁者の感」さえ生まれていた(79)。野球部をはじめとした運動部員は、校風という一高の価値観を体現している自負と、対外試合の勝利で得た名声を背景に校内での制裁権を独占していたが、制裁の方法や乱用が非運動部学生から批判されてもいたのである。

### 野球部内の制裁

このように一高内では、運動部員が一般学生や「非行者」に対して暴力的な制裁を行うことが常態化していたが、野球部員同士では日常的に暴力的な制裁は行われていなかった。一高のエース・守山恒太郎は、制裁について次のように述べている。

選手は実に学校又は倶楽部等其団体の代表者にして其責任極めて大なり。故に選手は一致協力して相互に制裁し学を勉め品行を正し技術を練り同窓者の嘱望を受け選手の一挙一動同窓者を感化せしむるの行為あるべし。選手中多少意に満たざるか如き者あるも其団体の名誉に関するを以て自ら戒むべきなり。而《しこう》して不幸にも選手中不品行者を生じ如何に制裁するも改心の意なきものあらば万事休す。技術の優劣は敢て問ふ所にあらず。宜しく鉄拳を加へ後来を戒め野球部より放逐すべきなり。(80)

守山の考えでは、「鉄拳」は「不品行」を繰り返し「如何に制裁するも改心の意なきもの」に限られ、しかもそれは「野球部より放逐」することを意味していた。「鉄拳制裁」は、「不品行」を繰り返す選手に退部を迫る最後の手段だったのである。そして、管見の限りでは、実際に一高野球部内で暴力的な制裁が行われたことを示す史料はない。

「一高に野球を見に行」って「下駄を穿いた儘《まま》」グラウンドに入った中学生が「神聖な道場」を穢《けが》したとして「ブン殴られ」るなど、(81)一高の野球部員たちは校友以外にも暴力的な制裁を行った。それが時に、インブリー事件のような大問題に発展することもあった。一高の運動部員の行動は、独善的で暴力的であったが、彼らの立場からすれば、それはあくまで「校風の振作」「神聖な道場」等の一高の価値観に反する行為をした人々に対する制裁であった。それゆえ、同じ価値観を共有する野球部員同士で、制裁が行われることはほとんどなかったものと思われる。

鈴木秀人によれば、昭和戦前期でも一高野球部は上級生にも敬語を使わず呼び捨てにするなど、上下関係は一切なかったが、「血反吐を吐くような」猛練習が行われていたという。(82)部員同士の対等な関係に基づく自治によって部を運営し、学校のプライドをかけた試合に勝利するため、猛練習を行う。OBが監督を務めたり、練習を指導したりすることもあったが、あくまで活動の中心は部員たちの自治にあった。だからこそ、一高野球部では荒っぽい猛練習をしながらも、部員間で体罰やしごきは行われていなかったものと思われる。

# 第二章　野球部の拡大と部員の関係
## ――中等学校の成立と学生野球の組織化

### 1　中等学校の整備と学業・健康

#### 中等学校の整備

現在の中学校・高校にあたる中等学校は、五年間の中等教育を行う教育機関として、一八七九年の教育令発令を契機に全国に整備されていった。明治維新直後は、藩校や洋学校、私塾なども中等教育を行っていたが、学制や教育令等の法令により普通教育を行う中学校、小学校教員を養成する師範学校、実業教育をする実業学校が整備されていった。また、一八八六年の中学校令では、原則一府県一中学校とされていたが、その後の法令の改正によって制限が緩和され、各地の学校数は大幅に増加していった(1)。

中学校の整備とその量的拡大に伴い、中学生数も増加していった。一八八六年の中学校数は全国に五六校で、生徒数は約一万人しかいなかったが、一九〇〇年には一九四校七万八〇〇〇人、一九一〇年には三〇二校一一万人と、明治後半の二五年で学校数が約五倍、生徒数は一〇倍以上に急増した。この背景には、教育機関の整備・普及や学歴の価値の上昇に伴って、士族や官吏だけでなく富裕な商人や農林漁業従事者の子弟にまで「成功熱」や「立身出世主義」が拡大していったことが挙げられる。貧しい家庭環境であっても通信教育を受講したり、苦学生として上京したりする者も増加した。(2)

明治期は、義務教育の小学校すら卒業しない者が大半を占めており、中学校に進学するだけで高学歴であったが、各地に中学校が作られて生徒数が増加するに伴って、そこを拠点にして全国にスポーツが普及・拡大していったのである。

### 淘汰機関としての中学校

一八八〇年代の中学生にとって、中学校を卒業して学歴の階段をさらに登っていくことは、決して容易ではなかった。例えば、一九〇〇年の中学生は七万八〇〇〇人であったが、同年の退学者は一万一〇〇〇人(一四・一%)で、これは卒業者七七四七人の一・四倍にのぼるものであった。中学校のなかには全校生徒の一〇〜二〇%程度が毎年退学し、時に三〇%を超えるところもあった。

中学校を卒業した生徒のなかには、落第を経験する者も多かった。一九〇五年から〇八年の熊本県立熊本中学校(現・熊本高)の生徒のうち、修業年限の五年で卒業した生徒は、入学者の二二〜三四%にすぎなかった。

学業成績と退学の相関関係も強かった。群馬県立前橋中学校(現・前橋高)では、一八九八年から一九〇四年の退学者のうち、落第を理由としたものが二二〜四三%を占めていた。退学後、故郷に帰っても仕事をしなかったり、都市に滞って放蕩生活を送ったりする者がおり、「地域のやっかい者」「一種のゴロツキ」と見られるようになっていた。(3)

家庭の経済問題も、卒業への大きな障害であった。一九〇四年から〇九年の間に授業料不納で退学する者が八～一三%いた。東京府立中学の一年間の授業料は三〇円(一九〇八年)であったが、小学校教員の初任給の月額は一〇～一三円で、高等文官試験に合格した高級官吏でも五〇円(一九〇七年)、大卒銀行員が三五円(一九〇八年)であった。経済的に恵まれた家庭でなければ、中学校の学費負担は極めて重いものであった(4)。

病気を理由に退学する生徒も多かった。雑誌『中学世界』では、健康問題についての記事が頻繁に掲載され、「肺結核其他不治の疾病の徴候あるか、或は父母兄弟に斯《かか》る疾病ありて、遺伝の恐れあるときは、余り深く学問し身体及び精神を労するは本人の為めに不利益」といった見解も述べられていた(5)。

経済問題や健康問題等によって毎年一〇%以上の生徒が中学校を退学していたが、中学校は「中人《ちゅうじん》以上ノ業務ニ就ク」(中学校教則大綱)人々の育成を目的として設立されていたため、退学は「やむを得ぬ」ものと考えられていた。むしろ生徒の健康状態や学力・家庭の経済状況を調べて、学校が「漫《みだ》リニ入学ヲ志望スルノ弊」を改めさせるべきだと考える知事もいた(6)。

そのため当時の中学生は健康問題への関心が高く、『中学世界』で医師から食事や運動等の健康法が紹介されたり、「学業にのみ専心する」のではなく「勉強と体育法と都合よく塩梅して並行させていかねばならぬ」とスポーツや運動が奨励されたりしていた(7)。

生徒からも「一層中学生徒の体育を奨励する必要」が述べられる一方で、体操の授業のように「単に教師の命令の下に機械的に活動するのみにては、何等の興味をも利益をも感ずる」ことができない、という不満もあった。同誌の編集部からも、正課体操は時間が少ない上に興味も薄く、「中学に於ける体操の一科ほど無意味なるはあらじ」と酷評されていた(8)。明治後期の中学校では、健康問題を背景にして、生徒からも識者からも「興味ある運動」が求められていたのである。

## 2　中等学校野球部の成立と拡大

### 中学校校友会の設立と野球部の創設

このような状況のもと、全国各地の中学校で校友会が設立され、野球部をはじめとした運動部も組織されていった。校友会は当初、校風・校紀の粛正を目的にしており、生徒自身を級長や制裁委員等の役職に就けて、生徒同士で相互に監視や制裁を行わせたり、生徒の課外活動を管理・統制したりすることもあった。校友会雑誌の発行に際して教員の検閲も行われるなど、中学校の校友会は一高のような生徒の自治組織ではなく、生徒の親睦・修養を深めて学校教育を補完することが重視されていた。

そのため校友会運動部、とりわけ柔術・撃剣などの武道は、教育目的に利用されることも多かった。一八九八年、山形中(現・山形東高)では退学者が多く、生徒の風紀が乱れていることを理由に飲酒禁止や学外での制服制帽の着用、芝居や料理屋への立ち入り禁止等が定められた。翌年に同校に赴任した校長は、「生徒に武道を奨励する気持ちから、撃剣・柔術をやる生徒には操行点《そうこう》として一律に五点」を与えたという(9)。福岡県の嘉穂中《かほ》(現・嘉穂高)では一九〇二年の創立当初、撃剣と柔道への参加が全生徒に義務づけられていた(10)。日清戦争後に武士道論が隆盛して武道が再評価されていくなかで、校友会や柔術部・撃剣部を利用して規律の徹底や徳育の涵養が図られたのであった(11)。

一方で、校友会には生徒の自発性や意思が反映される余地が全くない、というわけでもなかった。例えば静岡中(現・静岡高。以下、静中)では、一八九三年頃に野球が伝えられると、テニスよりも「こっちの方がおもしろいや」と野球をする生徒が増え、校内で対抗戦が行われるようになった。一八九六年に校友会が設立されると、柔術・撃剣・弓術とともに野球部も作られた(12)。

一八九九年に長野県尋常中学校長野支校から独立して成立した長野中(現・長野高)では、創立と同時に校友会が設立され、野球部を含む運動部が四部作られた(13)。愛知県の豊橋中(現・時習館《じしゅうかん》高)では、校友会設立に際して生徒は野球・柔術・撃剣のどれか一つに入部することが義務づけられ、野球部員が一八〇人を超えることもあった(14)。

明治中期から後期にかけて、全国に中学校が設立されて校友会も整備されていくなかで、野球をはじめとした運動部も誕生し、日常的・組織的な活動が行われていくこととなったのである。以下、本章では、明治期の中等学校野球部の設立当時の活動や、大会が行われていくようになった様子を概観するとともに、当時の野球部内において、体罰がほとんど行われていなかった、ということを確認していきたいと思う。

## 水戸中

管見の限りにおいて、旧制中等学校の中で最も早く野球部を創設したのは、茨城県立水戸中学校(現・水戸第一高。以下、水中)であった。水中は、一八七八年に茨城師範学校の予備学科として創設され、一八八〇年に分離・独立して茨城中学校となった。その後、茨城第一中、茨城中、茨城県尋常中、茨城県中学校と制度変更に伴う校名の変更を繰り返したが、一九〇〇年に茨城県水戸中学校となってからは、「水中」

の名が定着していった(15)。

同校で初めて野球が行われたのは、一八八七年に札幌農学校出身の生物教師・河村九淵《かわむらちかすえ》が、原書からルールを翻訳して生徒に教えたことがきっかけだったようだ。その後、野球をプレーする生徒も現れたが、硬球を素面素手でプレーしたため、けが人が続出したという。一八八九年、正岡子規が水戸を訪れた際に、水戸公園の「芝生の上にて七八人の小供《ママ》」が「ベース、ボールのまね」をして遊んでいるのを目撃していることから、その頃には水中やその近辺では野球が普及していたものと思われる(16)。

水中野球部の創部は一八九一年とされているが、用具を使った本格的なプレーをするようになったのは、一八九五年八月に水中卒業生で一高生の山岡元一が、ミットやマスク等の野球用具をもって水中を訪れたことがきっかけであった。

翌九六年には、水中と栃木県尋常中学校（現・宇都宮高。以下、栃木中）で初めての試合が行われた。水中出身の一高野球部員・戸村義相と、栃木中出身の青井鉞男が「お国自慢をして、水戸が強い、いや、栃木が強いと張り合った」結果、実際に試合をすることになったという。試合が決まると、両校ともに上京して一高野球部の指導のもとで練習した。

宇都宮城址公園での試合には、水中から先遣隊五〇名が徒歩で移動し、本隊の生徒は試合当日に汽車で宇都宮まで駆けつけて野球部を応援した。試合は三一対一五で水中が勝利した。両校の試合は、一八九七・九八年にも行われ、水中の二勝一分であった。最終戦となった第三戦は、六対六の同点で九回を終えたが「両校の応援団が熱狂し、不測の事態が心配されたため、そのまま引き分け」に終わった(17)。

一九〇一年か〇二年には、のちの早大野球部主将で初代監督にも就任する飛田穂洲《とびたすいしゅう》（本名は忠順《ただより》）が、水中に入学した。飛田は一九〇一年一〇月に行われた水中対下妻中(現・下妻第一高)の試合を観戦し、水中野球部初の敗戦を目の当たりにした。飛田は翌日から、「下妻復讐の大願」を果たすため、級友と二人で「ボールの姿が目に映らなくなるまで」練習し、その後水中の三塁手として活躍した。(18) 一九〇四年に茨城県下連合野球大会が創設されると、同校野球部は一九〇八年までの五大会で通算一六勝〇敗と圧倒的な成績を残して「黄金時代」を築いた。

水中では、一八九七年に知道会という名の校友会が設立された。知道会では、放課後外出時の袴《はかま》・帽子の着用、上級生への敬礼、「放蕩堕落生徒」への制裁を決議するなど、生徒の気風の矯正を目的にした活動が行われた。生徒のなかから一〇名の制裁委員を選出し、「規律違反の堕落生徒と目をつけられた者は講堂で査問を受けた」り、「全員の傍聴の中で非を認めて宣誓書に記名し、拇印を押させられ」たりした。制裁委員に対して「抗争の態度」をとった生徒のなかには、「委員の鉄拳乱下し仆《たお》れて殆ど気絶」させられる者もおり、その様子を見ていたたまれなくなって転校する生徒もいた。

一方で、知道会には、英語部・講和部・雑誌部の三文化部に加えて、野球科、柔術科、撃剣科、遊戯科の四科が置かれて、日常的にスポーツも行われた。(19) 知道会運動部規約で「野球科ノボールハ毎月三個宛ヲ各組ニ配与」することが決められたため、水中では一年から五年までの各学年・各組で組織したチームによる「クラスマッチ」や、「クラス選手になれぬもの」が集まった「番外チーム」の試合も行われ、「約二百人ほどの大小選手が互いに技を磨いた」。(20) 校友会から毎月ボールが支給され、多くの生徒が野球をプレーできる環境が、水中野球部の黄金時代を作る基礎になっていたものと思われる。

愛知一中

一八七七年に愛知県中学校として創設された愛知一中（現・旭丘高《あさひがおか》）は、東京府立一中（現・日比谷高）、神戸一中（現・神戸高）と合わせて「一中御三家」といわれる進学名門校であった。一八九三年の校友会発足と同時に野球部が創部され、校内ではスポーツが活発に行われた。一八九九年に日比野寛が校長として赴任すると、「自治自修」の方針を打ち出すとともに、「運動と勉学の両立」を掲げてスポーツを奨励した(21)。

愛知一中野球部では、創設当初から部員一人に二〜三人がノックを行い、選手は「あちらへ走り、こちらへ走り」するなど「はげしき」練習を行った。夕暮れでボールが見えにくくなっても「こら！　球は見えるか」「見えます」「見えるなら受けよ」と練習を続けた。試合への関心も高く、「油断して負ける様な事があれば校長はじめ各先輩にどなられ選手一同坊ず《ママ》頭になつて旬日《じゅんじつ》を出ずして再試合をする」こともあったという(22)。

一八九九年には同校卒業生で一高野球部OBの宮口竹雄が、「殆んど毎日午後来校」して「熱心に指導」した。正捕手の加藤正一は、宮口から「「バツト」の振り方、捕球の方法等詳細に亘り約二年間」指導を受けた結果、「中等学校では本邦第一」と称される選手となった。

一九〇五年には、野球部員が編纂した野球専門書『野球便用』が刊行された。日比野校長は同書に序文を寄せ、野球は「身体及精神ヲ強健ニ発達セシメ」、「規律アルヲ求メ節制アルヲ要シ訓練ノ要ヲ教へ共同作用ノ必須ナルヲ示シ進取ノ気鋭嬰守《えいしゅ》ノ沈着ナルベキヲ覚《さと》ラシムル」と、青年の心身の発達・強化や、規律・訓練等の習得に効果があると述べた(23)。日比野校長のもと、愛知一中は進学校としてのみならず、野球強豪校としても知られるようになった。

愛知一中でも、一高と同様に、部員の中に補欠はおらず、ほぼレギュラーだけで活動していた。練習中に加藤正一捕手がファウルチップを「右指に受け直角に曲り」「捕球も困難、投球は出来ぬ」状態になった時でも、捕手の補欠がいなかったため「二塁へは「フリーパス」の有様」になっても加藤が試合に出続けた。

こうした教訓から、選手が「負傷シ、又ハ病魔ニ犯サ」れた時に備えて、「四五人ノ選手ニ准《じゅん》スルモノヲ選ビテ補欠トシ、予《あらかじ》メ備フルノ必要アリ」と考えられるようになっていった。選手が卒業した後も強豪としての地位を保つため、各ポジションに次のレギュラーの候補者をあらかじめ選び、「彼ノ欠点ヲ指シ、自分ノ秘訣ヲ悟ラシメ」ることの必要性も認識されるようになっていった。「選手間ノ折合ヲツケ」たり、「選手ノ労ヲハブクベク、周旋《しゅうせん》ノ労ヲ惜シマズ尽スベキ職責」を果たすマネージャーも必要とされるようになっていった(24)。愛知一中野球部は、「自治自修」の方針のもと、選手とマネージャーによって部を運営しながら、東海地方を代表する野球強豪校として、その名を轟かしていたのであった。

### 鳥取中

鳥取中(現・鳥取西高)は、一八七三年に鳥取藩の藩校・尚徳館の跡地に第四大学区第十五番変則中学校として開校した。その後、鳥取県の合併・分離や制度の変更に伴う校名の変更を経て、一八八六年に鳥取県尋常中学校となった。校友会は、一八八九年五月に行われた第一回運動会をきっかけとして、「これに手を入れて校友会とし、運動部、文芸部を設置」して設立された(25)。

鳥取中では、一八八七年に高等師範学校(現・筑波大。以下、東京高師)の体操科を卒業した住野仙蔵や、校友会運動部長を務める体操教師の横山貞松らによって、授業で野球が行われたり、運動会で「三角ベースのような素朴な草野球」が行われたりするようになっていったようだ。鳥取中の生徒は、放課後に招魂《しょうこん》社《しゃ》の境内や練兵場などで、「素手で球を投げ合」うなかで、次第に投手が下手から投げたボールを捕手がワンバウンドでキャッチする野球になっていった。一八九七年に学習院から転校してきた生徒が「東京の進んだ野球を紹介」したことで、グローブやミットを使った野球に変化していった。

野球部は一八九六年に創部されたが、創設から数年間は生徒間の「対抗マッチ」を中心に活動していた。一八九八年に鳥取県師範学校(現・鳥取大)と初試合を行い、その後は対外試合も行うようになっていった。しかし、試合ではリードされている側が審判の不正を主張したり、「時にはアンパイアに鉄拳制裁を加え」たりしたため、「問題が起れば(選手は)逸早《いちはや》く逃げだし」て「仕合は大抵中途で終り」になったという。(26)

一八九九年五月、鳥取中の野球部員は、岡山県・津山への修学旅行に際して、津山中(現・津山高)と試合を行い「大勝利を博した」。同年七月には、津山中が「復仇戦のため来鳥」して再試合を行ったが、四〇対二八で鳥取中が勝利を収めた。一九〇〇年には「松江まで百二十キロ余りの道のりを真夏の炎天下を歩いての大遠征」で、松江中(現・松江北高)と試合を行った。しかし、試合中に「選手は次々に腹痛や下痢を訴え」、四対二三で初の敗戦を喫した。一九〇一年に行われた豊岡中(現・豊岡高)との試合には勝利するも、一九〇四年に行われた松江中・米子中(現・米子東高)との試合に連敗したため、鳥取中の選手たちは「捲土重来を期して猛練習」を行って松江中に再戦を申し込んだ。しかし、鳥取中の事情により遠征が中止になると、松江中野球部員がこれに憤慨して絶交状を送り、以後六年にわたって両校の試合は途絶することとなった。

さらに一九〇六年四月、田中令助校長が赴任すると、即座に野球部を廃止した。廃部の理由は、以下の五点であった。

一、当時の選手中に落第生あり、従って其等の人の品行もよくなかった。
二、学級間の軋轢《あつれき》が甚しく学級競技の際にしばしば発露して弊害を醸していた。
三、新任の田中校長の方針として、野球部をあまり認めず、端艇部は盛大を致した。
四、昨年に多数の良選手を失って部がいささか振はなかったこと。
五、器具などを自宅に持ち帰るものあり、新学期にいざやろうと思っても出来なかった。

田中は、端艇が盛んな米子中から赴任したため、同校でも端艇部を活性化するため野球部を廃部にしたようだ。田中校長が転出する一九〇八年まで野球部は廃部となり、その間、野球好きの生徒たちは「近くの高等小学校としばしば非公式の試合をした」という。

### 市岡中

大阪府第七中学校として一九〇一年に開校した市岡中(現・市岡高)では、開校間もない頃から「野球好きの少年が盛んに運動場で、野球の練習を楽しんでいた」。しかし、坪井仙次郎校長が「野球が嫌い」で、「運動場で野球をする生徒に一喝、早刻《ママ》、校内での野球は一切、禁止」となり、「ボール、バットなどの持ち込みも禁止、見付け次第、没収するよう、教師に命じた(27)」。坪井が野球嫌いとなった理由は定かではないが、「ボールをさわってみて「こんなものを投げるから窓ガラスが破れてかなわん」などと言って、ボールを没収した」というから、(28)ボールによる校舎の破損が坪井を野球嫌いにさせた一因かもしれない。

野球が禁止される一方で、坪井校長時代の市岡中では「運動という語が競走の専称」になるほど陸上競技が奨励された。近隣の学校との連合運動会の前には「職員付き添って練習に練習を重ねた」(29)ため、「創立当時の校友会はこの部事業のための校友会であるかのように見え」るほどであった。

市岡中に野球部ができるのは、一九〇六年であった。「ハイカラな少年」津田与一は、坪井校長時代から「同級生、下級生を集めて野球仲間をつく」り、「校外で練習に打ち込ん」だ。坪井校長が他校に転出すると、「即刻、野球は解禁」となり「津田たちのバットの快音が、晴れて校庭にこだま」するようになり、創部から半年後の一九〇六年九月には北野中(現・北野高)と初試合を行い、六対四で快勝した。

一九〇七年には、のちに第三代日本高野連会長となる佐伯達夫が市岡中に入学した。市岡中では、「野球部員でない生徒も学校の内外で仲間を集めチームをつくって野球試合をして」おり、一九〇九年には校内で野球小会が開催された。佐伯も同級生たちと「至誠クラブ」というチームをつくって出場し、それがきっかけとなって「野球部にスカウト」されて野球部員となった。(30)

佐伯らが加入して市岡中野球部の態勢が整えられると、天王寺中(現・天王寺高)、明星《めいせい》商(現・明星高)等の大阪府内の中等学校だけでなく、和歌山中(現・桐蔭《とういん》高)や京都二中(現・鳥羽《とば》高)、滋賀商(現・八幡《はちまん》商)等、近隣府県の中等学校とも盛んに試合を行った。さらには、日本に寄港したアメリカの軍艦サラトガの乗組員を中心としたアジア艦隊チームや、関西地方に遠征に来た青山学院や早大の寄宿舎軍とも試合を行った。(31)

## 3　対外試合と野球大会

### 中等野球大会の創設

表2-1は、明治期に野球部が創設され、かつ「野球部史」を発行している旧制中等学校の野球部設立校数を年ごとにまとめたものである。一八九一年に水中で旧制中等学校最初の野球部が設立されたものの、一八九〇年代半ばまでは、それほど多くの学校で野球部が創設されていたわけではなかった。しかし、一八九六年に六校で野球部が設立されると、以後、全国各地の中等学校で、次々と野球部が設立されていったことが見てとれる。

前章で見たように、一八九六年は、一高野球部がＹＣＡＣと初の国際試合を行って勝利した年であった。同年に野球部が設立された東京高等師範附属中(現・筑波大附属高)は、「一高の野球部が横浜の米人チームに勝利したのを見たのがきっかけ」としていることから、[32]一高野球部のＹＣＡＣ戦の勝利とその報道のイ

表2-1　明治期の中等学校野球部設立校数

| 年 | 野球部設立校数 |
|---|---|
| 1891 | 2 |
| 1892 | 0 |
| 1893 | 2 |
| 1894 | 0 |
| 1895 | 0 |
| 1896 | 6 |
| 1897 | 3 |
| 1898 | 6 |
| 1899 | 9 |
| 1900 | 5 |
| 1901 | 8 |
| 1902 | 4 |
| 1903 | 4 |
| 1904 | 3 |
| 1905 | 3 |
| 1906 | 1 |
| 1907 | 1 |
| 1908 | 2 |
| 1909 | 1 |
| 1910 | 1 |
| 1911 | 0 |
| 1912 | 0 |
| 合計 | 61 |

出典：各校野球部史・学校史等より作成.
注：書籍名や編著者・出版年等については，引用・参考文献一覧参照.

ンパクトが、野球の全国的な普及に大きな役割を果たしたものと思われる。野球部設立直後は、クラスマッチや野球小会・大会など、校内の生徒同士で試合を行うことも多かった。しかし、校友会が設立されて野球部をもつ学校が増えていくなかで、次第に野球部同士の対外試合が行われるようになっていった。表2-2は、本章で取り上げた四校の野球部史をもとにして作成した、明治後期の対外試合数の一覧である。

日比野校長によって、野球をはじめとしたスポーツが奨励された愛知一中が他校に比して多く、一年平

表2-2　明治期中等学校野球部の試合数

| 年 | 水戸中 | 愛知一中 | 鳥取中 | 市岡中 | 平均 |
|---|---|---|---|---|---|
| 1896 | 1 | | | | 1.0 |
| 1897 | 1 | 5 | | | 3.0 |
| 1898 | 1 | 1 | 1 | | 1.0 |
| 1899 | 0 | 2 | 2 | | 1.3 |
| 1900 | 0 | 0 | 1 | | 0.3 |
| 1901 | 1 | 6 | 1 | | 2.7 |
| 1902 | 1 | 6 | 0 | | 2.3 |
| 1903 | 2 | 11 | 0 | | 4.3 |
| 1904 | 2 | 6 | 2 | | 3.3 |
| 1905 | 4 | 14 | 1 | | 6.3 |
| 1906 | 6 | 14 | 0 | 3 | 5.8 |
| 1907 | 6 | 11 | 0 | 2 | 4.8 |
| 1908 | 4 | 10 | 0 | 8 | 5.5 |
| 1909 | 0 | 11 | 0 | 5 | 4.0 |
| 1910 | 0 | 10 | 1 | 11 | 5.5 |
| 1911 | 0 | 29 | 0 | 12 | 10.3 |
| 1912 | 0 | 16 | 0 | 2 | 4.5 |
| 平均 | 1.7 | 9.5 | 0.6 | 6.1 | 4.5 |

出典：各校野球部史より作成.
注：書籍名や編著者・出版年等については，引用・参考文献一覧参照.

均で約一〇試合に達するが、その他の学校ではおおむね一年間の試合数は一桁で、一試合もしないことも珍しくなかった。明治後期の時点では、東京や愛知、大阪などの大都市以外では、野球部のある学校が近隣に存在しないことも多く、鳥取中のように徒歩で長距離を移動したり、修学旅行で他県を訪問した機会を利用したりして試合をすることもあった。選手だけでなく、応援する生徒たちも含めて大規模な移動が必要だったため、対外試合は気軽に行えるようなものではなく、一年に数回程度しかない大舞台だったことがわかる。

そのため、試合が決まると、選手たちは勝利を目指して猛練習をすることも多かった。野球部員以外の生徒も数多く試合観戦に訪れ、自校のプライドをかけて熱心に応援し、選手のプレーに一喜一憂した。試合に勝つと、選手・応援団がともに「和気靄然《あいぜん》として歓呼の声殷々《いんいん》」とし、校長や教諭が勝利を祝する和歌や漢詩を作ることもあった(33)。一方、敗戦の際には校友会雑誌に「起《た》て　清史持つ青葉が岡の健男子、蹶《けっ》然《ぜん》起ちて武を磨き仇敵を蹴破して汚れたる羈旗《きき》を清めよ」という激励文や、選手による「謝罪文」が掲載されることもあった(34)。敗戦の責任を取って、選手や運動部長が剃髪することもあった。

対外試合が次第に増えていくなかで、三校以上が集まって大会も開催されるようになっていった。管見の限り、中等学校が参加した最古の大会は、一九〇一年一一月に三高で開催された関西野球大会である。三高でも、一高と同様に校内野球大会や連合野球大会を行っていたが(35)、それが発展して「近府県十有余校の中学師範商業及び同志社の健児等」を集めて第一回大会が開かれた。この大会は勝ち抜きやリーグ戦ではなく、連合試合四試合、対校試合三試合の計七試合が二日間の日程で行われた。

全試合終了後、大茶話会が催され、「東は三河岡崎より西は讃岐丸亀に至る十八余校の選手」約二〇〇人が「団坐和気藹々《だんざわきあいあい》として談笑」した。茶話会では三高の野球部員が「軽妙の弁を以て応接の任に当り」、同校陸上部理事が「明春亦《また》此の如き催ふしあらんか奮つて諸君の来会せられんを望む」とあいさつし、選手代表者からも謝辞が述べられた。一方、三高野球部OBで「審判者総代」を務めた大学生からは「徒《いたずら》に勝負の末に拘泥《こうでい》して挙動の礼を欠く者」や「此技に携はる者華美に流る丶嫌《きらい》」についての苦言が呈された。(36)

三高主催の関西野球大会は、その後も毎年一〇月末から一一月初頭にかけて開催され、一九一一年には二六校が五日間一四試合を行うまでに成長し、(37)「毎年天長節前後に」「好球児期せずして神楽岡の一角に集まる」「三高の名物」と紹介されるものとなった。(38)同様の大会は第五高等学校(現・熊本大)でも開催されるなど、(39)高等教育機関の野球部や校友会幹部学生主導のもとで開催される野球大会が、次第に大規模なものとなっていった。

一九〇二年には、愛知一中が主唱して東海五県連合野球大会が開かれた。愛知・静岡・岐阜・三重・滋賀県内の中等学校に参加が呼びかけられ、愛知一中ほか五校が参加して大会が開かれた。第二回以後は、参加校が持ち回りで当番校となって各校グラウンドで開催された。一九〇七年には、四県一三校の代表者が集まり「本会は国民的品性の涵養、体育の奨励、質素、剛健の気風を養成するを以て目的とす」、「本会は、毎年一回八月上旬を期して開く」、「開催地は前年の大会に出席せる諸学校代表者の協議により之を定む」、「大会に関する庶務は質素を旨とし、主催校専ら之に当たる」等の規約が定められた。(40)

ほかにも一九〇二年一一月に長野県師範学校(現・信州大)で開催された県下中等学校連合大運動会、(41)一九〇四年から土浦中(現・土浦第一高)の呼びかけで始まった茨城県中等学校野球大会など、(42)中等学校の持ち回り・連合方式による野球大会が、各地で開かれるようになっていった。このように一八九〇年代半ば以降、各地の中等学校に校友会が作られて野球部の活動が次第に活発になり、一九〇〇年代に入ると、学校を代表した野球部同士の対校試合が行われ、複数の学校が集まって大会も開催されるようになっていったのである。こうした状況が明治後期に成立したことで、大正期に大規模な全国大会が開催できる条件が整っていったといえよう。

### 試合の過熱と野球部員の学業問題

中等学校でも対外試合や大会が増加するにつれて、ヤジや応援の加熱が問題となっていった。一八九七年に行われた愛知一中対浜松中(現・浜松北高)の試合では、「馬鹿野郎アンマリ生意気ダゾ」、「日本男子ニシテ「フアイブボール」(現在のフォアボール)ヲ利スルハ実ニ卑怯ナリ。馬鹿野郎ナリ」などのヤジが浴びせられた。浜松中の「野次」が愛知一中の守備を「妨害」する事態も発生したため、愛知一中の申し入れにより無効試合となった(43)。

一九〇三年の水中対郁文館《いくぶんかん》中(現・郁文館高)戦では、試合開始当初から郁文館の「ヤジ連」が「おい田舎っぺい、しっかりやれよ」などのヤジを水中選手に浴びせた。試合終盤に水中が大きくリードすると、ヤジは「猛烈に怒号する」ものとなり、ライトを守る飛田穂洲は、後方の生徒から「さあ小僧、今度タマが来たときそれを捕ったら許さん、殺してしまう」と仕込杖《しこみづえ》を抜いて脅されたという(44)。

ほかにも審判の判定をきっかけとした乱闘や、敗戦のはらいせに相手校の寄宿舎や校舎に乱入・襲撃する事件など(45)、試合をきっかけとした騒動は絶えなかった。そのため、一八九九年に栃木中で対外試合が禁止となり、[46]水海道中《みつかいどう》(現・水海道第一高)では一九〇〇年の学校創立当初から対外試合を禁止する(一九二三年に解禁)など、[47]対外試合を禁止する学校も現れるようになっていった。

運動部員の成績不振も指摘されるようになっていた。例えば、一九〇一年に『中学世界』で「運動家多くは怠惰者、勉強家多くは運動嫌ひなるが現今青年学徒の通弊」と批判された。[48]こうした見方は、当事者である中等学校の野球部員も自覚していたようで、愛知一中の野球部員が著した『野球便用』では、選手が「学績不良」なのは「勉学セザルガ為メ」であり「少ナクトモ、普通ノ学績ヲ得ルコト」は必要として、「日々三時間宛勉強」することが勧められた。[49]

しかし、中等学校の野球部員の中には、野球を優先して学業をおろそかにする生徒が後を絶たなかった。一九一〇年に明善中《めいぜん》(現・明善高)の野球部主将は「長崎高商の受験」の日に慶大との試合が組まれたことを知ると、「こんな入学試験は来年でも受けられる。この一戦を逃してたまるか！」と「受験を放棄して決戦に参加した」。一九一一・一二年に同校に入学した野球部員三人は、「野球をはじめてからは勉強はやっていない」うえ、「修身の時間はボール縫い」、試験では「代数の答案になんも書かんで、丸をかいて出し」たり、「歴史の答案に」「男のシンボルば書いて出し」たりしたため、「すべての先生から総スカン」をくらい、全員が落第を経験したという。[50]

戦後、第三代日本高野連会長となる佐伯達夫は、市岡中野球部主将であった一九一一年に北野中との試合に敗れた。「何とか勝って卒業したいものだと考え」た佐伯は「もう一年、市岡に留年して再度北野に挑戦すること」を決意した。卒業アルバムの写真撮影を「何かと理由をつけてさぼ」り、卒業試験の一週間前から「身体の調子が悪いから」と「兵庫県の城崎温泉へ雲隠れし」たりして、「首尾よく「落第」の願を成就させることに成功」した。しかし翌年、明治天皇の諒闇《りょうあん》によって北野中との試合は中止となってしまい、佐伯は再戦することなく早大に進学した。(51)

一高・帝大在学中にボート選手として活躍、帝大卒業後は内閣法制局を経て秋田・山口の県知事を務めた武田千代三郎は、こうした状況を批判的に見ていた。秋田県知事時代には、自身が会長を務める秋田県教育会で、チャレンジカップという野球大会を創設し、武田自身も大会を観戦した。しかし、スポーツ人気の高まりとともに数々の弊害を目の当たりにした武田は、学生スポーツを批判するようになっていった。

武田は著書『理論実験競技運動』において、フェアプレーの精神や規律の遵守、アマチュアリズムの理念を「競技者の守るべき道」として説いた。将来、帝国主義国家同士の生存競争の世界で活躍する学生に、徳育と体育を養成するという点にスポーツの価値があると考えていた武田は、スポーツを奨励しつつも、「学生ハ運動専問《ママ》家ニアラ」ざるのだから「運動ノ為ニ学業ヲ廃スル」ことも強く戒めた。「如何に趣味あり利益ある運動でも、之に熟するに極めて多くの時間を要するものは、学に忠ならんと欲するもの丶運動には不適当」であるとして、「此の点から云ふと「ベースボール」などは考へ物」とも述べていた。(52)

このような武田の学生スポーツ論からすれば、学校がスポーツによって「技芸者即ち平たく言へば軽業師を作」ったり、学生が「運動家として社会に立つ、手取り早く言へば一種の芸人黒人《ママ》として身を立てる」ことなど、到底受け入れられるものではなかった。

> 米国ではベース、テニス其他各種の運動家として世の中に立つて行く道があるから、丁度常陸山《ひたちやま》〔当時の横綱〕がなまじ学問するより相撲取になつた方が出世したといふのと同じに、それ〳〵人間のはけ口

があるけれ共、吾が日本ではまだ〳〵そんな処迄は発達して居らぬ。よしさういふ設備があるとしても学校生活をして居るものに、さういふ芸人養成法を応用されて堪《たまつた》ものでない(53)

アメリカと違ってスポーツが職業にできるほど発達していない当時の日本では、そもそも相撲以外のスポーツで「世の中に立つて行く」ことは不可能であった。しかし、もしスポーツで「世に立つ」ことが可能になったとしても、学業を修めて官吏や専門職等を養成することを目的としている中等学校・旧制高校で、スポーツ選手を含む「芸人養成」は武田にとって「堪ものでない」、と感じられるものだったのである。

## 野球禁止措置の拡大とストライキの発生

一九〇六年一一月、応援団の騒ぎをきっかけに早慶戦が中止されると、中等学校でも具体的なスポーツ統制の必要性が議論されるようになっていった。一九〇七年七月に開かれた全国中学校長会では、文部省から「各学校間に行はるゝ競技運動の利害及び其の弊害を防止する方法如何」が諮問された。答申では、①学業の阻害、②遠征などによる時間と金銭の浪費、③選手の優遇による弊害、④勝敗を重視しすぎて紛擾《ふんじょう》の原因になる、⑤運動が激しすぎて障害やけがが発生している、⑥スポーツが選手に占有されていると指摘された。これらの対策として、①校長や教職員による「対外競技」管理の強化、②選手は「学力操行共に中等以上の生徒」に限る、③試合のための外泊禁止、④応援団の取締り強化、⑤選手制度の廃止、⑥慰労会や金銭物品の寄贈禁止、等が示された(54)。

一九〇八年九月にも、文部次官から一部の学生がスポーツに熱中しすぎたり、試合後の余興で多額の出費をしたり、試合のために学業をおろそかにすることに対して注意を促す通牒が発せられた(55)。

こうした文部省・校長会の方針は、当時の中等野球に多大な影響を与えることとなった。例えば水中は、一九〇八年に元第二高等学校(現・東北大)校長・菊池謙二郎が校長に就任すると、運動部の選手制度を廃止し、県外での競技も禁止した。同校では、前年の卒業式で卒業生が騒ぎを起こし、校風の刷新を期待されて菊池が校長に就任していた。菊池は、制裁委員による暴力の行使や、生徒に迎合する教師の風潮をあらためたほか、試験での不正行為やストライキ(同盟休校)をした生徒の退学、劇場や料理屋への入店禁止、寄宿寮の門限短縮等の諸施策を実施し、さらに「勉学と運動を両立させ、運動競技を少数の選手から全生徒にゆきわたらせること」を目指して、選手制度の廃止と県外試合の禁止も打ち出したのであった(56)。その後も水中では、学年対抗の校内試合は盛んに行われたが、クラスの代表選手は「平均乙以上の成績保持者という規則」があったため、「チームをつくるのも大変」で「運動部の生徒は一層勉学に励まねばならなかった」という(57)。

菊池は、「仙湖」の号をもち、一高在学中に正岡子規とバッテリーを組んだ経験もあった。菊池は「遊戯としての野球そのものの弊害は認めない」が、当時の「学生間に行わるる野球には大いに弊害がある」と認識し、特に「選手制度を根柢より改めなければならぬ」と考えていたのであった(58)。

試合の過熱や応援団の乱闘などが原因で、野球をはじめとした校友会運動部の試合禁止措置や廃部も各地で行われた。鹿児島県では、一九〇三年から第七高等学校(現・鹿児島大学)が県下中等学校連合野球大会を開催していた。しかし「試合で負けたらけんかに勝て」という風潮への懸念から、中等学校校長会によって一九〇七年から大会が中止され、さらに一九一三年からは全スポーツの対外試合が一三年間にわたって禁止された。[59]

熊本県では、一九〇一年から九校が参加して中等学校連合野球大会が開催されていた。しかし、一九〇八年の済々黌《せいせいこう》(現・済々黌高)対熊本県師範学校(現・熊本大)の試合で応援団が乱闘を起こし、県下中学校長会で対外試合禁止が打ち出された。[60] 同年秋田県でも、九年一六回にわたって行われてきたチャレンジカップが、弊害を理由に中止された。[61]

こうした中等学校の野球禁止措置が、大規模な生徒のストライキに発展することもあった。静中では、一九〇七年に中村安太郎が校長に就任すると、「質実剛健、刻苦勉励の教育方針」を採用した。撃剣部と柔道部を統合した武術部を設置し、「正課に準じて全生徒に修行せしめ大いに心身の鍛練を奨励」し、「部員は礼譲廉恥《れいじょうれんち》を重んじ規律を崇《とうと》び忍耐質素誠実を旨とし苟《いやし》くも卑劣の行為あるまじきこと」などの「武術修行者心得」を制定したり、優秀な生徒を夏休み中に京都で開かれる大日本武徳会の大会に参加させたりした。[62]

武術が「準正課」として奨励される一方、それまで盛んに行われていた野球と庭球は「部員を有せざる」ようになった。野球部の選手資格として「成績が中位以上」で「操行乙以上」であることが定められたため、野球部員は「学期試験がある度毎に資格喪失者を出しメンバーを変更せねばなら」なくなった。さらに「選手の地位を保つため」、「学業はもとより校長の御気に触れぬこと、特に操行を丙に落とされ」ないよう「平素の行状に迄抜かりない様気を配」らなければならなかった。対外試合の制限によって試合数も減少し、一九一一年には一年間の試合数がついにゼロとなった。

「野球害毒論争」(次項参照)に際して、中村は野球の問題点として、以下の四点を指摘した。①練習や試合に二時間程度の時間がかかり「時間を浪費」する。②用具や服装で「贅沢品」を好み「驕奢華美《きょうしゃかび》な風」に流れて「余計な費用」がかかるなど「虚飾に流る」。③「料理屋入り」したり「衛生品行等に悪い結果を誘起」するなど「風紀の問題」。④「野球部の生徒には不成績の者多く」、成績優秀だった学生も「野球に熱心の余り学業は益々劣等」になる「学業の不成績」。中村は「元来野球を以て絶対に不可なり」と考えていたわけではなかったが、「その弊の多きに堪え難」くなって、野球部の活動を制限したのである[63]。

一九一三年一〇月、静中の野球部員は、二年ぶりの試合を青山学院と予定していた。しかし開始直前に、校長から試合中止が命令されると、「中村校長の平素からの独裁的教育方針に対する反発が一気に爆発し」、翌日からストライキが勃発した[64]。生徒は休校を実施するとともに、①運動部選手資格の緩和、②試合禁止の解除、③運動部選手の常置化、④運動部対抗競技に対する校長の圧迫干渉の廃止等、一〇カ条の要求を決議した。休校は教員や同窓会員、父母らの仲介・説得により、翌日には解除されたが、同年一一月の運動会では、中村校長の顔を模した張りぼてが生徒によって「もみくちゃにされ」たり、生徒が「校長排斥の歌」を合唱したりしたため、翌年一月に中村校長は転任となった[65]。

松本中(現・松本深志高《まつもとふかし》)でも、一九一五年六月に本荘太一郎校長によって、突然野球部が廃部となった。しかし翌年、同校長が長男を特別入試で入学させていたことが発覚すると、それをきっかけに校長排斥運動が高まり、同年一一月に生徒が校長排斥を決議した。結局、同校長は一九一七年三月に退職し、新校長のもとで野球部が復活した[66]。

明治後期、大会や試合が盛んに行われるようになると、野球に熱中するあまり成績不振に陥ったり、試合結果をめぐって乱闘・騒擾が発生したりするようになるなかで、校長たちの判断で、野球大会・試合が禁止されたり、野球部の廃部、選手制度の廃止といった対策が採られるようになっていったのである。

一方、校長の野球禁止措置に対する反発から、野球部員がストライキをしたり、校長排斥運動をしたりすることもあった。当時の中等学校の野球部員は、おとなしかったり、品行方正だったりしたわけではないが、それでも彼らの暴力や不満の矛先が、下級生やチームメイトに向かうことはなかったのである。

## 野球害毒論争

一九一一年八月二〇日、東京朝日新聞(以下、東朝)は「野球界の諸問題」と題した連載記事を四回にわたって掲載、さらに八月二九日からは「野球と其害毒」と題した特集記事を二二回にわたって連載した。これに対して、東京日日新聞(以下、東日)や読売新聞(以下、読売)紙上でも野球をテーマにした特集記事が連載され、東朝の記事に反論がなされた。他の新聞にも野球に関する論説が掲載され、九月一六日には読売主催で野球問題大演説会が開催された。同年一〇月には、早大野球部長・安部磯雄と作家の押川春浪《おしかわしゅんろう》が著書『学生と野球』を出版して東朝に反論するなど、野球の賛否やそのあり方をめぐって、広範な議論が展開された。いわゆる「野球害毒論争」である。

「野球害毒論争」で野球批判を展開したのは、校長や教員、文部官僚といった教育関係者が大半であった。そこで指摘された野球の問題点は多岐にわたり、論者同士で矛盾している場合もあるが、主に以下の七点であった(67)。①野球に熱中するあまり学業がおろそかになり、選手は「学業不成績」者ばかりである。②選手はぜいたく品を使ったり、料理屋に出入りして飲酒したり、粗暴なふるまいをしたりするなど、風紀上の問題がある。③少数の選手が用具や運動場などを独占するなど、選手制度の問題が発生している。④対校試合では試合の勝敗に関心が集中して、過度な練習を行ったり、試合に勝つために野次などの悪辣な手段をつかうなど、スポーツマンシップに欠けている。⑤早慶を中心とした私立校が学校の宣伝に野球を利用している。⑥一部の試合で入場料を徴収するなど、興行化している。⑦野球は「対手を常にペテンに掛けよう、計略に陥れよう」とする「巾着切《きんちゃくきり》〔すり〕の遊戯」、あるいは、投げたり打ったりするときに利き手ばかり使って「片輪」になったりするので、青少年の発達上望ましくない(68)。

一高校長・新渡戸稲造をはじめ、数人の教育関係者が、野球はその競技の特性や身体の発達上、問題のあるスポーツだからやめさせるべき、と論じていた。しかし大半の論者は、「遊戯としての野球そのものの弊害は認めない」(菊池謙二郎・水中校長)、「野球に伴うて起こる弊害は多くは学校当局者の責任であって野球に罪はない」(三好愛吉・二高校長)などの見解が示すように、野球というスポーツが本質的に問題なわけではなく、野球のやり方や過熱化によって発生した様々な問題を批判していた(69)。

なかでも重要だったのは、選手の学業成績の不振と、それが与える生徒の将来への影響であった。「野球と其害毒」では、二二回の連載記事に三三名の識者が登場したが、そのうち訂正記事を出した一名(早大野球部OB・河野安通志)を除いて、三二名中二三名が学生・生徒の学力不振や学業成績について述べていた。

そうした文脈のなかで、学生・生徒の進路や将来についても論じられていた。例えば新渡戸稲造は「私らは選手の未来が心配です」、「大学卒業までも野球で騒いでいては卒業後困りましょう」。文部省普通学務局長・田所美治《たどころよしはる》も「落第してもいいという金持ちならば別だ」が、「職業を得るために学問をするものが多いのだから父兄は学課の妨げになるような子弟の運動は禁止しなくてはならぬ」と述べていた(70)。当時の野球部員は、将来を嘱望されたエリート学生であるとともに、野球を職業としたり、野球によって進学・就職できたりする環境が存在しなかった。だからこそ、野球はエリートの将来を危うくする「害毒」として非難されたのであった。

野球批判の中には、選手の「不品行」や「粗暴」な言動について論じるものもあったが、その内容は試合中の野次や試合後の「暗撃《やみう》ち」、飲酒で、部内の体罰について触れたものは存在しなかった。「手袋、睾丸当てはもちろんのこと、胸当てから面覆い、甚しきはボールマンまでが手袋をはめ」ることがぜいたくと批判されるなど、重箱の隅をつつくような野球批判もあったが、部内の体罰について言及したものはなかった。こうしたことから、明治後期の中等学校の野球部には部内の体罰といえるような慣習はほとんど存在していなかったものと思われる。

# 第Ⅱ部　体罰の発生と拡大

# 第三章　野球の「近代化」と体罰の発生
## ――大正期の構造転換

## 1　甲子園・六大学野球の成立

### 甲子園大会の創設

一九一五年八月一八日午前八時三〇分、阪急電鉄沿線の大阪府・豊中《とよなか》球場で大阪朝日新聞（以下、大朝。一九四〇年九月以降は朝日新聞）社長・村山龍平の始球式により、鳥取中対広島中（現・国泰寺《こくたいじ》高）の試合が始まった。現代まで続く全国高等学校野球選手権大会の前身、全国中等学校優勝野球大会（以後、優勝大会・選手権は「夏〇回（西暦）」と表記）の幕が切って落とされた瞬間であった。

夏一回（一九一五）は、七月一日に大会開催の社告が出されて、わずか一月半ほどの準備期間しかなかったが、全国一〇予選に七三校が参加した。決勝戦では京都二中が秋田中（現・秋田高）を破って初代優勝校となった(1)。

前章でも見てきたように、中等野球の大会は、優勝大会創設以前にも開催されていた。優勝大会もそうした大会のひとつとして企画されたものであったが、大手新聞社や私鉄とのタイアップが実現したことに

より、他に類を見ない大規模な大会となったのである。(2)

さらに全国大会開催にあたって、各地の大会を予選として組み込んだことで、各地で行われていた地域的なトーナメントが、ひとつの全国大会へ統合されることになった。優勝大会は、大手新聞社や私鉄の力を借りて、各地で行われていた地方の中等野球大会を傘下に組み込んだことで、他とは比べ物にならない権威と影響力をもつ大会になったのである。

大朝が優勝大会を創設する時に問題となったのが、野球害毒論争であった。一か月にもわたって、野球界の様々な問題点を指摘・批判した東朝は、当時の野球関係者にとっては野球批判の急先鋒ともいうべき存在であった。そのため、優勝大会の創設は「つい四、五年前東朝で撲滅論を書き立てた、そのホトボリのさめないうちに大朝が大会をやるというのは誰が見てもおかし」いと野球関係者が感じるものであった。結局「野球に限らずすべてのスポーツは有益な一面と有害な一面」があり、「堕落する傾向のあるスポーツ」を大朝が「方針をかえてこれを善導することにした……というロジック」で大会開催の意義を主張し、開催にこぎつけたのであった。

しかし夏一回(一九一五)は、野球害毒論争の影響から「大阪で予選大会を開くことができない、予選を開くというても誰も手伝ってくれない、そういう状況」だったため、「美津濃《みづの》運動具店がやっている関西学生野球大会の出場校のうち大阪、奈良、和歌山の一府二県出場校により代表選抜試合を行って　その優勝校和歌山中学チームを関西代表として大会に出て貰った」。

また「地方でそういう予選大会ができるかどうか、それから優勝者が大阪へ来てくれるかという心配」があり、大朝の記者・田村省三は広島や福岡、松山、高松など各地の野球関係者に会って、大会への協力を依頼した。「野球試合ぐらいで県外に出るなどとんでもないことだとどうしても肯《うなず》いてくれない」という人や、「広島県の予選には出すけれども、優勝したからといって、大阪三界《さんがい》まで出るということはおかしい。そうでなくても野球選手は成績が悪い」と言う広島中の校長を説得するなどの苦心もあった(3)。

こうした経緯から、大朝は「凡《すべ》てを正しく、模範的に」を大会キャッチフレーズとして打ち出し、試合前後に両校の選手が本塁付近に集合する礼式が創設された。夏三回(一九一七)からは開会式で入場行進も行われるようになり、試合の記事では選手たちの「敢闘精神」や「犠牲的精神」が強調された(4)。現代にまでつながる日本野球の礼式や「礼儀正しい高校野球」といったイメージは、害毒論争で野球批判を繰り広げた大朝が、大会開催を正当化するとともにそれが実践されていることを示す言説として誕生し、普及していったのである。

大朝は、中等野球の善導を目的として大会を開催し、選手たちを模範的な青年というイメージで報道した。とはいえ、実際の紙面が必ずしも真面目一辺倒の記事で埋め尽くされたわけではなかった。例えば、夏一回(一九一五)の開催にあわせて「初めて野球を見る人の為に」と題した野球ルールの解説記事や、試合中のプレーやスタンドの様子を楽しく伝える記事が掲載されており、むしろ初期の大会では「試合展開よりもイベントそのものの楽しい雰囲気を伝えることを重視する報道スタイル」であった(5)。こうした記事の効果もあってか、「押し寄せるファンを豊中球場ではさばき切れ」なくなっていき(6)、夏三回(一九一七)からは阪神電鉄沿線の兵庫県・鳴尾《なるお》競馬場内に二面のグラウンドと約五〇〇〇〇人収容のスタンドを設置して(鳴尾球場)、大会が開催された。

図3-1は、優勝大会が創設された一九一五年から戦前最後の大会となった一九四〇年までの中等学校

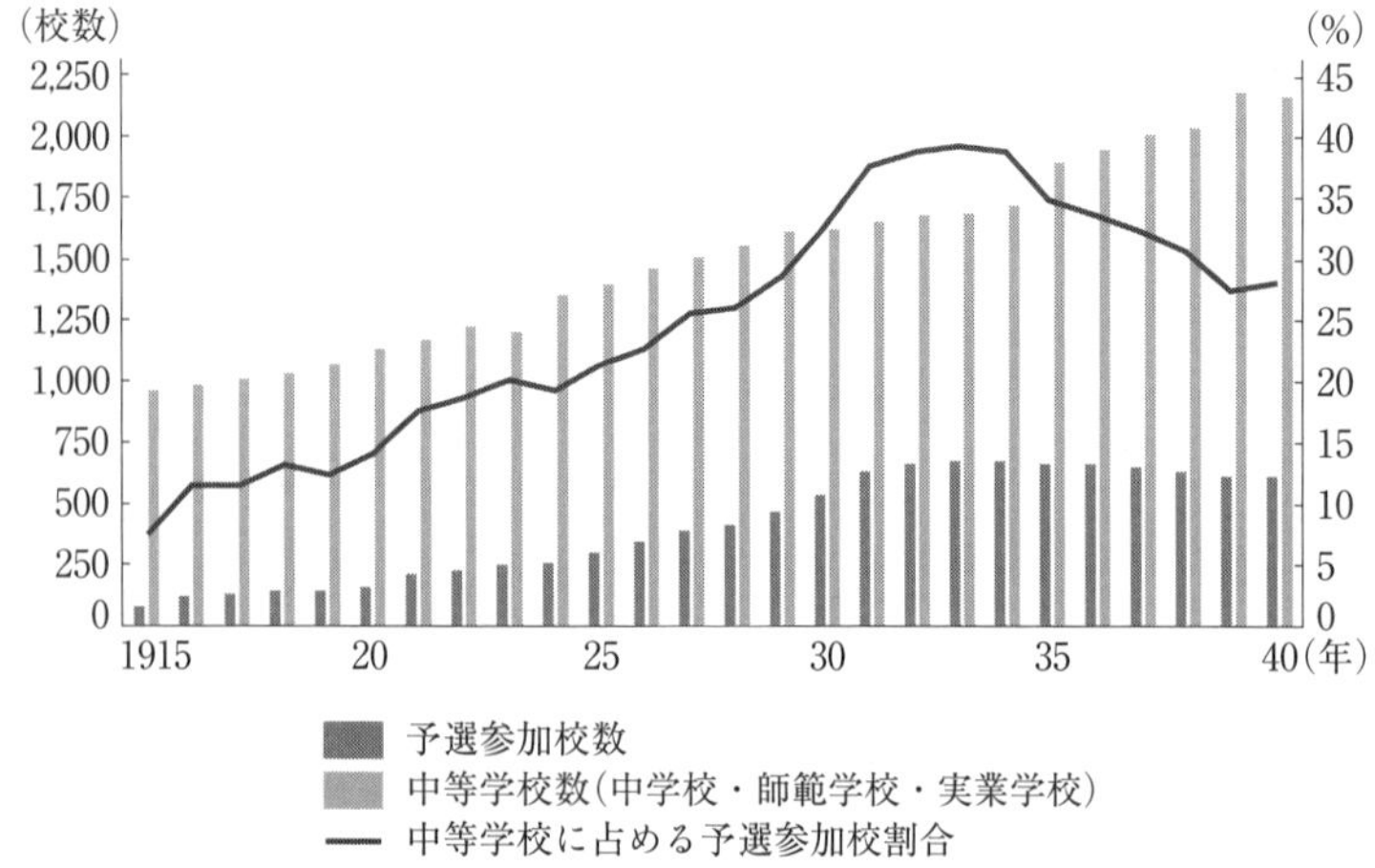


図 3-1　戦前期の中等学校数と優勝大会予選参加校数・割合
出典：日本高等学校野球連盟 HP，および文部省編『学制百年史　資料編』帝国地方行政学会，1972 年より作成.

（中学校・師範学校・実業学校）数と優勝大会の予選参加校数、およびその割合を示したものである。夏一回（一九一五）は、七三校一〇代表から始まったが、その時の中等学校は九六〇校で、割合は七・六％であった。その後、大会が回を重ねるにつれて予選参加校も増加していった。夏七回（一九二一）には日本の植民地であった朝鮮・満州、夏九回（一九二三）からは台湾でも予選が開催されるなど、参加校数が増加するにしたがい予選の数も増え、夏一二回（一九二六）以後は戦前期を通じて二二予選で大会が開催された。予選参加校数はその後も増加していき、夏二〇回（一九三四）に戦前期のピークとなる六七五校、三九・一％にまで到達した。大会創設から二〇年で、優勝大会は全国の中等学校の約四〇％が参加する大規模イベントに成長したのである。

　初期の優勝大会は、九大会中六大会で関西勢が優勝するなど、地元勢の活躍が際立っていた。その影響もあって、鳴尾球場を訪れる観客は、年々増加の一途をたどっていった。夏九回(一九二三)の準決勝、甲陽中(現・甲陽学院高)対立命館中(現・立命館高)には徹夜組を含む超満員となり、「一回の表裏が終わらないうちに、千人以上がグラウンドになだれこんだ」(7)。これにより試合が一時間以上も中断したため、かねてから阪神電鉄社内で検討されていた新球場建設の動きが本格化していった。そして一九二四年七月三一日、枝川《えだがわ》と中川《さるがわ》の廃川敷に両翼一一〇m、センター一一九mのグラウンドと鉄筋コンクリート五〇段のスタンドをもつ大球場が完成した。球場は、干支にちなんで「甲子園」と命名され、夏一〇回(一九二四)から、優勝大会の会場として用いられることとなった(8)。

一九二四年四月、名古屋の八事《やごと》(山本)球場に中等野球を代表する強豪八校を集めて、第一回選抜中等学校野球大会(以下、選抜大会。以後、選抜大会は「春〇回(西暦)」と表記)が開催された。大朝のライバルである大阪毎日新聞(以下、大毎)の名古屋進出という経営戦略から、春一回(一九二四)は名古屋で開催されたが、春二回(一九二五)からは優勝大会と同様に甲子園で開催されることとなった(9)。選抜大会の創設により、現代と同様に毎年春・夏二回の中等野球大会が、甲子園球場で開催されることとなったのである。

大会が回数を重ねていくなかで、選手資格やベンチ入りできる人数も整備されていった。夏一回(一九一五)は、「選手一一名、監督一名に旅費、滞在費を補助」することだけが決められていた。ベンチ入りできる選手の人数に制限はなかったが、予算の都合から旅費が支給される人数だけ決められていたのである。しかし、夏八回(一九二二)には、選手資格に「進級と転校後満一学期以上の経過」と「校医の健康診断書」が追加された。学業不振や引き抜きされた選手の出場資格をなくすことで、「ただ勝たんがために、強い選手を集めたりする先輩や校友会の動きに鋭いクサビを打ち込」むことが目的であった。

夏一四回(一九二八)からは、ベンチ入りできる選手数が一四名に制限された。これまでは、ベンチ入り選手数に制限がなかったため、「大阪に近い学校や部費の豊かな学校は十一名以上の選手を連れてこられる」が、「遠隔地のチームは」「旅費規定に縛られ、それ以上の選手はどうしても連れてこられない」からであった。これ以後、ベンチ入りできる選手は、「補欠とも十四名以内」となったのである。

また、夏一三回（一九二七）からベンチコーチ、つまり監督がベンチの中から指揮を執ることも公認された。[10] 当初は、選手が主体となって試合することを理念としていたが、大会が盛り上がっていくなかで、次第に「スタンドからベンチコーチのようなこと」をやるチームが増えていった。そのため「ベンチコーチをおかないで問題を起すよりもむしろベンチの中へコーチャーを入れてお互いに正々堂々とやった方がよい」との判断から、監督のベンチ入りが認められることとなった。[11]

優勝大会が回数を重ねて軌道にのっていくなかで、野球と学業の両立、選手の引き抜き防止策、ベンチ入り人数の制限、監督の設置といった中等野球のあり方がルールとして整備されていったのである。

### 六大学野球の成立

一九一四年一〇月二九日、早大・慶大・明大三校野球部の代表者が集まり、「我国野球技発達」を目的にしたリーグ戦の開始が発表された。しかし、リーグ戦とは言うものの、応援団の遺恨から早慶両校は試合を行わない変則的なもので、初年度は慶大対明大四試合、早大対明大二試合の計六試合が実施された（以後、東京六大学リーグ戦は、「〇〇年春季／秋季」と表記）。また、リーグ戦の結成に際して一等五〇銭、二等三〇銭、三等一〇銭の入場料を徴収し、外国チームの招聘や外国遠征の費用の補助、グラウンドの整備や野球部に必要な経費に充てるとともに「選手の慰労等の費用には一切使用せざること」が決められた。[12]

春・秋に三大学リーグ戦が創設されたものの、初期は加盟校に様々な問題が発生し、その活動は不安定であった。一九一五年、慶大でスポーツ選手の成績上の優遇が問題となり、「今後選手と雖《いえど》も何等特別の恩典を与へず、普通学生と同様に取扱ふべき方針」が立てられ、数名の選手が「落第の憂目を見」た。「落第した選手達は、一校の名誉を担うて競技に出場すべき選手に自分の混ずることを恥として、潔く選手たることを辞退」したため、慶大は「チーム崩壊」の危機に直面した。

一九一五年八月から一〇月にかけて行われた明大ハワイ遠征では、途中で選手一名が病死、さらに「選手中数名の私行に学校の体面に関するが如き事」があり、野球部が「解散」、一九一五年秋季は中止となった(13)。結局、明大野球部は、中沢不二雄ら三名が責任を取って退部したのち、活動を再開した。

一九一七年には、法政大学(以下、法大)が加盟して四大学リーグとなった。しかし、日本、中国、フィリピンが参加して開催される極東大会の予選に早明法の三校が参加したため、一九一七年春季は慶明・慶法各二試合だけが行われた。一九一八年春季は「覇権を定むべき慶明の決勝戦」が慶大選手の病気で延期、さらに、明大も試験を理由に再延期され、結局「決勝戦は中止となった」。

三大学リーグ戦の発足以後、対校試合が定期的に行われ、極東大会予選への参加や、アメリカ・満州への遠征など、国際的な活動も行われるようになっていった。しかし、海外遠征や極東大会を理由に不参加チームがあったり、選手の不足や試験、不祥事等を理由にして、試合が再三中止になったりしていた。一九二一年には立教大学(以下、立大)も加盟して五大学リーグとなったが、この時点ではリーグの権威も人気も発展途上の段階にあった。

一九一九年、内村鑑三の息子で一高のエースとして早慶両校を破った内村祐之が東大に入学すると、それを機に野球部が創設された。東大野球部の活動が本格化すると、一高野球部ＯＢの東大教授・長与又郎や早大監督・飛田穂洲の仲介によってリーグ加盟が認められ、一九二五年に東京六大学野球連盟（以下、六大学野球）が成立した。

一方、早慶戦は一九〇六年以来断絶したままでリーグ戦が行われていたが、「春秋二回行われていたリーグ会議」で「試合日割を作製する」にあたって、「早慶が〔日程を決める〕籤《くじ》を引あてると、やり直し」となるため、「ウンザリ」した「早慶を除いた各大学がブツ〳〵いひ合」うようになっていった。こうした状況に業を煮やした明大の内海弘蔵部長が、一九二四年春季リーグの会議において、「リーグの面目上早慶試合を復活して貰はねばならない」という意見が出され、翌年春には早慶以外の四大学から、早慶戦が復活できないようであれば「従来のリーグを解散しよう」という最後通牒が出された。慶大野球部主将・桐原真二らが奔走した結果、一九二五年九月に早慶戦の復活が決定し、以後、六大学によるリーグ戦が行われるようになった。

一九二五年一〇月に行われた復活最初の早慶戦は、「全国幾十万のファン」の「渇望の的」となり、一万二〇〇〇枚の「前売切符」は「殆ど売切れの状態」となった。試合当日には、「朝五時といふのにもう戸塚の球場目がけてぞろ〳〵と」ファンが押し寄せ、当日券の販売と同時に「我先にとその売場に殺到した」。一四時半の試合開始にもかかわらず「十二時近くには周囲を囲むスタンドは一つの空席さへ」なくなり、「場内に這入《はい》れない見物〔人〕は柵外に山をきずいてワイ〳〵と騒」ぐなど、戸塚球場は「大混雑」となった。

さらに、「日本最初の試み」として試合の経過を伝える「プレイヤー・ボールド」が、時事新報社によって設置されると、会場となった日比谷公園には「殺人的な群衆」が「殺到」した。復活早慶戦は、二試合ともに早大が慶大を圧倒したが、その模様はこの年に放送が開始されたばかりのラジオニュースでも報道された。

## 野球狂時代の到来と野球統制令の制定

東京・大阪・名古屋の三都市で始まったラジオは、すぐに全国へと広がり、大衆娯楽として多くの視聴者を獲得していった。中等野球は夏一一回(一九二五)から試合経過の放送が始まり、夏一三回(一九二七)からは「ほぼ全国に中継」されるようになった(14)。夏一二回(一九二六)には、大阪の中之島公園と京都の円山公園に「プレヨグラフ」と呼ばれる速報版が設置された。大会の記録映画も撮影され、中之島公園や天王寺公園で上映された(15)。

六大学野球も一九二七年一〇月からラジオ放送が開始された。一九二七年秋季の最後を飾る早慶戦の第一戦は、「天候頗《すこぶ》る快晴、秋陽和やかな絶好の野球日和」もあいまって、「午前十時の開門にも拘《かかわ》らず、午前七時頃には既に球場周囲は人の山となり、切符売り場の混雑は名状すべからざる状態で、「開門と同時に観衆は雪崩を打って流れ込み」、試合開始三時間前の「午前十一時には早や一人も収容し能《あた》はぬ状況となった」。この試合の入場者数は四万五〇〇〇人、翌日の第二戦も三万五〇〇〇の観衆を集めた(16)。

一九二〇年代後半以後、優勝大会や選抜大会等の中等野球や東京六大学野球は、当時の最先端のメディアコンテンツであり、都市化・大衆化が進む日本社会の消費文化として爆発的に普及・拡大し、高い人気を獲得していったのである。野球人気の高まりは、学生野球の知名度を高めたり、競技人口を増やしたりするとともに、強豪校の野球部や大会主催者に多額の収入をもたらした。しかしそれは同時に、学生野球が中心だった当時の野球界に様々な問題を引き起こした。

例えば、夏一回(一九一五)では褒章として、優勝校に持ち回りの優勝旗、優勝チームの選手に優勝メダル、そして全選手に参加メダルが贈られる予定であった。しかし「遠来の選手にはメダル一個では気の毒」と「商品贈呈を申出る商店、会社があらわれ」、一回戦の勝利チームの選手に万年筆一個、優勝チームの選手に「スタンダードの大辞典一冊」「五十円の図書切手」「腕時計一個ずつ」、準優勝校の選手には「英和中辞林一冊ずつが贈られた」。しかし、「学生スポーツという見地から」夏二回(一九一六)以降、「優勝旗、優勝メダル、参加章」と「大会前夜の選手茶話会で出す大阪名物岩おこし」だけとなった(17)。

しかし、春四回(一九二七)から大毎は、優勝校に夏休み中の「西部沿岸諸州見学」と称したアメリカ旅行を与えた。その結果、選抜大会の優勝校の選手たちは、優勝大会に参加できなくなった。アメリカ旅行は、選抜大会を主催する大毎が、ライバル大朝主催の優勝大会の「興をそぐ」ことがその目的であった(18)。

のちにプロ野球南海の選手・監督として活躍し、野球殿堂入りも果たした鶴岡一人《つるおかかずと》は、広島商の選手として春八回(一九三一)に参加して優勝メンバーの一人となった。優勝の瞬間、鶴岡は「アメリカ!」と叫んでチームメイトに抱きついた。広島商は、夏一五回(一九二九)・夏一六回(一九三〇)を連覇し、夏一七回(一九三一)には史上初の三連覇がかかっていた。しかし選手のみならず、石本秀一監督にとってもアメリカ行きは「永い間の憧れであり宿望」だったため、「夏の予選はレギュラーを除く留守部隊で戦って」予選一回戦で敗退した(19)。

六大学野球でも、人気の沸騰に伴って野球部や連盟に多額の入場料収入がもたらされた。入場料の使途は、三大学リーグ結成当初から制限されていたが、不適切な支出の噂は後を絶たず、一九三二年には不適切な支出を理由に連盟の理事長と会計主任が辞任するスキャンダルも起きた。プラチナチケットとなった入場券は、割当をめぐって暴力団の関与が噂され、ダフ屋の転売も横行して定価の一〇倍以上の金額で売買された。[20] そのほかにも、後援会から選手への経済的支援、強豪校間での選手引き抜き、遠征費・宿泊費を名目とした金銭の授受、試合の結果や判定をめぐる選手や応援団の騒擾・乱闘などがたびたび新聞・雑誌に掲載され、一種の社会問題となっていった。[21]

社会問題化するほどに野球人気が過熱するなかで、六大学野球で活躍した選手たちはスターとして私生活も注目を集めるようになっていった。高松商から慶大に進学して三塁手として活躍した水原茂は、女優の田中絹代との交際が報じられた。[22] 広陵《こうりょう》中(現・広陵高)から明大に進学して「ユーティリティ・プレーヤ《マ》ア《マ》ー」として活躍した田部武雄も、女優の伏見信子との交際が噂された。[23] 一九三〇年代初頭には、六大学野球の選手たちは、現代のプロ野球選手と同様に、有名女優と浮名を流すスターとなったのである。

こうした問題への対策として、一九三二年三月に文部省から出されたのが訓令第四号「野球ノ統制並《ならびに》施行ニ関スル件」(以下、野球統制令)であった。野球統制令は、小学校から大学までの学生野球すべてを文部省が直接統制するもので、小学校の野球は対外試合禁止、中等野球では対外試合に学校長の承認が必要となり、優勝大会・選抜大会以外の企業主催大会の禁止などが定められた。大学野球でもリーグ戦の開催に文部省の承認が必要とされたほか、留年選手の試合出場禁止、学生のプロ転向やプロとの試合禁止、入場料の使途の制限なども定められた。[24]

## 2　野球を通じた進学・就職

### 私大への進学

大学野球のリーグ戦が整備されていくなかで、チームを強化するために中等野球の有力選手をスカウトする私立大学も現れるようになった。立大が加盟して五大学連盟となった一九二一年、明大野球部は「早慶に勝つためにはもっと野球のさかんな関西地方から選手を集めなければいけない」と考え、夏六回（一九二〇）に大阪代表として出場した明星商の中心選手・谷沢梅雄と梅田三次郎をスカウトした。明大の岡田源三郎監督は、早大に「入ることがきまっていた二人を「早大と慶大はゲームをやらないからつまらない。明大に入れば両方ともやっつける事が出来る。男なら明大へこい」といって口説き落とした」という。一九二〇年に明大野球部が満州遠征に行った際にも、対戦相手の奉天満鉄倶楽部に所属する選手を「これはいい投手だ、というわけでスカウト」したこともあった(25)。

のちにプロ野球選手となり四八歳の史上最高齢勝利投手となる浜崎真二は、夏八回（一九二二）に神戸商エースとして準優勝の立役者となった。浜崎は、神戸商在学中から、慶大野球部ＯＢの指導を受けており、その縁で卒業後は慶大に進学した。米穀商だった浜崎の実家は、米騒動で被害を受けて「親からは一文も仕送りをしてもら」えなかったが、慶大ＯＢ会が「世話をしてくれ」たことで、大学生活を送ることができたという(26)。

のちにプロ野球選手となり、戦後、初代セ・リーグ審判部長となる島秀之助は、第一神港商（現・市立神港橋高）の四番打者として夏一三回（一九二七）に出場し、法大の藤田信男監督からスカウトを受けた。六大学野球で「早慶明の天下を崩すチームにならなければ、六大学で野球を続ける意義がない」と感じた藤田監督が、「チームを強くするには、どうしても甲子園を経験した選手が必要である」と考えて、島をスカウトしたという(27)。

私大で有力な中等野球選手のスカウトが広がると、学校間の競争も激化した。一九二八年には、六大学野球連盟会議で東大が私大に抗議し「今後選手争奪を絶対に避けることを約束」した(28)。しかし、その後もスカウト競争は続き、一九三一年には有力選手の進学先をめぐって、東京の私大二校が争奪戦を繰り広げた結果、誘拐騒ぎまで発生した(29)。

一九二〇年代以降、中等野球で活躍した選手たちは、東京六大学をはじめとする野球の強豪私大に進学できるようになっていった。学生スポーツとしての建前から選手のスカウトは行わないことになってはいたが、有力な選手には「裏口から」「運動用具の仕送りから大学〔進学〕後の学費補助契約」が約束されることは「公然の秘密」となっていた(30)。

### 体育会系就職の成立

第一章で見たように、一高をはじめとした旧制高校卒業生は、帝国大学に進学し、その後官僚や技術者、教員などの職業に就いていった。一九〇二年の東大の文系卒業生は、行政管理や司法官吏として就業する者が約半数にのぼり、「銀行及会社員」など民間に就職する者は一二％程度しかいなかった。理系卒業生は、技術者や官庁・病院に勤務する者が多く、「銀行及会社員」はわずか〇・六％にすぎなかった。私立専門学校に通う学生でも、当時は富裕な中産階級の子弟が多く、卒業後は家業を継ぐことが多かったため、民間企業に就職する者は卒業生の一五％程度しかいなかった。

高等教育機関を卒業した学生たちが、現代と同様、大企業に就職してサラリーマンとなり始めたのは、第一次世界大戦（一九一四～一八年）前後のことであった。近代的な法律や経済、科学技術の知識を持った人材の必要性が増したことを背景にして、銀行・保険等の金融機関、財閥系企業、鉄道・ガスなどインフラ系企業が大学や私立専門学校の卒業生を大量に採用するようになっていった。大正期から昭和初期には高等教育も量的に拡大し、昭和期には毎年一万人以上が高等教育機関を卒業して、大企業や官公庁でサラリーマンとなることが一般的になっていった。

大卒学生がサラリーマンとなることが一般化するなかで、運動部に所属する「体育会系」学生は、企業から高い評価を受けるようになっていった。体育会系学生は、非運動部学生や一部教員から不勉強や成績不良を批判されることも多かったが、大正末期から昭和初期になると、強壮な身体、明朗な性格、「思想穏健」、選手としての知名度等が企業から評価され、就職活動で優遇されるようになっていった。学生数が増加したといっても、同年齢人口の約三％しか高等教育を受けることができない当時において、体育会系学生は「該当年齢人口のわずか〇・一％程度しか存在しない」「頭脳と強健な身体を併せ持つ」「スーパーエリート」であり、「体育会系は体育会系というだけで採用にたる理想的な人材と見なされたのである」(31)。

こうした体育会系就職の存在が知れ渡るようになったのが、世界恐慌であった。一九二九年にウォール街から始まった世界恐慌の影響により、日本でも企業の採用抑制が相次いで大卒就職率が三〇％を切り、小津安二郎の映画のタイトル『大学は出たけれど』が世相を表すキャッチフレーズとなった。

そのような状況のなかでも、体育会系学生は好条件で就職を決めていった。「大学を優秀な成績で卒業しても先づ職に就くことが出来れば上の部」、月給は「あつても高々七十円以内で偶々三十円でもよいといふ声さへ聞く世の中に」、「慶応大学の名投手といふよりは日本の名投手」宮武三郎は、卒業と同時に日本コロムビア蓄音器株式会社に月給三〇〇円で就職した[32]。早大の競走(陸上)部員で、一九二八年アムステルダム五輪男子陸上三段跳金メダリスト・織田幹雄は、朝日新聞社に就職した。

この現象を目の当たりにした劇作家・映画監督の高田保は、かつて「ゴミ」だった「スポーツは米の飯になつた」と評した[33]。体育学者で東京高師教授の野口源三郎は、「スポーツの職業化といふ感じを深くする」と批判した[34]。しかし、企業の高等教育人材の需要増と高等教育の量的な整備のなかで、体育会系就職は日本社会に定着していくことになるのである。

### 社会人野球の成立

一九〇五年、日露戦争に勝利し、ポーツマス条約により長春以南の鉄道利権を手にした日本政府は、翌年に南満州鉄道株式会社(以下、満鉄)を作り、一九〇七年から営業を開始した。満鉄は、人材育成を目的に満鉄見習夜学校を開設し、一九〇八年に「若葉会」と呼ばれる野球チームを設立した。その若葉会のコーチとして満鉄に招かれたのが、一高野球部OBで京大を卒業した平野《ひらの》正朝《まさとも》であった[35]。

満鉄は、長春・大連・奉天等の主要駅にチームをつくってグラウンドも整備し、一九一五年から満州野球大会を開催するなど、野球をはじめとしたスポーツを奨励した。「異国の植民地都市に暮らす若者の不安や怯え、寂しさなどを慰め、不健全な生活に堕すのを防ぐこと」や、「職場や地域の絆、つながり」を深め「自分の所属する会社や商店、まちへの愛着」を育てて「満州に定住を促す」ことが目的であった。長春や大連では、市中の民間企業の野球愛好者も、チームをつくって活動するようになっていった。

一九一六年頃からは満鉄が「中学卒業程度の意志強固な青年選手」を社員に採用し、さらにチームが強化されていった。同年、押川清・飛田穂洲・泉谷祐勝らを擁する天狗倶楽部が大陸遠征を行うと、以後、早大・一高等、本土の野球チームが次々と満州に遠征するようになった。その結果、一九一〇年代後半には、中沢不二雄・田部武雄(明大)、浜崎真二(慶大)、谷口五郎(早大)等、六大学野球部OBが次々と満州で就職し、大連満州倶楽部(以下、大連満倶)や大連実業団等のチームで活躍するなど、満州は社会人野球の拠点となっていった。

一九二〇年代に入ると、日本内地でも社会人野球が整備されていった。一九二〇年、大毎は、外部チームから試合の申し込みを受けたことをきっかけにして、早大野球部OBで同社嘱託・西尾守一を中心として、大毎野球団を結成した。一九二一年には、慶大エース・小野三千麿《おのみちまろ》や腰本寿《こしもとひさし》が入社、翌年には明大OB岡田源三郎らも入社し、大毎野球団は関西を代表する強豪へと成長していった。[36]

社会人チームの結成には、野球をしたいという労働者の要求にこたえることで第一次世界大戦後の不況下で高まる労働者の不満を抑えたり、同じ職場の人々がともにスポーツを楽しむことで労使の関係を改善したり、愛社精神を高めたりするという労務対策の側面もあった。一九二〇年、東京鉄道局は国鉄最初の野球チームをつくったが、その目的は「鉄道界にも野球をとり入れて、職員の健康増進と精神訓練のため、又職場の明朗化をはかり情操を豊かにする」ことであった。[37] 八幡製鉄所でも同年に大規模な労働争議が発生したため、労働者の要求を受け入れて所内野球大会を開催するようになり、一九二四年に八幡製鉄所の代表チームとして全製鉄が誕生した[38]。

企業チームや社会人クラブチームが増加するなかで、社会人野球大会も開催されるようになっていった。一九一七年、美津濃運動具店が主催して、東京・京都・大阪・神戸四都市の代表チームを集めて第一回実業団大会が鳴尾球場で開催された。一九二〇年には大朝主催の全国実業団野球大会が開催、翌年には国鉄鉄道局チームによる全国鉄道野球大会も創設された[39]。

一九二七年、東京日日新聞の副主幹であった島崎新太郎が、大リーグのような「都市を背景にした対抗戦」によって行われる野球大会として、都市対抗野球大会(以下、都市対抗)を発案した。島崎のアイデアと熱意に早大野球部OB橋戸信らが共感し、全国のチームに参加を要請した。その結果、第一回大会は、一二チームが東京・神宮球場に集まって開催され、大連満倶が優勝した[40]。

一九二八年の第二回大会からは代表チームが一三に増え、各地の予選優勝チームが代表として東京の本大会に出場した[41]。戦前期は、一九四二年第一六回大会まで開催され、全国から一六の代表チームを集めるまでに至った(一九四一年の第一五回大会は中止)。予選参加チーム数も徐々に増加し、一九三五年第九回大会は八三チーム、翌三六年の第一〇回大会には九三チームが参加した[42]。一九一〇年代後半から、企業チームや社会人クラブチームが創設されていったが、都市対抗が創設されたことでさらに増えていったものと思われる。

企業チームや社会人クラブチームが増加し、社会人野球大会も創設されていくと、中等学校や高専・大学時代に野球に打ち込んだ学生・生徒たちが、野球チームをもつ企業に就職したり、クラブチームの一員になったりして、仕事をしながら野球をプレーするような生活も可能となった。一九二七年に早大を卒業した芥田《あくた》武夫《たけお》は、「野球一辺倒で進んで来た」ため、卒業試験が終わっても「就職のメドも全くない」状況であった。そんな折に「満鉄(満州クラブ)から勧誘」を受けて、同年八月に満鉄に入社、大連満倶の一員となった。大連満倶は、早大の先輩・同輩や六大学出身選手が多く「みんな明朗なスポーツマンで快く受け入れてくれ」、「新入りの私には全く、違和感はなかった」という。芥田はその後、一年間の徴兵をはさんで一九三〇年まで選手生活を続けたが、肋膜炎を患って現役を引退した。[43]

表3-1　1931年第5回都市対抗出場選手の経歴

| | 計 | 割合(%) |
|---|---|---|
| 中等学校卒 | 120 | 43.3 |
| 高専卒 | 49 | 17.7 |
| 大学卒 | 81 | 29.2 |
| 実業 | 27 | 9.7 |

出典：日本社会人野球協会ほか(1969)，20頁より作成.

一九三一年の第五回大会では、東京代表のクラブチーム、東京倶楽部が優勝したが、同クラブの選手は全員が東京六大学の野球部出身で、慶大OBで日本蓄音器に就職した宮武三郎や、早大OBで日清生命に就職した伊丹安広[44]、誠文堂に就職した森茂雄らスター選手をそろえていた。[45]その後も都市対抗には、法大OB若林忠志《わかばやしただし》(川崎コロムビア)、明大OB井野川利春《いのかわとしはる》(門司鉄道局)、早大OB久慈次郎(函館太洋倶楽部)など、多くの大学野球のスターが出場・活躍した。

表3-1は、一九三一年の第五回都市対抗に出場した選手の経歴ごとに、その人数と割合を示したものである。これを見ると、この年の都市対抗に出場した選手は、中等学校卒が全体の四〇%以上を占めていた。高専卒業生は一七・七%、大卒も二九・二%を占めており、両者を合計すると高等教育の卒業生が四〇%以上を占めていた。一九三〇年頃には、中等学校や高等教育機関で野球に打ち込み、高い競技力をもつようになった生徒・学生は、卒業後も、社会人野球の選手として給料をもらいながら野球を続ける道ができていったのである。

## プロ野球の誕生

一九二〇年、早大野球部OB河野安通志や橋戸信らが中心となって、日本初のプロ野球チーム、日本運動協会を創設した。日本運動協会は、東京・芝浦に球場を建設し、そこを本拠地として活動したため「芝浦協会」と呼ばれている。芝浦協会は、「年齢十六歳以上二十五歳迄」の「中等教育程度」の学力をもつ選手たちを月給五〇円から一〇〇円で募集したが、「選手の中には大学OBや大学の現役選手は一人もいなかった」(46)。

一九二一年には、奇術師・松旭斎天勝《しょうきょくさいてんかつ》の一座によって、天勝野球団というプロ野球チームも結成された。天勝野球団は、慶大野球部OB小野三千麿の仲介により、六大学野球OBが多数加入した。「六大学野球における有力選手を多数集め、有名コーチをつけた天勝野球団は、日本ばかりでなく満州・朝鮮においても天勝一座の興行とともに華々しい試合ぶりを披露した」(47)。

芝浦協会や天勝野球団は、大学野球部や社会人チームと試合を行ったり、満州等の外地にも遠征したりするなど、活発に活動した。しかし、一九二三年九月に関東大震災が発生すると、芝浦球場は戒厳司令部に徴発されて物資の集積場となり、翌年一月の総会で会社の解散を決定した。天勝野球団も関東大震災で活動不能となり、自然消滅した(48)。

河野ら芝浦協会のメンバーは、その後、阪急電鉄の創業者・小林一三《こばやしいちぞう》に引き受けられて兵庫県・宝塚に本拠地を移し、「宝塚協会」として活動した。しかし世界恐慌の影響でライバルである大毎野球団が解散すると、宝塚協会も一九二九年七月に解散した。

関東大震災や世界恐慌の影響により、日本のプロ野球は一度消滅した。しかし、国内の野球人気はその後も上昇の一途をたどり、東京六大学や甲子園の中等野球は多くの観客を集めて主催団体が多額の入場料収入を手にするなど、プロ化を可能とする社会的条件はさらに整っていった。

一九三四年六月、ベーブ・ルースやルー・ゲーリッグらアメリカ大リーグ選抜チームの来日に合わせて、大日本東京野球倶楽部(現・読売ジャイアンツ)が結成された。一九三一年にも大リーグ選抜チームが来日して、六大学野球選抜チームと対戦していたが、一九三二年に野球統制令が発令されて学生とプロの試合が禁止されたため、選手全員がプロのチームが結成されることになったのである。大日本東京野球倶楽部は、大リーグ選抜に一七戦全敗を喫したが、これをきっかけに日本のプロ野球リーグ設立への気運が高まり、一九三六年二月に日本職業野球連盟(以下、職業野球連盟。一九三九年に日本野球連盟と改称)が結成された。

職業野球連盟の創立時七チームには、一四三名のプロ野球選手が所属していた。表3-2は、この時の全選手の高等教育歴を示したものである。これを見ると、一九三六年のプロ野球選手のうち六八名(四七・六%)が高等教育を受けた経験があることがわかる。前節でも述べたように、当時の日本社会で高等教育を受けることができたのは、同年齢の約三%程度だったことを踏まえると、当時のプロ野球選手は、社会一般から見ると圧倒的に高学歴の集団であった。

とりわけ、多数のプロ野球選手を輩出したのが、東京六大学野球や関西六大学野球(一九二八年設立)に所属する私立大学であった。表3-3は、職業野球連盟創設時に多くのプロ野球選手を輩出した大学・連盟の一覧である。これを見ると、六八名の高等教育経験をもつプロ野球選手のうち、半数以上の三五名が東京六大学野球に所属する私大出身者であった。なかでも慶大は、投手・三塁手として活躍した水原茂、ホームランバッターとして「ベーブ」の異名をもった山下実、「日本を代表する名投手」宮武三郎など、一一名の選手を輩出した。明大も松木謙治郎や野口明ら九名、法大は日系ハワイ二世の名投手・若林忠志ら七名、早大は俊足巧打の二塁手・三原修（のちに脩に改名）ら五名を輩出した。関西六大学でも、立命館大や関西大を中心に一三名、東都大学野球連盟（一九三一年設立）も専大や日大から一二名のプロ野球選手を輩出した。職業野球連盟創設時の全選手一四三名のうち、六八名が大学に入学した経歴があり、そのうち六〇名が三連盟一一校に集中していたのである。

プロ野球選手、特に甲子園や六大学、都市対抗で活躍したスター選手は、社会一般から見ると高額の収入を得るようにもなっていた。

高松中・早大で活躍し、大日本東京野球倶楽部最初の選手となった三原は、年俸二〇〇〇円で契約した(49)。高松商・慶大のスター選手・水原も、月給一七〇円で契約した(50)。法大・川崎コロムビアで活躍した若林は、月給二五〇円、契約金一万円で大阪タイガースに入団した(51)。

表 3-2　職業野球連盟創設時（1936 年）の選手の高等教育歴

| 高等教育歴 | 人数 | 割合（%） |
|---|---|---|
| 私大・専門卒 | 56 | 39.2 |
| 官国公立大学・専門卒 | 1 | 0.7 |
| 私大・専門中退 | 11 | 7.7 |
| なし | 75 | 52.4 |
| 合 計 | 143 | |

出典：森岡浩編著『プロ野球人名事典 2001』日外アソシエーツ，2001 年より作成.

表 3-3　職業野球連盟創設時（1936 年）に選手を多く輩出した大学・連盟

| 東京六大学 | | 関西六大学 | | 東 都 | |
|---|---|---|---|---|---|
| 慶大 | 11 | 立命館大 | 6 | 専修大 | 6 |
| 明大 | 9 | 関西大 | 6 | 日本大 | 5 |
| 法大 | 7 | 同志社大 | 1 | 国学院大 | 1 |
| 早大 | 5 | | | | |
| 立大 | 3 | | | | |
| 合計 | 35 | | 13 | | 12 |

出典：表 3-2 に同じ.

一方、一九三一年のサラリーマンの平均給与は月約九二円で、「月給百円」(＝年収一二〇〇円)がひとつの目標であった。戦前期、プロ野球は職業として蔑まれ、給与水準も低かったといわれてはいるが、当時のプロ野球選手、少なくとも三原や水原、若林といったスター選手は、大卒サラリーマンよりもはるかに高給取りであった。

大正中期以降、中等学校や大学で運動部に所属してスポーツに取り組むということは、高い競技力をもった選手である、ということ以上の社会的な意味を持つようになっていった。特に野球選手は、甲子園や六大学で活躍すると、新聞やラジオで大きく取り上げられ、多くの人々の注目を集めるスターとなった。スターとまではいかなくとも、六大学リーグに出場したような選手は、野球チームをもつ企業に就職したり、企業の広告塔の役割を果たしたりして、給料をもらいながら野球を続けることができた。一九三〇年代半ばには、プロ野球選手になることもできるようになった。大学野球では選手として大成できなかったとしても、大卒としての学力と強健な身体をあわせもつ「スーパーエリート」として、大企業に就職することもできるようになった。大卒就職や社会人野球、プロ野球が整備されたことで、中等学校や大学野球は、学生・生徒が気ままに行う余暇や娯楽ではなく、世間の注目を集めるスターになったり、大企業に就職するサラリーマンになるための登竜門となっていったのである。

## 3　野球の活発化と強固な上下関係

### 競技レベルの上昇と練習の激化

中等野球や大学野球の大会・リーグ戦が整備され、定期的に試合が行われるようになるとともに、それが社会的注目を集めて、選手の進学や就職の手段となるにつれて、野球の競技レベルは飛躍的に上昇していった。

図3-2は、戦前期における東京六大学野球リーグ戦と優勝大会の試合データをもとにして、一試合一チーム当たりの失策数の推移を表したものである。中等野球を見ると、夏一回(一九一五)の平均失策数は五・九、夏七回(一九二一)には六・一を記録するなど、失策が非常に多かった。しかし一九二〇年代半ばから失策数は急激に減少し、一九二五年以降は一試合当たり三失策前後で安定していった。一九一五年からの二五年間で失策数が半減するほど、選手たちの守備技術が上達していったのである。

東京六大学も同様の傾向が見てとれる。四大学リーグ時代の一九一八年の平均失策数は三・五、一九一九年は四・〇であったが、六大学となった一九二五年頃から三を切り、一九三〇年代後半には二・一から一・九を安定的に推移するようになった。

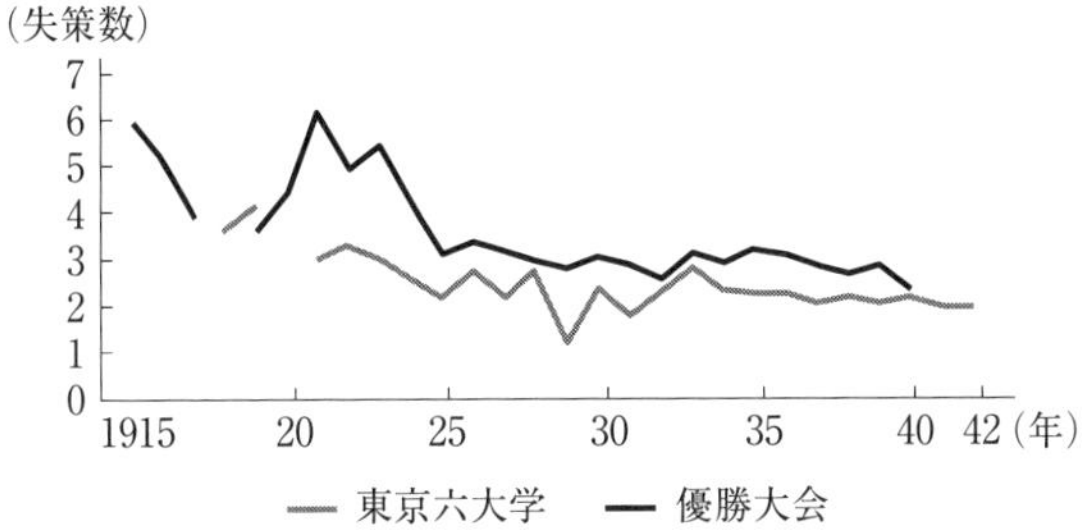


図3-2　東京六大学野球および優勝大会の平均失策数の推移

出典：駿台倶楽部ほか編(1974)，および朝日新聞社編(1958)より作成．中等野球の不明な試合結果については，適宜『野球界』『アサヒ・スポーツ』の試合記事で補った．東京六大学は，リーグ戦の全失策を試合数で除して算出した．優勝大会は，大会ごとの全失策数を総イニング数で除して9倍した．

明大OBの中沢不二雄は、「明治の終わりから大正の初め」には「凡飛（平凡なフライ）とされる外野への高い大飛球」でも「うけるのはむずかしいこととされていた」。内野守備でも「昔は本塁—一塁間を五秒かかって走っていた」ため「尻をおとしてゴロを捕り、立ち上がってオーバースローで投げて一塁でアウトにしていた」と述べている。[52] 一九一九年春季の明大対法大では、両チーム合計で一七失策を記録し、二四対一七で法大が勝利する「大乱戦」もあった。[53] しかし一九二〇年代の後半には「飛球は練習さへ充分にして置くならば大方失策なしに捕へ得る」ようになり、「内野の凡飛球を落すのは十中の九分九厘まで安心してボールを粗略に取り扱った場合」といわれるほど、[54] 守備技術が向上した。

野球の競技レベル向上の背景には、チーム間競争の激化もあった。一九二五年に東大の加盟と早慶戦復活によって、六大学でリーグ戦が行われるようになったが、一九三一年には東大を除く五大学すべてが優勝を経験した（現在まで東大は一回も優勝なし）。六大学は、加盟校間の実力が拮抗し、どのチームが優勝してもおかしくないような環境でしのぎを削るようになり、それがさらに競技レベルを高めていった。

例えば、明大野球部は明治末期から「早慶に追いつき追越す」ために、雨や風の日でも練習を行い、日が暮れて「暗くなって球が見えなくなって」も「三、四人は突き指をする選手が」出るまで練習をしていた。冬季には三週間の「寒稽古」を行い、夜のミーティングでは「ヒット・エンド・ランはどのカウントが有利」かといった「セオリーの勉強」も行った。「猛練習で食べたものを吐いた」後でも、「選手になりたい一心で先輩（中略）が交替でやる連続ノックに向っていた」。一九二〇年の冬季練習では、野球専門誌の記者が「ほんとうに火のような練習とはこの事だ」と「練習の激甚さには敬服」するほどハードな練習が行われた。卒業したＯＢたちが日常的にコーチに訪れ、選手たちは「〝こてんぱん〟にしぼりあげられ

た」が、「皆歯を食いしばって最後まで必死に頑張った」という。(55)

一九三〇年代前半の慶大エース・宮武三郎は、「平素の練習」から「三、四百のピッチング」を行った。(56)一九三〇年秋季の法大初優勝時のエース・鈴木茂も、「一日三〇〇球くらい」の投球練習をするなど、(57)各校野球部はリーグ戦優勝を目指して厳しい練習を日常的に行い、それがリーグ戦の競技レベルをさらに上昇させていったのである。

六大学の各校では、肉体的に厳しい練習が行われることが常態化するなかで、精神論も強調されるようになっていった。その代表的なイデオローグが、早大野球部初代監督で「一球入魂」の生みの親、飛田穂洲であった。

一九一九年に監督に就任した飛田は「戦術技術は新しく」「精神は古く」を「モットー」とし、(58)確率論(プロバビリティの法則)に基づいた野球理論を選手たちに説く一方で、「精神力を欠くものは、内部外部の技能に如何に秀でゝゐても立派な成績を挙げる事が出来ない」、「吐血奮闘敢闘精神を練習に打込まねば試合には断じて勝てない」という考えのもと、選手たちには「野球部のためには、すべてのものを犠牲にして顧《かえりみ》ないといふ強烈無比の信念」や、「あらゆる努力を払ひ、命を打込」んで野球の練習や試合に取り組むことを求めた。(59)それは、飛田自ら「死の練習」「選手虐待の練習」と呼ぶほど厳しいものであった。(60)

選手に厳しい練習を課した飛田は、「野球を弄《もてあそ》ぶもの」や「単なる娯楽」として行う野球や「野球部の為めに渾身の愛と、努力を捧げる良き精神のなきもの」を、「堕落的愛」「チームの異端者」「邪道」と批判した。飛田にとっての「野球愛」とは、季節の移り変わりにわき目もふらず「練習の苦痛」に耐え、疲れた身体に鞭打ってもなお「グラウンドに駆けつける熱烈さ」をもつ人が初めて言いうるものであって、

「練習が激しすぎるとか、多すぎるとか、試合数を厭ふとかいふやうな連中」が「口にする事は滑稽千万」なのであった。

当時早大の選手・芥田武夫は、「飛田さんと猛練習は切り離されないものと伝えられ、一〇〇〇本ノックとか、シゴキの練習などの言葉が使われているが、それはいささか誤り伝えられていると思う。激しさだけが練習ではない。一分の精神的のスキも見逃さないきびしさが、飛田式練習の真髄」と述べている。(61)試合に勝つために日常の練習が激化していくなかで、単に野球を楽しむことは否定され、「苦しみを楽しむ」ことや、「あらゆる努力を払い、命を打ち込み、身を慎んで、燦然《さんぜん》たる勲功を樹《た》」てることこそが、選手たちに求められるようになっていったのである。(62)

### グラウンド・合宿の整備

野球部の活動が盛んになり、リーグ戦が社会的な注目を集めるようになるなかで、グラウンドや合宿といった施設も整備されていった。

慶大は、創立当初から塾生の運動を奨励していたため、幕末期にはすでに運動場を備えていたが「そこに設けられた運動設備などは、不完全で幼稚なもの」であった。(63)一八八八年、学生数が一〇〇〇人を突破し、三田に校舎を移転した際に「寄宿舎、教場、運動場その他施設」も作られた。(64)しかし、三田のグラウンドは「地形が長方形だから、ライトもなく、レフトも鉄棒や、木馬で立木があるし、三塁の後は竹矢来《たけやらい》の垣」があり、野球に適したものではなかった。(65)一九〇三年、「運動場に充《あ》て来りたる敷地も漸次狭隘《きょうあい》」になってきたことから、三田綱町に約四〇〇〇坪の土地を購入し「青竹を割って地中に入れた」ことで

「雨が降ってもすぐ干《かわ》く」グラウンドとなった(66)。

しかし、学生数や運動部が増加してその活動が活発になると、一九二〇年代には運動部員たちは「運動場の狭隘を訴え」るようになっていた。一九二三年、慶大は目黒蒲田電鉄新田駅近くに約一万四〇〇〇坪の用地を買収し、一九二六年に鉄骨造の防球網と観覧席を備えた野球場と野球部寄宿舎を建設した(67)。慶大野球部の合宿は「自由主義的な気分が濃厚で、良い意味に於ても悪い意味に於ても最も合宿らしい雰囲気があった」という(68)。一九三四年には、神奈川県の日吉にもキャンパスが増設され、トラック・テニスコート・プール等とともに野球場も建設され(69)、野球部の合宿も一九四二年に三田から日吉に移転した(70)。

早大は一九〇二年夏、大学に隣接した「畑や竹藪を潰して、新しく立派な」運動場を造成して「戸塚球場」と命名した(71)。一九二五年には二階建鉄筋コンクリートの野球部合宿所が落成し、同年秋には戸塚球場に二万人が収容できるスタンドも建設された(72)。一九三三年には、理工学部教授で一九二八年アムステルダム五輪日本選手団の団長を務めた山本忠興《やまもとただおき》の発案により、戸塚球場に夜間照明設備が作られた(73)。

明大野球部は創部当初、専用グラウンドがなく「前庭で特に猛烈なキヤツチボールを行ったので、右隣りの福田屋洋服店のショーウヰンドウの大硝子を目茶々々にしたり左隣の有恒館の羽目板を破つて壁を打ち抜いて」いたという(74)。一九一〇年、岸本辰雄学長は中野の柏木にグラウンドの建設を決めたが、「球場といっても鉄条網で外側を囲んであるだけの広大な大根畑」で、佐竹官二監督と選手たちの手で野球に適したグラウンドに整備された(75)。一九一六年、柏木グラウンドを廃し、駒沢に新グラウンドが建設された。

昭和初年には、横田秀雄学長を中心に「早慶に肩をならべる」総合大学を目指した「大明治建設」が提唱され、学部増設や施設整備が進められていった。明大は、和泉の陸軍火薬庫跡地の敷地約二万一五〇〇

表 3-4　東京六大学野球各校における本格的グラウンド・合宿整備年

| | 慶大 | 早大 | 明大 | 法大 | 立大 | 東大 |
|---|---|---|---|---|---|---|
| 本格的グラウンド | 1926 | 1902 | 1934 | 1919 | 1918 | 1926 |
| 合宿 | 1926 | 1925 | 1923 | 1919 | 1929 | 1926 |

出典：各校野球部史より作成.

坪を購入して、「各所に散在していた各運動所を一ヵ所に集めて総合運動場」として一九三四年に「明大グランド」を建設した(76)。

立大野球部は、一九一八年池袋に「十段ほどの簡単なスタンド」のあるグラウンドを作り「初めて本格的に練習に取り組める」ようになった。関東大震災後、グラウンドは東長崎に移転し、選手たちは「東長崎駅前の大野屋をはじめ民家三軒を借りて分散して合宿」するようになった。一九二九年には「グラウンドの近くに」六畳間二五室と「会議室兼食堂に広接間《ママ》、風呂にはシャワーの設備」を備えた合宿「知徳寮」が完成し、以後選手たちはここで寝食を共にするようになった(77)。

法大野球部でも一九一九年、中野の新井《あらい》薬師《やくし》前駅の付近に木造スタンドを備えたグラウンドが作られた。選手たちは「民家を何軒か借り受けて、分散して合宿生活」をするようになった。六畳間の食堂しかなかったため、「三〇人のレギュラーが身動きひとつできない状態で重なり合い、廊下まではみ出」るような状況でミーティングを行ったという(78)。

東大野球部は創部当初、「グラウンドを持たず、まとまった練習も出来ず、学習院や一高のグラウンドを借りて試合の前に数日練習する程度」の活動しかできなかった。しかし一九二三年から尾久《おぐ》球場を「賃借」して「毎日練習出来ることとなった」。一九二六年には野球部員たちが「大学当局に懇願して駒場農学校の南西隅の低地を地均《じなら》しして」駒場野球場を建設、駒場寮を合宿として活動できるようになった(79)。

表3-4は、東京六大学各校において、本格的なグラウンドや合宿が整備された年をまとめたものである。早大は、他大学に先駆けて一九〇二年に戸塚球場を作ったが、それ以外の大学は、一九一〇年代後半から二〇年代にかけての時期に野球部専用グラウンドを整備していったことがわかる。東京六大学野球連盟が組織され、リーグ戦が本格化していくとともに、学生数増加に伴う施設拡充や、関東大震災で被災した校舎の再建・キャンパス整備に合わせて、こうした施設整備が進められていったのである。

六大学すべての野球部に合宿が整備されたことで、部員たちはグラウンド近くで生活を共にして効率的に練習を行ったり、夜間にミーティングをしたりすることが可能となった。しかし同時に、部員たちは監督や他の部員と寝食を含む生活すべてを共にすることとなり、部内の上下関係や価値観を背景にした権力関係が生活のあらゆる局面に持ち込まれる環境が整備されたことも意味していたのである。

## 部員数の増加と選手間競争の激化

リーグ戦が組織され、野球部の活動が活発になるなかで、部員数も増加していった。図3-3は、東京六大学のうち、法大を除く五校の部員数について、野球部史の部員名簿をもとにして、年度ごとの推移を示したものである。

これを見ると、明治期の早慶両校の部員数は十数人で、一高と同様にレギュラーと若干名の補欠だけで野球部が構成されていたことがわかる。明大野球部は、明治末年の一九一二年に創設され、同年は一七人、翌年には二七人の部員がいたようだが、練習などに「集まるものはきわめて少数で、六人も集れば「やあ今日は六人いる。珍しい」といった具合」で、「いつもは三、四人」の部員で練習していたという[80]。

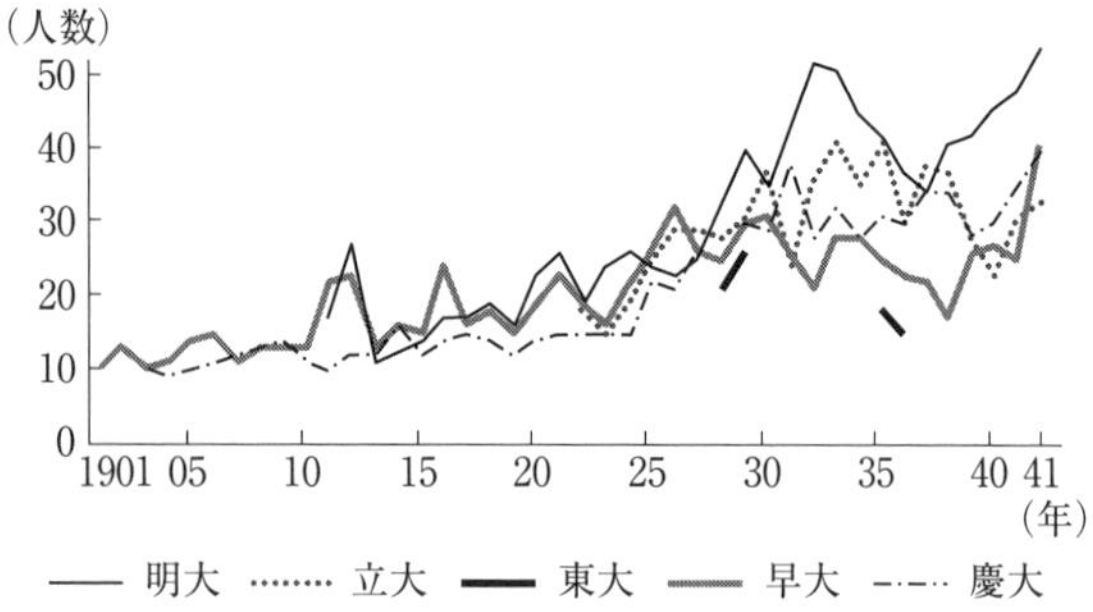


図3-3　戦前期東京六大学野球部員数

出典：各校野球部史より作成.

一九一〇年代後半になると部員数が増加して二〇人を超えはじめ、早大は一九二六年、明大は一九二八年に三〇人を超えた。年ごとに増減はあるものの、一九三〇年代以降は東大を除く各校で常時二〇人以上の部員を擁することが常態化し、明大では五〇人以上を超えることもあった。リーグ戦が組織され、定期的に試合が行われるとともに、各校間の競争が激化していくにつれて、野球部員数も増加していったことが見てとれる。

前述したように、六大学野球の選手たちは、中等野球での活躍をきっかけにスカウトされることもあったが、先輩との関係で進学先を決めたり、華やかな舞台での活躍を夢見て入学したりした学生が大半を占めていたと思われる。スカウト組以外の学生には体力や技術を試す「テスト」が課されており、一九二八年の明大野球部では十数人の新入生が「テスト」を受けて、四人が合格したという。

一九四〇年頃になると、東大以外の五校の選手は「みんな甲子園の経験者であり、中等球界の名門校出ばかり」となり[81]、部員はレギュラーの座をつかんだり、リーグを代表するスター選手になるために日常的に厳しい練習をするようになっていた。そのため、努力の末にベンチ入りできるようになった時のことは、長く記憶に残るものであった。当時の明大野球部員は、次のように回想している。

> 野球部時代の一番の思い出、それはベンチに入れることが決まったことだ。ベンチに入れるということは、選手になれたわけだから、それは嬉しが《ママ》った。〔中略〕ユニホームは油だらけ、ストッキングは破れている。ズボンのMボタンはなくなっている。それはひどいものだったが、それでもmeijiと書いたユニホームをもらった感激は、五十年たった今でも、忘れられない。とにかく嬉しくて、ユニホームのよごれているのなんか、ちっとも気にならなかったものだ。

一方で、厳しい練習を積みながらもレギュラーになれない部員もいた。一九三二年、明大野球部には「投手が十人ぐらい入学した」が、リーグ戦のマウンドに立ったのは「三人だけ」で「一人も投手として大成しなかった」という。「身長はあったが、いま一つスピードが足りなかった」ある投手は、「卒業するまでフリー・バッティングを投げつづけ」たという。

ライバルとのレギュラー争いに敗れて退部する部員もいた。明大のある選手は、「おれは足とバッティングでは横沢には負けないが、守備力、特に肩に弱《ママ》くて彼には勝てないから野球をやめて高文（高等文官試験）をとるよ」と言い残して「野球部から消えて行った」。一九二七年に入学して「強打、強肩、体力、ファイトもある捕手として将来を嘱望され」たある選手は、打撃不振に陥ったことをきっかけに「野球に興味を持たなくなって」しまい、野球部を退部してラグビー部員になった。「ポジション争いに負けて選手生活を断念」し、「硬式野球のクラブ・チーム」をつくって活動する者もいた。

一九二〇年代から三〇年代にかけて、六大学各校野球部には約二〇～五〇人の部員が所属し、レギュラーになって試合で活躍するために、日々厳しい練習に取り組むようになっていた。それによってチームは強化され、リーグ戦全体の競技レベルも上昇した。

このように試合に出場できない多くの部員は、卒業まで練習の手伝いをするか、退部するかを選択しなければならなかった。一九三〇年頃の六大学野球は、名実ともに日本最高峰の野球リーグ戦となっていたが、それは同時に、多くの部員たちがレギュラーの座をつかむために日夜しのぎを削り、能力によってふるい落とされる優勝劣敗の競争の世界となることでもあったのである。

## 監督制の普及

一九二〇年代以前の野球部内で、活動の中心を担っていたのは主将(キャプテン)であった。早大野球部草創期に主将を務めた橋戸信は、「国に主君あり、国会に議長あるが如く、野球にありても、選手九名を統一すべき、首領あるを要す。此《この》首領を称して、キャプテインと云ふ」と述べ[82]、主将をチームの「主君」「首領」ととらえていた。

一九一一年、野球部OB河野安通志が早大講師となり、授業の「傍ら野球部をコーチ」していたものの[83]、「後輩選手にノックを打ってやるのがせきの山」で、「多くはキャプテン独裁の練習であり、ベンチコーチなどの必要を感じた時には、特に先輩を頼むこともあったが、それもきわめてまれであった」という[84]。一九一三年に早大に入学した佐伯達夫も当時を振り返って、「監督は今日のような立場ではなく、いま監督がしているようなことは、みんな主将がやっていた」と述べている[85]。

明大野球部は、一九一〇年の創部と同時に佐竹官二が初代監督に就任した。佐竹は「ボート部の責任者」であったが、野球部監督も兼務した。佐竹の役割は「「学生を監督する」というわけで、〝野球部監督〟だから現在の監督とは違う」もので、「ゲームの采配やチームの指導」は主将の役割であった。佐竹自身は野球のプレー経験がなく、技術指導はしなかったが、球場を整備するために「夏季休暇を棒に振って」「大根を抜いたり、ロールを引っ張ったり、草刈りもし」、「立派な球場」を作ることに尽力した。(86)

しかし、一九一七年に四大学連盟となってリーグ戦が次第に本格化しはじめると、早大野球部の「部員の数も漸次増加」し、「キャプテン独裁では、なかなかやりきれなくなり、秩序ある野球部たるには、どうしても専任のコーチをおかねばならない」と感じられるようになっていった。安部磯雄野球部長とOB押川清の話し合いの結果、野球部OB会で組織する稲門《とうもん》倶楽部で会費を徴収して、監督に月五〇円の手当を出すことを決定した。飛田穂洲が監督に指名され、日本で最初の野球部専任監督となった。飛田は監督就任に際して、読売新聞社を退職したため、収入は三分の二に減少した。飛田は、妻から「いい年をしてベース〔ボール〕でもないでしょ」と言われたり、「「世の中はいろいろに変わるものだ、今度はベースの先生というのができたネ」なんて、皮肉な言葉を浴びせ」られたりしたという。(87)

前述したように飛田は監督に就任すると、厳しい練習を選手たちに課した。監督在任中の六年間で七度のリーグ優勝（うち四度は全勝）を果たし、シカゴ大野球部との試合に勝ち越すなど、飛田のもとで早大野球部は輝かしい戦績を残した。

監督が設置されると、チームの運営は主将中心から監督中心へと変化していった。飛田監督時代、早大野球部はほとんど休みがなかったため、飛田が機嫌のいい日を見計らって、ある選手が「毎日の午前午後の練習はいたずらに選手を疲労させるに過ぎない。ぜひ午後だけにしてもらいたい。その方が能率も上がるだろうし、選手もベストを尽すだろう」と進言したところ、「飛田監督は烈火のごとく憤り、ますます猛烈な練習」になったという。選手たちは「グラウンドの上では飛田監督を恐れ」、「わが国の小ナポレオン飛田監督」、「飛田監督の専制」といわれるほど、飛田は部内で強い権限をもつようになった(88)。

早大に続いて一九二三年に明大、一九二四年に法大、一九二五年に慶大・東大、一九二九年に立大で監督が設置された(89)。六大学で最後に監督が設置された立大野球部の太田清一郎主将は「どうも毎度〳〵負けてばかりいてもはじまらない。隙をねらって勝ってやらう等と思ひ始め」て、監督を設置することになったという。

どうしても同年輩の選手丈《だ》けでは我儘《わがまま》が出ますからね。監督がいないと練習の気分は呑気《のんき》で楽ですが要するに自己流ですね。他のチームの名選手を見ると自分も是《これ》ぢゃならんと一心に練習する気になりますが、やはり又、気分者で練習には自然とむらが出て来ます。これが監督に押えられ監督を信頼して真面目に練習するのとは大変違いますよ。たとへ技は上手でも自己流ではどうしてもぼろが出るやうです。ヘッドワークの点にいたっては自分一人でやるのでは不安で仕方ありません。名人のコーチを受くるならばどんなに進歩が早いか知れませんね。大体技術を批評してくれる人がいないと、調子がよいのだか、上手になったのだかわかりやしません(90)。

選手たちは、「我儘」や「気分」の「むら」を解消し、「自己流」で「ぼろが出る」のを防いだり、「へッドワーク」を託したり、不安を解消することを求めて監督の設置を希望したのであった。選手は「監督に押えられ」たり「技術を批評」されたりといった指導を受けることで早く「進歩」することも期待していた。そのためには「呑気で楽」な練習ではなく「真面目に練習」して、試合に勝つことを目指すようになっていったのである。

一九三四年、慶大は腰本寿監督が健康上の理由で辞任、さらに一九三五年春季開幕直後に死去するという事態に見舞われた。当時の慶大の主将兼エース・土井寿蔵《どいとしぞう》は「人一倍負けん気の強い自分ではあったが、些《いささ》か荷が重すぎ」、「全く大海に放り出された小舟」のような心境になった。土井は「責任の重大さに「心身ともクタクタに」なり、「秋のシーズンが終った時には、十七貫あった身体が十四貫に減ってしまった」という(91)。同年春季、慶大は一勝九敗で東大と同率の最下位に終わった。

## 上下関係の形成

六大学野球のレギュラーになる選手たちは、中等野球大会で活躍したり、中等野球の強豪校の主力で、大学入学後にも厳しい練習を積んで技術や体力を向上させた者ばかりであった。そのため、新入生・下級生とレギュラーの上級生との間には、大きな実力差があった。一九二三年に明大野球部に入部したある新入生は、練習初日にエース・渡辺大陸《わたなべたいりく》の「キャッチャーを命ぜられた」。渡辺の投球は「ウワサにたがわず、すごいスピードボール」で、「中学を出たばかりのキャッチャー」は「圧倒されるばかりで、もう無我夢中でキャッチング」しなければならなかった。

大学の練習は、中等学校よりも厳しかった。広島の強豪・広陵中から明大に進んだある選手は、「広陵で随分鍛えられたつもりだが、明大の縁習《ママ》は比較にならない激しさ」で、「予科一年生の時」練習前に昼食を「腹いっぱい食べて」「ノックを受けているうちに気分が悪くなり、吐いてしまった」。「中学だったら、休ませてもらえるところだが」、明大では「食べたものを全部もどしてから、またノックの雨が降る」という経験をした[92]。

こうした選手間の技術や体力の差を背景にして、練習は次第にレギュラー中心に行われ、技術や体力で劣る下級生はボール拾いやグラウンド整備など、練習の準備・手伝いを主とするようになっていった。一九二六年の法大では、「毎日の練習で私達新人は打撃練習もさせて貰えず球場わきの電車線路に出て先輩選手の打ったファウルボール拾いの後は打撃投手をつとめ」た[93]。一九三〇年頃の明大でも「下級生は自分の練習より、グラウンド整備に追われ、毎日クタクタになった」という。

一九四〇年代に入って五〇人以上の部員がいた明大では、ほとんどの一年生が「フロ当番、グラウンドならし、球ひろい」の生活を送った。「球ひろいはグラウンドの外に出たファーウル《ママ》を追って、そのボールをさがすだけでも大変なのに、帰るのがおそいとよく怒られた」という[94]。戦後のプロ野球選手で「青バット」のホームランバッターとして知られる大下弘は、一九四二年に明大に入学して野球部員となったが、入部からの「約二ヶ年の間」は、「球拾ひと先輩連の世話に明け暮れ」、「灰色につゝまれてゐた」と表現するような「酷《ママ》しかった選手生活」を送った[95]。

レギュラーの上級生が上位、控えの下級生が下位に位置づけられる上下関係は、練習や試合だけにとどまらず、合宿生活にも持ち込まれた。一九三〇年代前半、明大野球部は「規律をはじめすべての点できびしくて、すべてが軍隊式に上級生絶対のシステム」となっており、「フロも先きに上級生が入るし、食事も上級生が終って自分の部屋に帰ったころをみはからって〔下級生は〕食堂にいく」ようになっていた。「下級生の時は、とにかく練習でしごかれた」うえ、合宿に帰ってから「新入生がフロに入ろうとすると、もう上級生の泥と汗で、湯船のお湯はまるで泥水」であったという(96)。

レギュラーとなる上級生を練習で優遇し、控えの下級生が手伝いをするのは、試合でチームが勝つことを目指すなかで、合理的な方法として採用されたと思われる。しかし同時に、野球の実力に基づいて練習中の待遇が変わるようになるなかで、合宿生活にも部員間の上下関係が持ち込まれ、固定化されていくことになっていったのである。そして、野球部内における体罰やしごきは、こうした上下関係が作られていくなかで、それを固定化したり、顕在化させたりする実践として発生・拡大していくことになるのである。

## 4　体罰の発生

### 大学野球の体罰

一九二四年、早大に入学して野球部員となった伊丹安広は、飛田穂洲監督がノックを行う時、捕手として飛田にボールを渡していた。しかし、ノックを受けていた選手が「余り疲れていたので少しボールを渡すテンポを狂わせて遅くしたところ」、これに気づいた飛田から「貴様怪しからん」と「ノックバットでなぐられた(97)」。

一九三二年に和歌山中から慶大に入学した野球部員は、「バントの練習中に失敗」し、腰本監督から「何年野球をして居るのか、この素人奴《め》」と言われ「細いノックバットで向う脛をポカリと」やられた(98)。

これらの体罰は、監督が選手の練習に対する態度や、技術的な未熟さを理由にして行ったものであった。練習を効率的に進めたり、選手の技術を向上させたりすることを目的にして、監督から選手に体罰を行うようになっていったのである。

大学野球部内での体罰は、練習中だけでなく、選手たちが生活を共にする合宿でも発生するようになっていった。一九三〇年頃の法大野球部では、合宿の「門限は午後十時」と決められていたが、「夜遅くまで麻雀や酒を飲んで帰った部員が監督の目をごまかして自室にもぐりこむが、あまりに無軌道な部員の中には鉄拳制裁を受けるケースもあった」という(99)。

一九四一年に法大に入学したある野球部員は、夜中に空腹に耐えかねて合宿所の炊事場にしのび込み「残飯を見つけ、おにぎりを作って押し入れの中で食べ」た。しかし「翌朝それがバレて上級生の人達に袋叩きにされた」(100)。野球部に合宿が整備され、部員たちが集団生活をするようになるなかで、合宿の規律に違反したことを理由にして、下級生は上級生から体罰を受けることもあったのである。

しかし、合宿における体罰は、こうしたものだけにとどまらなかった。のちにプロ野球選手となる林義《はやしぎ》一《いち》は、一九三八年に明大に入学し「野球部に入って、合宿生活を送るようになったが、一番こわいと思ったのは、おやじのようなヒゲ面の先輩で」、「上級生が下級生を呼ぶ声」は「呼ぶというより〝どなる〟といった方が適当」と思えるほど「凄まじかった」という。

「林いるか、林は……」

大きな声で、上級生の〝どなる声〟がしたのだ。そして、部屋までこいというのだった。〔中略〕

二階の上級生の部屋に行ってみると、先輩は、いいご機嫌、酒気をおびていた。

「こちらへこい。一年生のくせに……」

それまでいったのは覚えているが、あとは何にもわからない。ガッンと一発見舞われたが、やられた理由がさっぱりわからない。何かお気に召さないことでもあったのか、いろいろ思いをめぐらせても、これといって思い当たるフシがなかった。(101)


林は「これといって思い当たるフシ」がないにもかかわらず、上級生から呼び出されて体罰を受けたのであった。戦前期にはこうした事例は少数であったが、それでも合宿で上級生から下級生への体罰も行われるようになっていたのである。

さらに明大野球部員は、試合に敗れたことを理由に、応援団から暴力を受けることもあった。のちに明大野球部の監督となる島岡吉郎《しまおかきちろう》は、一九三〇年に明大に入学し、応援団員(のちに応援団長)として活動していた。島岡は、リーグ戦で東大に負けた時のことを以下のように回想している。


リーグ戦で帝大(今の東大)に敗れでもしたら、夜、酒に酔った応援団員が和泉の野球部合宿になだれ込む。家探しは押入れの中、便所の〝個室〟まで及び、顔面蒼白の一年生選手をもひっぱり出して、一列に並ばせ、ビンタの雨を降らせた。

セリフは決まっていた。

「授業料がタダ、合宿費もタダ、ロクに授業にも出席せず、朝から晩まで野球の練習をしているお前らが、まじめに学校で勉強し、練習時間も限られている帝大生にヒネられるとは何事かあッ」[102]

明大の野球部員たちは、東大との試合に敗れたことを理由にして、応援団員から「ビンタの雨」を受けたのである。ちなみに、島岡が明大に在学していた一九三〇〜三五年の明大対東大の戦績は、明大の一五勝五敗であったことから、明大の野球部員が応援団からの「襲撃」を受けたことは、一度や二度ではなかったものと思われる。

このように一九二〇年代以降、東京六大学の野球部では練習中や合宿所内において、野球の技術を向上させたり、部内の規律を維持したり、試合での敗戦などを理由にして部員たちが体罰を受けるようになっていったのである。

## 中等野球の体罰

優勝大会創設後、参加校が増加するとともに、中等野球でもその競技レベルが年々上昇していった。そして、ライバルの強豪校を倒して勝ち上がるために、東京六大学と同様、長時間にわたる厳しい練習が日常的に行われ、時に監督やコーチによる体罰やしごきも行われるようになっていったのである。以下、戦前期の中等野球の強豪校三校の練習の様子やそこでの体罰について見ていくことにしよう。

### (1)広島商

広島商野球部は、一八九九年に学校創立と同時に創部された。[103] 夏一回(一九一五)から優勝大会予選に参加し、夏二回(一九一六)・夏三回(一九一七)には全国大会出場も果たした。しかし、夏五回(一九一九)の山陽予選二回戦に遅刻して放棄試合となったことを「深く反省し謹慎の態度」を示すため、二年間にわたって対外試合を自粛した。

一九二二年、野球部は活動を再開したものの、部員数は「僅か一一名」で、「入学生徒を一列にしてボールの投球捕球をやらせて選考」を行ったが、「生まれて初めてボールを手にする者が多く」、「球を顔面に受けて転倒する者、突指で骨折する者と大変で」、「数名の合格者を出しても長続きせず、補充の選手を含め精々一二~三名位」の部員しかいなかった。そのため、「試合中に負傷しても交代の選手はなく血を流しながら歯を喰いしばって最後迄試合をしたこと」もあったという。

一九二三年、同校OBで夏二回(一九一六)・三回(一九一七)出場経験をもつ石本秀一(のちにプロ野球・広島初代監督)が監督に就任すると、「ときには色をなして選手を罵倒し、ときには火の出るようなノックを浴びせ」たり、「荒れた練兵場で合宿訓練し」たり、投手に「無理矢理に私の意志通り投げさせた」り、「ひねくれたスイングを強制的に直した」りするなど、「無我夢中で選手を鞭撻《べんたつ》した」。その結果、広島商は夏一〇回(一九二四)・夏一五回(一九二九)・夏一六回(一九三〇)・春八回(一九三一)と四度の全国優勝を果たすなど、中等野球を代表する強豪となった。

その一方で、広島商野球部では、監督の指示によって体罰も行使されるようになっていた。春八回(一九三一)優勝メンバーで、のちにプロ野球の選手・監督となる鶴岡一人は、「大会直前の練習を宝塚でやった」時、プレーが「一向に冴《さ》えな」かった。それに「業をにやした」石本監督が「二塁手のYさんに「鶴岡を殴れ」と命じた。Yさんは小声で「悪く思うなよ」と言って殴った」という。

広島商では、「集中力と緊迫した場面にも動じない精神力を養うという名目で」、「日本刀の刃を上にして置き、かけ声もろとも、それを素足で踏んづけて渡る」という「真剣刃渡り」も行われた。使われた真剣に「実は刃はついていな」かったようだが、鶴岡は当時を振り返って「見ただけでも恐ろしかった」と述べている(104)。

一九二〇年代後半に中等野球で全国屈指の強豪となった広島商では、プレーが冴えない選手に体罰が行われたり、練習に危険な行為が採用されたりするようになっていたのである。

(2)熊本工

一九三〇年代に頭角を現した熊本工野球部は、夏一八回(一九三三)の初出場以後、戦前だけで春・夏四回ずつの全国大会出場を果たした。夏二〇回(一九三四)・二三回(一九三七)、春一三回(一九三六)と三度全国大会に出場し、のちにプロ野球・巨人で活躍して「打撃の神様」と呼ばれ、監督として日本シリーズ九連覇を達成する川上哲治《かわかみてつはる》は、当時の練習を「猛烈の上に超がつ」くほどだった、と回想する。練習の「ほとんどは守りの訓練で」、「火をふくようなノック」が「一人三〇〇～五〇〇球の速射攻撃」で行われ、選手が倒れるとバケツの水がかけられた。投手だった川上は「一日、二五〇～三〇〇球」も「投げこみ」を行い、「理論ではなく、とにかく腕の力のつづく限り投げていた」という。

「戦前の熊工にはグラウンドがなかったので練習は毎日放課後二、三キロ離れた水前寺の市のグラウンドまでかけ足で行くこと」になっていたが、「下級生が列から離れると、たちまち監視役の上級生の持つバットがうなり」、「初めの頃、私(川上)も吉原(正喜)もお尻の下のアザの消える暇が」なかったという(105)。

### (3)滝川中

一九一八年に私立兵庫中として開校した滝川中は、同年に野球部が創設されたが、敷地が狭いうえに「校庭に建築資材が散乱」し、一九二〇年までは「満足な練習ができなかった」。大正期の同校は、兵庫県内の「一回戦の壁がどうしても破れないという貧しき戦績に終始した」。しかし春一三回(一九三六)に全国大会初出場を果たすと、以後戦前だけで選抜大会四回、優勝大会一回の出場を果たす強豪となった。[106]のちにプロ野球・南海と巨人でエースとして活躍し、通算三一〇勝をあげる別所昭《べっしょあきら》(のちに毅彦《たけひこ》に改名)は、一九三七年に同校に入学した。その時「入部希望者が約百五十人もいた」ため、「それをふるいにかけるために」「すさまじいテストが行われた」。「第一のテストは、シャツ一枚になってのランニング」で、「十周、二十周になっても「やめろ」の声は掛からな」かった。そして「途中からバタバタ倒れて次々に脱落していった」者から帰らされ、「百五十人が一日で七十人に減った」。三日間にわたって「無制限マラソン」が続けられた結果、入部希望者は四〇人にまで減少した。

次はキャッチボールだった。〔中略〕肩の強い上級性《ママ》が三人並び、五メートルぐらい離れたところに小円を描き、そこに一年生が入る。そこへ上級性《ママ》が助走をつけて力いっぱい順番に投げつける。いきなり硬球でしかも渡されたグラブはあんこなしのペラペラ。捕るのではなく止めるのがやっとの状態である。時間はわずか三分間だが、小円から一歩でも出たらおしまいの厳しさだった。〔中略〕このテストも三日間あり、残ったのはわずか四人しかいなかった。[107]

滝川中では、一〇〇人以上の入部希望者をふるい落とすために、「無制限マラソン」や「キャッチボール」等のテストが行われた。のちにプロ野球の巨人・阪急などで五度の本塁打王を獲得する青田昇も、別所の二年後輩として同校に入学したが、入部直後に同様の経験をした(108)。一九三〇年代後半、多くの入部希望者が殺到するようになっていた滝川中では、入部希望者をテストによってふるい落とすことが通例になっていたようだ。

テストに通って入部が認められても、「最初の一年間はボールをほとんど握らせて」もらうことはできず、上級生の打撃練習中に「一年生は道路に立ってファウルボールを捕らされ」ることが日課であった。投球練習では「ストライクゾーンに入らないと」先輩捕手が「ボールを捕ってくれ」ず、投げたボールを自分で「一生懸命走って取りに行」かなければならなかった。「力を抜いて投げ」ても「捕ってくれない」ため、別所は「半分泣きながら投げた」。別所は、打撃投手も含めて「一日に三百球以上投げ続ける日が約二年間続いた」という。

優勝大会の予選前には「千本ノック」が行われ、「意識がもうろうと」なるまでノックを受け続けた。ノック後に「便所に行くと小便に血がまじって赤く見え」、「顔も〔汗が乾いた〕塩で真っ白になって」いたという(109)。夏休みは「朝の八時から夕方の五時まで、びっしり野球漬け」で、大学に進学したOBが「十五、六人帰ってきて、代わり番こにノックする」など、「練習はさらに熾烈にな」った。「当時の運動生理学では、水を飲むとスタミナがなくなるという考え方」から、練習中の給水は禁止されていたため、「喉が渇いてたまらない」から「監督や先輩の眼をかすめて、その辺の草をむしって、それを口に入れて噛」

み「草の汁でわずかに渇《かわき》を癒」した。(110)

　エース別所と四番青田擁する滝川中は、春一八回(一九四一)二回戦で岐阜商(現・県岐阜商)と対戦した。別所は走塁で相手捕手と接触して左腕を骨折したが、その後もマウンドに立ち続けた。延長一四回に力尽きて敗れたが、痛みをこらえて投げ続けた別所の姿は「泣くな別所、選抜の花」と称えられた。(111)

### 戦前・戦中期における体罰

　優勝大会・選抜大会や東京六大学リーグ戦が整備され、競技レベルが高まっていった一九二〇年代以降に、大学・中等学校の野球部内で体罰が行使されるようになっていった。定期的に大規模な大会・リーグ戦が行われ、それがメディアで報道されることで、学生野球は社会から大きな注目を集めるようになった。実力のある選手は、スカウトされて大学に進学できるようになり、大企業に就職したり、プロ野球選手になったりして多くの収入を得ることも可能となった。試合での勝利を目指して、監督が設置され、監督主導のもとで練習や試合が行われるようになっていった。そうした状況のなかで、監督が選手を指導したり、上級生が下級生に合宿や部の規律を理解させたり維持したりするために、体罰を行使するようになっていったのである。

　部内で体罰が行使されるようになった要因として、監督を頂点にして、レギュラー・上級生、控え・下級生という上下関係が作られていったことも重要である。部員は、野球の実力を基準に序列化され、実力の劣る部員は練習の手伝いや雑用ばかりの日々に甘んじるか、退部するかの選択を迫られた。特に大学では、グラウンドの近くに合宿が整備されたことで、部員は寝食を含む生活のすべてを共にするようになり、日常生活にも上下関係が持ち込まれた。こうした部内の上下関係の固定化と日常化を背景にして、上級生から下級生への体罰が行使されるようになっていったのである。

中等野球の強豪校でも、こうした体罰や上下関係が見られるようになったほか、新入生の選抜や選手の精神面の強化を目的にして、「真剣刃渡り」「無制限マラソン」「キャッチボール」等のしごきも行われるようになっていた。

## 5　戦時下の野球の終焉

一九二〇年代半ばに、甲子園での中等野球大会と東京六大学野球が成立し、その模様が新聞やラジオなどのマスメディアで報じられたことにより、昭和初期は「野球狂時代」と呼ばれるほどに野球人気が沸騰し、野球は日本国内で随一の人気を誇るスポーツとしての地位を確立した。

しかし一九三七年七月、盧溝橋事件をきっかけにして日中戦争がはじまると、日本国内では戦時体制が展開するとともに、アメリカを中心とした欧米諸国との関係が悪化するなかで、野球は「敵性スポーツ」として政府高官や社会から批判を受けたり、大会やリーグ戦の実施に際して、文部省からの介入を受けたりするようになっていった。一九四一年、関東軍の特別大演習によって夏二七回(一九四一)が中止されると、以後、朝日・毎日両新聞社が主催する中等野球大会は、戦後まで中止されることとなった(一九四二年は、文部省・大日本学徒体育振興会主催の全国中等学校体育大会の一部として、野球の全国大会が開催された。「幻の甲子園」とも呼ばれる)。

東京六大学野球も、文部省の指示によって一九三八年秋季からリーグ戦は一試合総当たりに変更され、入場料の値下げや連盟の組織改編も余儀なくさせられた。一九四三年には、文部省から「戦時学徒体育訓練実施要綱」が発令され、学生スポーツのリーグ戦や全国大会は禁止されたため、東京六大学野球連盟は解散、中等野球の全国大会も中止となった。大会やリーグ戦といった目標を失った多くの中等学校・大学の野球部は、次々に解散したり、活動を休止したりした。

その後、大学生選手の多くは、学徒出陣で辛い軍隊生活を経験した。明大野球部員の大下弘は、学徒出陣で姫路三四連隊に入隊し、二等兵となった。入隊後は「馬のかはりに連隊砲を引張る」など「苦しい隊内生活」を送り、「ビンタ、上履《うわばき》にての制裁も度々」行われ、「ヂット歯を喰ひしば」ってそれに耐えた(112)。学徒出陣で出征したなかには、嶋清一《しませいいち》(海草《かいそう》中・明大)や近藤清(岐阜商・早大)など、戦死する部員もいた(113)。

職業野球も日中開戦後に、社会的な批判を浴びるようになっていった。一九四〇年には野球用語が日本語化され、選手は「戦士」、監督は「教士」と改められ、タイガースが「阪神」、イーグルスが「黒鷲《くろわし》」となるなど、チーム名も日本語化された。巨人軍の投手、ビクトル・スタルヒンは白系ロシア人であったが、「須田博」に改名させられた。

職業野球は、「健全娯楽」を掲げて、戦時下でもリーグ戦を行ったが、学生と違って徴兵を猶予されなかったため、選手たちは相次いで軍に召集された。そのため、職業野球は年々チーム数・選手数が減少し、戦前最後となった一九四四年は六チーム九〇人でリーグ戦を行い、一九四五年一月に甲子園での「正月大会」をもって戦時下の活動を終えた。職業野球でも、沢村栄治(巨人)や景浦将《かげうらまさる》(阪神)といったスターを含む多くの選手たちが召集されて戦地に赴き、還らぬ人となった。

# 第四章　戦後野球の拡大と激化・日常化する体罰
## ——学生・社会人・プロへ

## 1　戦後野球の復活と軍隊経験

### 戦後の野球の復活と部活動の制度化

一九四五年八月一五日、天皇の玉音放送によりアジア・太平洋戦争が終結すると、野球関係者は、大会・リーグ戦復活に向けて即座に動き出した。市岡中・早大OBで戦前から中等野球大会の運営に参加していた佐伯達夫は、奈良で玉音放送を聞くと、翌日には朝日新聞社を訪問して、中等野球の復活を訴えた。佐伯はその後も朝日新聞運動部長や文部省体育局長らに精力的に働きかけ、一九四六年一月に中等野球大会の復活を決定、二月には全国中等学校野球連盟(以下、中野連。一九四八年以降は、日本高野連)を設立した。東京六大学も、一九四五年一〇月にOBによる紅白試合、一一月にオール早慶戦を実施し、一九四六年五月には一試合総当たりのリーグ戦を再開した。一九四六年一二月には、中等・大学野球の統括団体として日本学生野球協会(以下、学生野球協会)が設立された(1)。

一方、アメリカを中心とした連合国軍最高司令官総司令部(以下、GHQ)による占領下では、日本の非軍事化や民主化を目的に憲法改正や日本軍の解体等の政策が進められていった。学校教育は複線式から単線式に改められ、一九四七年には六三三四制が施行された。これにより修業年限五年の旧制中等学校は、三年ずつの新制中学校・新制高校に分割された。旧制高校や大学予科は制度上廃止され、その多くが新制大学に改組されたり、その一部に統合されたりした。

敗戦直後の体育・スポーツ政策においては、戦時中に戦技訓練化していた学校体育がスポーツ中心に変更されたり、国家主義・精神主義が強調された武道が禁止されたりした。校友会運動部は、戦時中に学校報国団へと改組され、戦争末期にはスポーツ組織としての活動を事実上休止していたが、戦後、次第に活動が再開されていき、敗戦の翌年には夏二八回(一九四六)をはじめ、各種競技の全国大会が開催された。

GHQは当初、日本社会を民主化する手段のひとつとしてスポーツを位置づけ、大日本体育会・大日本学徒体育振興会や学校報国団等、「体育新体制」でつくられた中央集権的な組織を改組・解体するとともに、スポーツの大衆化によってエリートスポーツを中心に展開してきた日本スポーツ界の民主化も目指した。一九四六年六月に文部省が発した「学校校友会運動部の組織運営に関する件」では、「課外運動としての校友会運動部の適正な組織運営は民主主義的体育振興の原動力」であり、「今後の学校体育振興上極めて重要な意義をもつ」と位置づけられ、教職員と生徒が「共に楽しく運動競技を愛好実施」すること、生徒はスポーツを通じて「自治共同、規律、節制、責任完遂等、社会生活に必要な所得を体験」すること、「校内運動会、競技会等の施設を講じて健全明朗な全校運動の普及を図ること」などが求められた。

一方で、「運動競技会に参加の際は徒に勝敗にこだわること」がないようにすること、「昂奮の余り野卑乱暴の振舞に及ぶことのないやう自粛」すること、「部員の入部を強制したり、部員を機械的に配分するやうなことを避け」ること、「熱中のあまり練習が過度になつて健康を害するやうなことのないやう指導する」ことなどが強調された(2)。

しかし、その後もマスメディア主催の学生スポーツ大会や、対外試合が頻繁に開催されたり、野球を中心とした一部競技に人気が集中したりするようになり、文部省やGHQ民間情報教育局(以下、CIE)体育担当官らは、それを問題視するようになっていった。

一九四八年三月、文部省は、対外試合に関心が集中し「やゝもすれば勝敗にとらわれ、心身の正常な発達を阻害し、限られた施設や用具が特定の選手に独占され、非教育的な動機によつて教育の自主性がそこなわれ、練習や試合のために不当に多額の経費が充てられたりする等教育上望ましくない結果を招来するおそれがある」ことから、小学校の対外試合を禁止し、中学校は対外試合の範囲を「宿泊を要しない程度の小範囲」に、高校は「地方的大会に重点をおき、全国的大会は年一回程度」に限定する「学徒の対外試合について」を発した(3)。

こうした過程を経て、中学校と高校は一九五一年に部活動(クラブ活動)が「特別教育活動」として学習指導要領に記載され、正式に学校の教育課程の中に位置づけられることとなった(4)。現在につながる中学・高校の部活動は、このようにして始まったのである。

戦後の学生スポーツの復活と部活動の制度化は、CIEや文部省の体育担当官たちがスポーツの非軍事化や民主化、大衆化を目指したなかで実現したものであった。多くの生徒がスポーツに参加できるように、対外試合は学校種別に基づいて厳しく制限され、校内競技の充実がうたわれた。対外試合での勝敗にばかり関心が集中することや、部員の入部強制や過度な練習に対する注意喚起もなされていた。しかし、戦後日本のスポーツ界の現実は、壮大な理想を掲げたＣＩＥや文部省の行政官たちの思惑とは大きくかけ離れたかたちで進んでいくことになるのである。

## 明大野球部の復活

一九四三年一一月、明大野球部は送別試合を行って解散した。多くの部員は繰り上げ卒業して学徒出陣で出征し、嶋清一主将をはじめ戦死する野球部員もいた。(5) 戦後の明大野球部は、戦前から「大学に残っている野球部員は一人もいな」いところから再出発した。一九四五年九月、岡田源三郎元監督らが「校舎の掲示板に「野球のできる者は集まれ」というビラ」を張り出し、集まった学生のうちテストに合格した約二〇人が部員となった。(6) このようにして明大野球部は活動を再開したが、その直後から部内では体罰が横行した。

当時の上級生といえば、全員が〝軍隊帰り〟ときているから気が荒い。よくなぐられた。Ｏさんにはよくなぐられたし、ほかにも怖い上級生がいて、毎日のように〝ビンタ〟を張られる。〔中略〕

練習に出るのがいやになり、「今日は商法の試験です」といい、Ｍマネージャーにことわらず、授業に出て、午後から日劇に映画をみにいった。ところが有楽町でＭさんに見つかってしまった。翌日合宿に知らないふりをして行ったら、〔同級生の〕Ｋひとりが犠牲になってなぐられている。「Ｋだけが悪いんじゃない。ぼくらも殴ってください」といったら「この野郎！」とばかりに専門部組がみんな殴られてしまった。

それを下級生が隣の部屋で聞いていた。こっちも頭にきたから、終わってから、聞いていたヤツをグラウンドに引っぱって行って殴ってやった。「なにがおかしいんだ。上級生が殴られているのが」ってね。

戦後に活動を再開した明大野球部で、体罰が横行する要因となったのが「軍隊帰り」の上級生であった。旧日本軍では「ビンタや鉄拳制裁」といった「暴力的制裁や陰湿な初年兵いじめ」が「兵営全体にかなり普遍的に存在」していた(7)。そこで体罰を受けて復員・復学した上級生によって、部内の体罰が戦後にも受け継がれたのであった。

のちにプロ野球・中日でフォークボールを武器に通算二一五勝を挙げた杉下茂は、一九四六年に明大に入学して野球部員となった。杉下は、投球練習や打撃投手で「一日の投球数は一五〇〇球近」くにのぼったが、「打ちやすいボールをほうらないと、練習にならないといって上級生にひっぱたかれ」た(8)。指導にきたOBから「こうやってオレがアウトローに構えてる。俺の顔が見えるか?」と質問され「ハイ。見えます」と答えたら「物もいわずにゲンコツがとんできた」り、試合中に逆球を投げて「合宿に帰ってからゲンコツが飛んで」くることもあった(9)。

のちにプロ野球選手となり、巨人・川上哲治監督のもとでコーチとして活躍した牧野茂も、一九四七年に明大に入学すると「軍隊帰りの上級生」からの体罰を経験した。「一年生の誰かが、煙草を吸っているのを上級生に見つかると、「一年生集合」ということで全員が殴られ」たり、「上級生より早く寝たといって下駄で頭を踏まれた」りした。牧野は、大学時代を「野球の想い出よりビンタの想い出のほうが残っている」と回想している。

一九五二年、島岡吉郎が監督に就任すると、明大野球部内の体罰はさらに激化した。前章でも述べたように、島岡は一九三〇年に明大に入学して応援部団長を務めたが、気性が荒く、喧嘩早いことで知られていた。戦時中は海軍に所属し、香港で特務工作の任務に就いていた。戦後、明治高校野球部監督として夏三二回(一九五〇)などに出場を果たした後、明大野球部の監督に就任した。選手として野球の経験がなく、野球部OBには応援団に「悪感情」があったことから、島岡の監督就任に反対した主将以下一一名が退部、OB会である駿台倶楽部も強硬に反対し、世間をにぎわせる事態となった(10)。

島岡は選手の技術を向上させるため、慶大OBで元阪急の宮武三郎や、早大OBの河合君次・谷口五郎など他校OBを積極的にコーチに招いて指導を請うた。島岡自身も、あさっての方向に打って「嘲笑の的だったノックをうまくなろうと、一人ネットに向かってボールを打ち続けた」。島岡監督のもとで明大野球部は一九五三年秋季に戦後初優勝を果たすと、一九五四年春季も連覇、同年の全日本大学野球選手権でも優勝するなど、輝かしい成績を収めた。

その一方で、島岡就任後、明大野球部内での体罰も激化した。島岡は、ボールを四球続けた「〝ノーコン投手〟をポカリ」と殴り、「右手が〝三振した〟選手のホッペタにと」び、シートノックで落球した捕手には「ノックバットでゴツン」など、日常的に体罰を用いて選手を指導した(11)。試合で負けたため、島岡の指示で「最上級生十二、三人で秋山〔登、のちのプロ野球選手〕以下レギュラーを殴った」り、下級生が球拾い中に「同期と話しているところを、運悪く上級生にみつかり、なぐられ」ることもあった。

合宿でも日常的に体罰が横行した。お日柄が悪いから寮の便所を使うな、という島岡の指示を知らずに用便した部員は、島岡から二七発も殴られた。「古参補欠のたまり場」で喫煙を見つかった新入生は、「合宿の廊下に正座させられ」て、「廊下を歩いている上級生」から「頭をゴツン」と殴られた。「入試のために上京して合宿に行って挨拶」しようとした新入生は、上級生から「いきなり殴られ」るなど、当時の野球部員の中に「〝明大名物〟の鉄拳制裁を食わずに卒業する」者はほとんどいなかったという。もはや技術向上や規律の維持・強化とは無関係に、部内では体罰が日常的に横行するようになったのである。

## 砂押監督時代の立大野球部

戦前の立大野球部は、一九二九年に初代監督が就任したものの、選手との軋轢から翌年辞任し、以後「主将を中心とした合議制」で運営された。しかし「無監督制が立教大学野球部の成績をもう一歩のところに留まらせている」との考えから、「OBあるいは選手の間にも監督を置くことを望む声が高」まり、一九五〇年に野球部OBの砂押邦信《すなおしくにのぶ》が監督に就任した。(12)

砂押は、水戸商から一九四一年に立大に入学して野球部員となった。投手・内野手としてプレーしていたが「学徒兵として出陣」し、戦後立大に復学、一九四七年には主将も務めた。(13) 砂押の監督就任に際して、当時の主将は「われわれはどうなってもいいから砂押さんの思い通りにやってください」と進言」し、それに対して砂押は「まず飯は腹一杯食べさせよう、道具も十分に揃えよう、しかし、とにかく厳しくやるぞ」と応え、一日八時間以上の「想像を絶する猛練習が始ま」った。

のちにプロ野球・巨人の三塁手として活躍し「ミスタージャイアンツ」と呼ばれる長島(のちに長嶋に改名)茂雄は、砂押監督時代の一九五四年に立大に入学して野球部員となった。入学早々から長島は先輩との「マンツーマンのノック」を連日受け続け、「よろめきながら柱にすがって立ちあがり、それから練習にいく」日々を過ごした。日没や雨でボールが見えにくくなると、ボールに石灰を塗ってキャッチボールをしたり、練習が終わってから砂押の自宅に呼ばれて素振りをしたりした(14)。のちに南海でプロ野球選手となり、ロッテ・日本ハムで監督も務めた大沢啓二は、一m以上の積雪となったグラウンドでも練習をした時、「この人〔砂押〕はイカレてんじゃねえのかと思った」という(15)。

砂押は「とにかく、厳しい監督で」「怒ったら、手が出る、足が出るという感じ」だった。ノックで「ショートが捕りそこなうと、監督の隣でボールを手渡しするキャッチャーの頭をノックバットでゴツンとやる(16)」。練習で選手が手を抜いていると判断すると、ノックバットで「どなりつけながらビシッと尻を引っぱた」いた(17)。

砂押監督の就任後、立大野球部では上級生から下級生への体罰も横行した。大沢が下級生の時「外野ノックを受けていて、ちょっとでもいいかげんな追い方を」すると、ノッカーの上級生から「バットで頭を殴りつけ」られた。「ボールが一個なくなっただけでも、下級生全員がボコボコに殴られ」ることもあった(18)。

合宿では、下級生が「掃除はもちろん、便所の掃除から風呂当番まで」担当することが日課で、「練習後もほっとする時間はなかった」。合宿の「二十畳敷きの娯楽室」は、下級生が「先輩たちからビンタつきの説教をくう場所(19)」で、「脱いだスリッパがちょっとでも歪んでいるとか、廊下を雑巾がけしているのがうるさいとか、風呂の湯がぬるいとか、さまざまな難癖がつけられ」て、「一年生は三日に一度は殴られ」た。

「一年生、四号室に集合！」という号令がかかると、われわれ一年生はうんざりでした。正座させられ、まず説教です。正座は最高四時間させられたことがあります。〔中略〕

さんざんお説教を聞かされたあとは、ビンタが飛ぶのです。〔中略〕ビンタで鼓膜が破れた者が同級生でふたりくらいおりました。(20)

砂押の監督就任後、「合宿の生活」は「従来と百八十度」変わり、「野球と云《い》う感覚など微塵《みじん》もなく、軍隊か刑務所へ入ったような雰囲気」になった。「そんな生活に耐えられず辞めていくやつもたくさん」おり、大沢の「同期は六〇名くらいいたが、卒業の時は一一名」になった。(21) のちにプロ野球・南海のエースとして通算一八七勝を挙げる杉浦忠も、「上級生のしごきのすさまじさに押しつぶされそうに」なって、合宿を脱走したこともあった。(22)

砂押監督のもとで立大野球部は力をつけ、一九五一年春季は優勝決定戦にもつれ込み、一九五三年春季には二〇年ぶりの優勝を果たした。しかし、一九五五年春季で五位に沈むと、砂押の指導に対する選手の不満が爆発した。「なにかというと殴る、ける」という「意味のない暴力に対する反発」が「二年生を中心に盛り上が」り、「砂押監督の排斥運動」が起こったのである。

当時、四年生で主将だった大沢のもとに、長島や杉浦ら下級生数人が訪れ「とてもじゃないけど、砂押監督の下ではやっていけません。監督に辞めるように言ってください。それがだめなら下級生全員で退部します」と訴えた。「砂押さんの〝暴力的指導〟は確かに凄まじ」く、選手は「どうして自分が殴られるのかわからない」ことも「たびたびあった」ことから、大沢ら上級生が砂押に話をすると「OBや大学まで巻き込む大騒ぎ」となったが、リーグ戦後に砂押は監督を辞任した(23)。

砂押辞任後も、「上級生のしごきがまったくなくなったわけでは」なく、「下級生が失敗すると、ビンタはすぐに飛んで」くることもあった。しかし、長島・杉浦らが最上級生となった時、主将の本屋敷《もとやしききんご》錦吾(のちに阪急・阪神でプロ野球選手)が中心になって「後輩を絶対に〝手にかけない〟」ことを決めた。その結果「実によいムードを生み、長島、杉浦という超スターを抱えていても、下級生は彼等をよく慕い、彼等もまた下級生のよき先輩」という関係が築かれたという。

## 部員数の急増と部員間の格差の拡大

このように、大学野球部内での体罰は、戦前期から存在していたものの、戦後占領期から高度成長期にかけて急速に激化・拡大していった。それに伴って、部員の体力・技術レベルを超えた過酷なしごきや、下級生の球拾いやグラウンド整備等の雑用も拡大していった。

それでは、なぜこの時期に、体罰・しごき等の暴力や、厳格な上下関係が激化・拡大していったのであろうか。明大野球部の事例から見ていこう。

前述したように、戦後の明大野球部は、戦前期の部員が一人もおらず、一般学生から部員を公募して再出発した。しかし、復員や戦後復興が本格化して部員数が増加してくると、八十川胖《やそがわゆたか》監督は、「公募部員」を「足手まとい」と感じるようになっていたが、「体育費を払っているから、やめさせると学校で問題になる」。そこで、「部員整理」を目的に「五十人からの補欠を外野に置いて、死物狂いでノックバットを振り回した」。「それから三日後、あれだけいた補欠が三分の一に減り、それきり一人も来なくなった」という。[24]「足手まとい」の部員たちが、自分で退部するように仕向けることを目的にして、体力・技術レベルを超えた過度な練習、すなわちしごきを行っていたのである。

部員数が増加して、野球の実力に基づいてレギュラーが決められるようになると、「公募部員」の多くは「井《い》の頭《かしら》線の線路で球ひろいをさせられたり、グラウンド整備など裏方の仕事が主になり、あまり練習させてもらえな」くなっていった。その結果、「補欠に対する監督さんの愛情の持ち方に不満」をもち、「グループを組んで不満をぶつけようと」した部員が、集団で除名されることもあった。

レギュラーや実力のある選手たちは、グラウンド近くの合宿で生活することを許され、試合での勝利を目指して厳しい練習を積み重ねた。レギュラーはつかんだものの「エラーが多かった」ある選手は、「兵隊帰り」の「気の荒い」ＯＢたちから「真夏の個人ノック」で「集中的に鍛えられ」た。個人ノックは「失神するまでしごかれ、バケツの水をぶっかけられて気を取り戻すことがしばしばだった」という。

のちに東急・東映でプロ野球選手となる宮沢澄也は「入学してすぐユニホームをもらい」、試合にも出場したが、練習では「毎日五百から六百球」も投球していた。その結果、「春のリーグ戦の終わりごろに肩を痛め」てしまったが、「投げなければボール拾いに回される」ため、宮沢は「完全に治っていない」ことを知りながら、「よほど痛くならない限りは、痛みをかくして投げ続けた」。宮沢は「一度ユニホームをぬげば、置いてきぼりにされるのが目に見えている。それが怖い」と当時の心境を述べているように、レギュラーの座を死守するため、選手たちはけがや故障を隠しながら、過酷な練習に取り組まなければならなかった。

一方、レギュラーとして合宿に入れない部員たちは、自宅から通うため「通い組」と呼ばれた。「合宿組」は「風呂に入ってから合宿に帰る」が、「通いの人は、風呂には入れてもらえ」ず「暑くても、汗をかいても、合宿の会議室で着替えて帰」った。食料の買い出しや風呂当番もしなければならず、「合宿組」との待遇は「差別」と感じられるほどであった。「レギュラー選手以外は殆ど練習らしい練習はさせて貰え」ず、「通い組」は「和泉球場の裏を走る井の頭線の線路に飛び込むファウルボール拾い」に終始した。球拾いは、「ネット裏十五人、土手の途中に十五人、井の頭線の線路に三十人と配置され」、線路脇から土手、その次にネット裏、と年次を重ねるごとにグラウンドに近づいていった。球拾いを「卒業」すると「こんどはグラウンドの草とり。それを卒業するとグラウンドの水まき。それも卒業すると初めてボールふきかな。それからバットふきになって、グラウンドに立って、バッティングピッチャーにボールを投げてやる仕事へと昇格して」いったという。「通い組」の練習の手伝いも細かく序列化され、年次を重ねるとグラウンドに近づいたり、プレーに関与したりできるようになっていったようだ。

このような状況であったため「中学時代のスターでも」「新人ですぐグラウンドに入って練習できるものはごく僅か」で、ほとんどの部員が「球ひろい、立ちん坊に代表される補欠生活のつらさ」を経験した。夏二九回（一九四七）に県岐阜商で準優勝を経験したある選手も、入学直後は「土手で球ひろい」しかできず、「練習はレギュラーが来る前に少しと、レギュラーが終わった後の一、二時間」しかできなかったという。

「合宿組」でも下級生の間は上級生の練習を手伝ったり、合宿で雑用をしたりしなければならなかった。「練習も終わるころに」なると、下級生部員は「あがれー」と声をかけられて、「合宿に戻ってマキ割り、ふろ焚《た》きと下級生の仕事」をしなければいけなかった。「ふろは上級生から順番に入」り、「石けんで、上級生の体を洗ってあげる」ことも下級生の役割だった。夜になると「上級生たちのあんま」もしなければならず、夜「十一時ごろまで、半分居眠りながら一生懸命もんで「よし、あがれ」といわれて、はじめてふとんに入」り、朝は「六時半か七時」に起床して「朝食の支度」をした。「これの繰り返しが当時の合宿生活だった」という。

### 続出する退部者

部員の中には、レギュラーになることを諦めて、プレーとは別のことに自分の役割を見出す者もいた。九州高等医専から明大に入学したある選手は、米の買い出しに埼玉まで行ったり、遠征時に「選手に持たせるおにぎりの手伝い」をしたりした。上級生になると「満足な練習をさせてもらえない」補欠部員を「なだめたり、すかしたり」、「新人のしごき役」をこなしたりするなど、「まるで牢名主《ろうなぬし》」のような立場になった。

入学早々、のちにプロ野球・大洋で正捕手として活躍する土井淳《どいきよし》を見て、「とても勝てる相手でないことを痛感した」ある捕手は、「フリーバッティングの捕手」や「ブルペンでピッチングを受けることが私の仕事」と覚悟を決め、「とにかく一球でも多く投手の球を受けていい投手が育」つことを「生き甲斐と思って努力した」という。

しかし、試合に出られないままでも部員として活動を続ける者は少数であった。図4-1は、一九四六年から一九六〇年の明大野球部の学年別部員数と部員総数をグラフにしたものである。一九四六年に四八

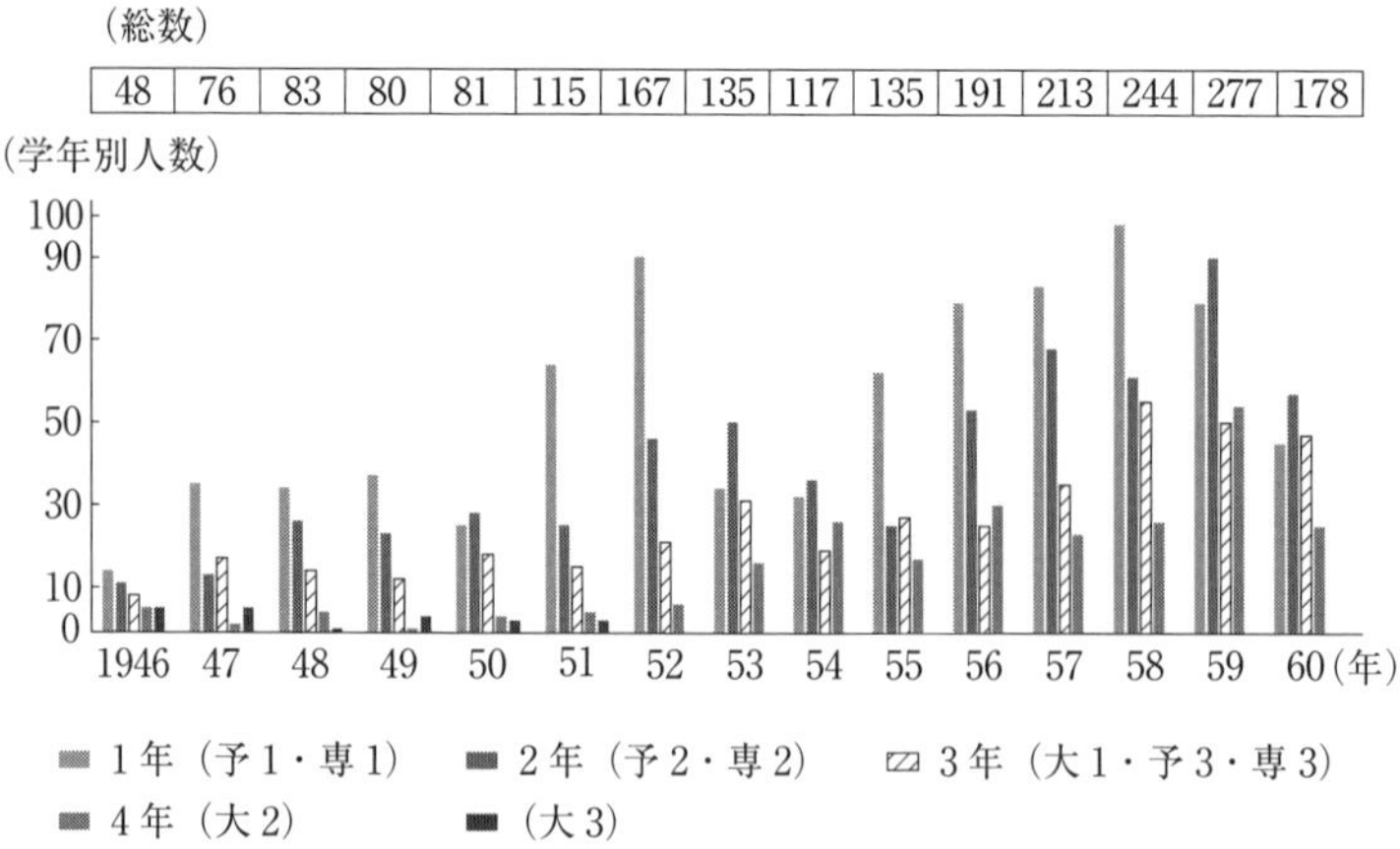


図 4-1　戦後の明大野球部の学年別選手数・選手総数

出典：1946-52 年は，駿台倶楽部・明治大学野球部史編集委員会編(1986)，1953-60 年は東京六大学野球連盟『野球年鑑』各年度，より作成．

注：(　)内は 1948 年入学までの旧制度での学年を示し，予は予科，専は専門部，大は大学本科である．

名だった部員総数は、その後短期間で急増し、一九五一年には一〇〇名を突破、ピークとなった一九五九年には二七七名に達した。一方、学年別部員数を見ると、一九四六年の復活間もない頃より、ほぼすべての期間にわたって一年生(旧制度の予科一年・専門部一年)の選手数が最も多く、学年が上がるにつれて部員数が減少していったことがわかる。例えば、一九四六年には一五名の新入部員がいたが、その学年が最上級生となった一九五〇年には三名しか残っていなかった。同じく一九四七年の新入部員は三六名中三名、一九四八年の新入部員は三五名中五名しか最上級生まで残らなかった。

　入学時に希望を抱いて野球部の門をたたいた多くの新入部員であったが、日常的な体罰、厳しい上下関係、球拾い等の雑用、ライバルとのポジション争いなどで、野球部員として活動することに耐えられなくなったり、試合に出る希望を見出せなくなったりした者から、次々と退部していったことが読みとれる。

こうした状況に追い打ちをかけるように、一九五一年以降はさらに多くの部員が、野球部に入部した。明大は、戦後の学制改革と同時に理系学部と短大・夜間部も備えた総合大学化を推し進め[25]、一九四九年には約五七〇〇人だった学生数が、一九五五年には約三万五〇〇〇人と六倍以上に急増した[26]。しかし、学生数の急増に施設整備が追いつかず、野球部のグラウンドや合宿は戦前のものを引きついでいた。戦後の野球ブームに加え、大学の経営方針に伴う学生数の急増により、明大野球部は、部員全員が練習をしたり、合宿生活を送ったりすることが不可能なほど、多くの部員を抱えることになったのである。

そうした状況のなかでも監督や主将は、チームの勝利を目指して、実力ある選手を選抜して厳しい練習を課して集中的に鍛えていった。一方で、実力がないと判断された部員たちは、球拾いやバッティングピッチャーといった練習の手伝いをはじめ、買い出しや風呂掃除等で、チームとレギュラーのために少しでも役に立つことだけが求められた。

新入部員や「通い組」が、そうした境遇を抜け出すためには、監督や上級生から与えられたわずかなチャンスをつかむしかなかった。新入部員は「入学した当初に、五本二回ぐらいのバッティングチェック」が行われ、そこで「落とされ」ると「通い組」として球拾いや雑用が命じられた。のちにプロ野球・大洋のエースとして通算一九三勝を挙げた秋山登は、入学直後に打撃投手をやるよう指示されたが、初球で打者にデッドボールを当ててしまい、「たった一球でシートバッティングのピッチャーはクビ」になり、「キャンプが終わるまで、ネット裏で球ひろい」となった。

多くの部員を抱える明大野球部では、一人一人の選手に与えられるチャンスはごくわずかしかなく、それをつかむことができなかった部員は、「通い組」の務めを果たしながら次のチャンスを待つか、「合宿組」やレギュラーになることを諦めて退部するかを選択しなければならなかったのである。

## 厳格な上下関係の形成

こうした状況のなか、多くの補欠部員・「通い組」からレギュラーや「合宿組」を選別する監督・上級生の権力は、非常に強固なものとなっていった。それを示すのが、一九五〇年に明大野球部で作られた八か条からなる「部則」である。

一 部員は、長幼の序を守り、上級生部員に対しては敬意を払ひ、下級部員《ママ》を愛するの念を忘る可《べ》からず

一 部員は、飲酒を慎むは勿論、賭博に類する行為をなし、又は風紀を乱すが如き行為ある可からず

一 部員は、故なくして練習不参加を許さず、又監督、主将、その他の上級部員《ママ》の命令に違反することを得ず

一 シーズン中に於《おい》ては、部員各自の単独行動に多くの制限を受け、且《か》つ其《そ》の都度発表せられたる各種の命令に違反することを得ざるは勿論、シーズンオフと云《い》へども多くの制限を設ける事あり〔中略〕

右各条項を遵守し、違反せるときは部長、監督、主将の協議により、譴責《けんせき》、謹慎、退部、除名等の懲戒処分を受けるも異議なきことを誓約す

明大の野球部員は、飲酒や賭博等の「風紀を乱すが如き行為」、「練習不参加」、「監督、主将、その他の上級部員の命令に違反すること」、シーズン中の「単独行動」、「其の都度発表せられたる各種の命令に違反すること」が禁止され、これらに違反したり異議を唱えたりしたと判断されると「譴責、謹慎、退部、除名等の懲戒処分を受ける」こととなった。実際、練習試合に出場していない理由をOBから問われ、「監督さんにフォームを崩しているから使えんといわれました」と「なに気なく答えた」ある選手は、監督を批判したと「誤解」され、「選手としての一切の特権は剝奪され」、シーズン中は打撃投手を務める「謹慎期間」を経験した。島岡監督から三塁へのコンバートを指示され、「どうしても二塁をやらせて下さい」と「食ってかか」った部員は、「春のリーグ戦が終わった時に退部」した。

部則では「上級生部員に対しては敬意を払ひ、下級部員を愛するの念を忘る可からず」ことや、懲戒処分に際して「部長、監督、主将の協議」が明記されてはいた。しかし、これまで見てきたことから判断すれば、部則に明記されたこれらの歯止めはほとんど機能せず、部員は監督から、下級生は上級生から下される命令や指示に従う以外の選択肢はなくなっていたといえよう。

戦後直後から、明大野球部内では選手間での体罰が横行しており、その要因となったのは旧日本軍で体罰を経験した上級生や学生が復員したことであった。しかし、旧軍で行われていたような体罰やしごきがその後も長く部内で再生産されることとなったのは、戦後の復員や野球人気の高まり、大学拡充等を背景とした部員数の増加、高いレベルで行われる対外試合での勝利を目的としたレギュラー中心の活動、実力に基づく厳しいレギュラー争い、補欠部員・「通い組」に対する差別的な待遇、監督や上級生の権威・権限の強化といったことがらを背景に、監督を頂点として、上級生・レギュラー、下級生・「通い組」の順

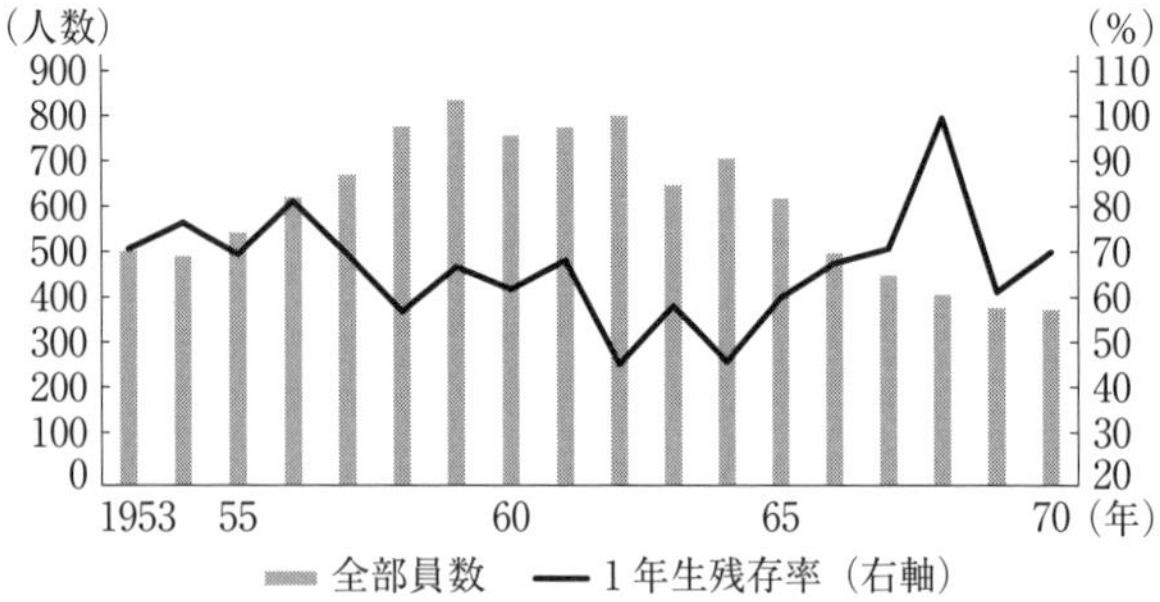


図4-2　戦後の東京六大学全野球部員数と1年生残存率の推移(1953-70年)

出典：前掲『野球年鑑』各年度より作成.
注：「1年生残存率」=(3年後の4年生の部員数)／(1年生の部員数)により算出した.

で構成される厳格な上下関係が成立したからであった。

厳格な上下関係、すなわち、上の者は下の者に様々な指示や命令をすることができ、下の者はそれに逆らうことができない、という関係が成立しているからこそ、上位の者は下位の者に対して安心して体罰やしごきを加えることができたのである。むしろ、ささいな理由で行われる体罰や理不尽なしごきは、指示・命令をする上位の者と、それに従うことしかできない下位の者、という両者の非対称な関係性を日常的に顕在化させて、それを維持・確認する実践そのものでもあった(27)。

こうした野球部内の構造的な変化は、明大に限ったことではなかった。図4-2は、一九五三年から七〇年までの東京六大学野球の全部員数と、その年に入学した一年生部員が四年時に何%残っていたか、という「残存率」を示したものである。一九五三年の六大学の全部員は五一七名で、同年の一年生部員の残存率は七二・一%であった。その後、部員数が増加して一九五九年に八一五名とピークを迎えるが、残存率は徐々に低下し一九六二年には四六・七%となった。とりわけ残存率が低かったのが、明大と法大であった。一九六二年の明大は一年生部員が八八名いたが、そのうち四年時まで残ったのは二三名(二六・一%)であった。同年の法大も、一年生部員七二名が、四年次には二五名(三四・七%)となった。この両校の残存率は特に低かったが、同年は六大学全体でも五〇%を切っており、新入生の半分以上が四年時までに退部していた。

また、このグラフからは部員数と残存率がおおむね逆相関にあることが見てとれる。すなわち、一九五三年から六二年の部員数が増加している時期は残存率が低下する一方で、一九六三年以後に部員数が減少すると、残存率は上昇しているのである。部員数が増加すると、部員一人一人の存在価値は下がり、監督や上級生から体罰やしごきを受けやすくなり、退部する部員も増加する。部員数が減少すると、部員一人一人の存在価値が上がり、指導者や上級生も安易に下級生に体罰やしごきを加えて彼らが退部することがないよう配慮していたことがうかがえる。運動部内の体罰やしごきは、構造的な要因によって急激に部員数が増加し、部員一人一人の存在価値が低下したことで、さらに激しいものとなったのである。

## 2 高校野球と体罰の日常化

### 戦後高校野球部の体罰の実態

大学野球部内で見られたような体罰・しごきは、戦後の旧制中等学校・新制高校野球部でも見られるようになっていった。例えば、戦前に四度の全国大会出場を果たした高松一中(現・高松第一高)でも、敗戦直後から野球部内での体罰が横行した。のちにプロ野球・西鉄ライオンズで五度の本塁打王を獲得した「怪童」中西太《なかにしふとし》は、一九四六年に同校に入学して野球部に入った。すると「野球部は厳しいぞ。血へどが出るぞ」という上級生からの「おどし作戦」や、「ひげ面の上級生が怖い顔をつくり、バットで地面をドスン、ドスンとたたきながらのお説教」などを受けた。中西ら約五〇人の新入生は「震えあが」り、「入部者が半減した」。入部すると水汲みやボール拾い、ボール縫い等「新入生の担当は雑用に終始し」、「練習といえばランニングと柔軟体操」、「キャッチボールとバットの素振りぐらいまで」で、「実戦練習は上級生に限られていた」。

「集中キャッチボール」と称して、扇形に並んだ部員の中央に一人が立ち、その部員に向けて「次々と全力投球を繰り広げる」練習も行われた。「グラブといっても手袋に毛の生えたようなしろもの」で、「一つ間違えば骨折」したり、「血が噴き出る」可能性があったため、「涙ながらで命がけ」の練習だったという。

高松一中野球部では「鉄拳制裁も珍しくな」く、「練習後にボールの数が足りないときは新入生の連帯責任」で「バットの上で正座させられ」たり、他の新入生が失敗すると「連帯責任で殴られた」という。(28)

のちにプロ野球の国鉄・巨人でエースとして活躍し、日本プロ野球史上最多の通算四〇〇勝を達成した金田正一《かねだまさいち》は、一九四八年に享栄商《きょうえい》(現・享栄高)に入学した。「キング・サイズの生意気坊主」であった金田は、「あるときはビンタ、あるときはバットで」「先輩に十二分にしぼられた」。「負けずぎらいも人一倍」だった金田であったが、「バットで思い切り腰骨をどやされたときは〔野球部を〕やめてやるか、と思った」という。享栄商でも、高松一中と同様に「七、八人の先輩のまえに新人が立ち、近い距離からビュンビュン球を投げつける」「けんかボール」という練習が課せられていた。(29)

のちにプロ野球・広島で選手・監督として活躍する古葉竹識《こばたけし》は、一九五一年に済々黌高に入学した。

「一年生は入部すると全員バッティング投手とタマひろいをやらされ」、「いいコースへ投げなければどなられ」、上級生にデッドボールを当てると「いきなり往復ビンタをくらい、そのうえ〝しりバット〟といって、アザができるほどシリをバットでぶんなぐられた」という(30)。

のちにプロ野球・中日で中軸打者として活躍する江藤慎一は、一九五三年に熊本商に入学した。江藤は、「グラウンドの整備、道具の準備、球拾い、球みがき、そして、必死にボールを追った」が、「よく殴られた」。「上級生に、親しげに話しかけられ、つい気をゆるして「ウン」と返事した下級生」は、「誰と話しているつもりだァ」と「われる様な上級生の怒鳴り声」を浴びせられ、下級生全員が「歯ぐきから血の出るほど殴られた(31)」。

のちにプロ野球・巨人で通算八六八本の本塁打を放ち、巨人・ソフトバンクで監督を務めた「世界の王」こと王貞治は、一九五六年に早稲田実業に入学した。同校では連帯責任に基づく体罰が日常的に行われており、一年生の誰かが失敗すると「一年生同士が全員向かいあって並んで、殴り合いをさせられ」た。王は「心の中では、ゴメン、と謝りながらも運身の力をこめて殴」った(32)。

このように、戦後占領期から一九五〇年代にかけて、戦前期から全国大会に出場実績をもつ強豪校では、体罰が一般的になっていた。さらに、部内での体罰は強豪校だけでなく、全国大会出場実績のない学校や新設校でも見られるようになっていった。

のちに西鉄ライオンズのエースとして活躍し、日本シリーズで四連投四連勝を達成して「神様、仏様、稲尾様」と呼ばれた稲尾和久は、一九五三年に別府緑丘高（現・芸術緑丘高）に入学、野球部に入部した。当時、同校は女子生徒が多く、「夏の県大会予選は早々とあっさり敗れ」るような「弱いチーム」であったが、稲尾が「野球部に入部すると、先輩たちからのシゴキが待って」おり、「コラッ、お前ら、たるんどる」など「勝手に理由を作り上げて」「バットの上で」「正座」をさせられた(33)。

のちにプロ野球の阪神・南海・広島などで投手として活躍、日本シリーズ最終戦での「江夏の二一球」でも知られる江夏豊は、一九六四年に大阪学院高に入学した。江夏の入学当時、同校は創設五年目で、「一、二回戦で「出ルト負ケ」を繰り返し」ていたが、野球部内ではすでに体罰が蔓延していた。同校では「尻《ケツ》バン」と呼ばれる「ノックバットで尻を思いっきりひっぱた」く体罰が日常的に行われ、「下級生のころワシらの尻には青痣《あおあざ》赤筋が絶えなく、臀部《でんぶ》はいつもミズブクレに腫《は》れあがっとった」。「毎日のようにビンタや拳骨の雨アラレ」を受けた江夏は「奥歯が一本もな」くなってしまったという。

同校のコーチは、教職員ではなかったため、土日だけ練習を見る「臨時コーチ」で、「「基本に忠実に」以外、細かいことはいわれなかった」。しかし、「ワシらはしょっちゅう殴られたし、またあの人の「尻バン」は悲鳴をあげるほど痛かった」という。試合で「四球を連発」すると、「業を煮やしてマウンドへスッ飛んできた」顧問教員に「しっかりせんか!」と言われて、「ブン殴られ」ることもあった(34)。

強豪校はもとより、弱小校、新設高校でさえも、部内での体罰が日常的に行われるようになっていった理由の一つとして、やはり戦時期に軍隊生活を経験した指導者たちが、戦後復員し、高校野球の指導者に就いていたことが挙げられる。一九八〇年代にプロ野球・阪神の四番として活躍し、「ミスタータイガース」と呼ばれた掛布《かけふ》雅之《まさゆき》の父・掛布泰治《たいじ》は、一九三六年に徴兵されると、以後五度にわたって召集を受け、戦時期の大半を軍隊で過ごした。「新兵の時分は、朝から晩まで殴られ通し。何かといえば、ビンタ、ゲンコの毎日」を過ごした泰治は、戦後に復員して千葉商野球部の監督になると「優勝、甲子園出場という目的のために」「チームの統制を乱したり、いいかげんにやって、全員の志気に響くような生徒には、時にはゲンコをくらわせた」。のちに中学野球部の監督を務めた時には、息子の雅之が「ふてくされた態度をみせて」いたため、「ノックバットをほうり出した私は、三塁へ吹っ飛んでいって、いきなり殴りつけた」という[35]。

一九四二年の「幻の甲子園」で平安中（現・龍谷大平安《りゅうこくだいへいあん》高）の選手として準優勝を経験、その後法大に進学したものの、学徒出陣で軍隊生活を経験した冨《と》樫淳《がしじゅん》は、戦後四年間にわたってプロ野球・大阪タイガースでプレーし、一九五四年に母校の野球部監督に就任した。監督に就任した際、「投手を除いてはこれといった傑出した選手がいない。そこで勝つためには精神力以外にはないと考え」た冨樫は、「ゲンコツなどは当り前」で、練習中に「拳骨かノックバットの角が、とんで来る」こともあり、選手から「一瞬も気を抜けない感じで、ホントにこわかった」と思われていた。「甲子園の宿舎で、夜中上級生とこっそり冷えた西瓜《すいか》を喰《ママ》べたのが監督に見つか」った選手は「板の間で長時間正坐させられた」。「夕食後甲子園周辺だけという約束」を破って、阪神電車で梅田まで出かけたことが見つかった選手たちは、「一人一人が思い切り殴られ、誰もが吹飛んだ」という[36]。大学野球部と同様、高校の野球部でも戦時中に軍隊生活を経験した指導者が、戦後に復員して指導者となり、選手たちに体罰を行使するようになっていったのである。

### 高校の野球部員数の増加

一方で、高校野球部内での体罰の増加も、部員数の増加という構造的な要因を背景としていた。表4-1は、一九五五年から八七年までの高校一校当たりの男子運動部員数の推移を、男子運動部加入率、男子

表4-1　1955年から87年までの高校男子運動部員数の推移

| 年 | 男子運動部加入率(%)(A) | 男子生徒数(B) | 学校数(C) | 1校当たり男子生徒数(B/C) | 1校当たり男子運動部員数(B×A/C) |
|---|---|---|---|---|---|
| 1955 | 41.1 | 1,492,882 | 4,607 | 324.0 | 133.2 |
| 1964 | 44.0 | 2,437,780 | 4,847 | 502.9 | 221.3 |
| 1977 | 44.9 | 2,213,595 | 4,273 | 518.0 | 232.6 |
| 1987 | 48.0 | 2,708,944 | 4,789 | 565.7 | 271.5 |

出典：男子運動部加入率は，中澤篤史『運動部活動の戦後と現在――なぜスポーツは学校教育に結び付けられるのか』青弓社，2014年，98頁．それ以外の項目は「学校基本調査」(e-stat，https://www.e-stat.go.jp/stat-search/files?page=1&toukei=00400001&tstat=000001011528&year=19870%2C19770)より作成．学校数は，(全校数)−(女子のみの学校＋生徒のいない学校)で算出した．

生徒数、学校数より推計したものである。これを見ると、高校男子の運動部加入率は、一九五五年から八七年の間に四一・一%から四八・〇%へと約七ポイント増加した。運動部加入率は緩やかに増えていたことがわかる。しかし、一九五五年に一三三・二人だった一校当たりの男子運動部員数は、一九六四年には二二一・三人と約六六%も増加しているのである。一九七七年には二三二・六人、一九八七年には二七一・五人となり、三二年間で一校当たりの運動部員数は二倍以上に増加しているのである。

戦後直後のベビーブームによる人口増加や、高度経済成長期の高校進学率上昇により、高校進学者数は大きく増加した。一九六〇年代には「一五の春を泣かせない」というスローガンのもとで高校全入運動が拡大し、高校増設が急ピッチで進められた(37)。しかし、高校増設を上回るペースで進学者数が増加したことにより、一校当たりの生徒数や運動部員数は、大きく増加していったのである。

増加した運動部員数は、各学校で、あるいは学校内の運動部で均等に増加したわけではなく、全国大会出場実績のある強豪校や、その時々の人気種目で集中的に増加したものと思われる。前節で見たように、一九四六年に中西太が入学した旧制高松一中では、新入部員を減らすために体罰や上級生の脅しが行われていた。中西が入学した時、野球部には約五〇人の新入部員がいた。

のちにプロ野球・広島で中軸打者として活躍し、二二一五試合連続試合出場の世界記録(当時)を樹立する衣笠祥雄《きぬがささちお》は、一九六二年に平安高(現・龍谷大平安高)に入学した。衣笠の入学時、「野球部員は二〇〇人以上」で、「新入部員だけでも一五〇人」もいた。「一年生は連日、球ひろいばかりで」、「明けても暮れても球ひろい」をし、「暮れて練習が終わると、グランド《マ》整備《マ》」をした。それが終わっても「上級生のスパイクをみがいたり、グローブをみが」いたりといった雑用に追われた。練習の手伝いや雑用ばかりの日常を過ごしていくなかで「日に日に新入部員の数が減」っていき、「一五〇人以上いた一年生の半分以上が夏休み前に退部」したという(38)。

のちにプロ野球・大洋で「カミソリシュート」を武器に活躍した平松政次《ひらまつまさじ》は、一九六三年に岡山東商に入学した。平松らは、「入学式が終わると一年生が全員並べられて」先輩から「ケツバット」を受け、「一〇〇人以上いた新入部員はたった一日で半分辞めた」という(39)。

夏六二回(一九八〇)の優勝投手で、プロ野球・ロッテと中日で中軸打者として活躍した愛甲猛《あいこうたけし》は、一九七八年に横浜高に入学した。一年生の時、愛甲らはグラウンド整備の仕方が悪いと「砂利の上に正座させられ、アップシューズで顔面を何発もひっぱたかれ」、遠征の帰りのバスで「こっくりと船を遭いだだけで説教され殴られ」た。その結果、「一〇〇人いた一年生は」「監督が名前を覚える前に辞めてしまう部員がほとんど」で、「夏前には二〇人ほど」にまで減少したという(40)。

戦後、多くの高校の野球部において、新入部員はランニングや体操等の基礎的な練習しかできず、バッティングをしたり、ノックを受けたりといった練習はほとんどできなかった。こうしたことが全国各地で発生したのは、高校進学者が学校の増設以上のペースで増加し、各校のグラウンドや用具で練習できる限度をはるかに超えた部員数を抱えることになったからであった。当時、中学・高校の教室が「すし詰め学級」になったのと同様に、部活動はスポーツをする適正な人数を超えた定員超過状態に陥っていたのである。

それゆえ、当時の高校生たちは野球部に入部しても「しばらくはボールを握らせてもらえ」ず、「もっぱら体操とランニングに明け暮れる」日々を過ごした。(41) 野球部が使えるグラウンドや用具等が限られたなかで、レギュラー選手たちの実力を向上させ、チームの勝利を目指して効率的に活動するには、実力の劣る新入部員にレギュラーと同等の練習メニューをさせる余裕はほとんどなかったのである。

ランニングをはじめとした基礎練習ばかりの練習を課すことは、新入部員の基礎体力を向上させるだけでなく、練習に耐えられない部員を自発的に辞めさせる手段でもあった。限られた施設や用具、レギュラー中心の活動、非常に多くの入部希望者という各校運動部が直面していた共通の状況があったからこそ、野球をはじめとした日本の学校の部活動で、同様の慣習が拡大していったものと思われる。

## しごき

上級生に実力で劣るだけでなく、適正な人数に減少するまでひたすら基礎練習や雑用に追われる下級生部員は、部内では非常に弱い立場にあった。それを端的に示すのが、高度経済成長期におけるしごきの増加である。

「しごき」は、「きびしく訓練する」「ひどくいじめる」という意味をもつ動詞「扱《しご》く」が名詞化したものである。[42]「訓練する」と「いじめる」の二つの意味をもつことからもわかるように、練習ともいじめとも取れるような慣習が高校・大学の野球部で広まっていった。

のちにプロ野球・南海を経てサンフランシスコ・ジャイアンツと契約し、日本人初の大リーガーとなる村上雅則は、一九六〇年に法政二高に入学した。練習後に下級生が「ユニホームを着替えて、靴をはき、学生服姿になった」後で、「上級生による、その日の反省を含めたお説教」が行われ、「それが終わると、〝ダービー〟と称する、グラウンドを何周もするランニング」が課された。野球部の合宿では、テレビ番組の主題歌に合わせて「食堂のテーブルの上に仰向けになって、足を上下する腹筋運動をやらされる」下級生の姿を目撃した。「〝命令する上級生〟と、〝やらされる下級生〟は、いつもきまっていて、やらされるほうは、ヒィヒィ悲鳴をあげ、命令するほうは、苦しむ下級生を笑ってみていた」という。村上自身は主将から目をかけられていたこともあって、「〝いじめられた〟という印象もないし、だから合宿生活がつらかったという思いもな」かったが、こうしたしごきは「日本全国、どこの野球部でもみられた風景だろう」という認識を示している。[43]

のちにプロ野球の南海・阪神で投手として活躍し、引退後はタレントや参議院議員にもなった江本孟紀《えもとたけのり》は、一九六六年に法大に入学して野球部員となった。江本は、当時の法大野球部の「集合」の様子を次のように記している。

寮でのシゴキが猛烈。天下一品としかいいようがないほど猛烈なのである。〔中略〕
この寮におけるシゴキの代名詞は「集合」である。廊下に黒板があり、その黒板に「一年生九時集合」と書いてあったら、九時からシゴキが始まるということだ。これが、一週間のうち、五日は書いてあった。〔中略〕
まず正座、これが長くて、一時間、二時間とやらされる。その間、ねちねちと精神訓話が続く。例えば「上級生を敬え」「あいさつがなっていない」「掃除をまじめにやれ」「野球部員としての誇りを持て」「練習に身を入れろ」といった類のものだ。

このように法大野球部の合宿では、日常的に上級生から下級生へのしごきが行われていたが、全部員を集めて行われる「全員集合」は、さらに過酷なものであった。

〔「全員集合」は〕年に一度か二度のことだが、これはすごい。
四年が三年を、三年が二年を、二年が一年をと順送りにシゴクのだ。これにかかる時間は優に三、四時間だが、一年がシゴかれる時間が一番長い。〔中略〕
無限とも思えるような長時間の正座。例によって例のごとき説教、殴り、けり、シゴキの粋がここに集結するのである。もう死んでもいいや、とほとんどの一年生は思っただろう。
たとえ年に一、二度とはいえ野球選手になぜこんなシゴキが必要なのだろう。やっぱり僕にはわからない。(44)

上級生が下級生を集団でしごく「集合」は、高校野球の強豪校でも行われた。金村義明は、一九七九年に報徳学園高に入学し、四番エースとして同校を夏六三回(一九八一)優勝に導き、プロ野球の近鉄・中日などでも打者として活躍した。

金村は入学後、「四月から七月までの四ヵ月間」にわたって「ただひたすら、グラウンドの隣を流れる武庫川《むこがわ》の河川敷をランニングさせられ、その合間に腹筋、腕立て、うさぎ跳びといった」「クソおもしろくもなんともないハードな鍛錬」に耐え抜いた。練習後「一年は全員集合っ！」と呼び出され、「二百メートルトラックを全員が三十秒以内で走れるまで何回も走らされたり、二年生を肩車してグラウンドを全力疾走させられたり、さらには、コンクリートの上に一時間正座させられたり、さんざんにシゴかれ」た。

校内では、「先輩の野球部員がやってくると、みんなで気をつけの姿勢をとり、上体を九十度に曲げて、「おはようございます」と大声で唱和」したり、「学内の自販機でジュースを買ってはいけない。パンを買ってはいけない。靴は白の運動靴以外はダメ。先輩と話すときは目を見てはいけない。襟章を見てしゃべれ。先輩に何か言われたときの返事は「はい」「いいえ」「なんですか」の三つだけで、それ以外の言葉を言ってはいけない」などの規則を守らなければならなかった。新入部員の誰か一人でも決まりを破ると「集合」がかけられ、「雨の降らぬ日はあっても、「集合」のない日はな」かったという(45)。

## 給水禁止

練習中に給水禁止の指示が出される野球部もあった。日本で運動中の給水禁止の起源とされているのは、旧制一高出身の内務官僚で、初代大日本体育協会副会長も務めた武田千代三郎である。武田は、一高在学中にボートや陸上競技に親しみ、一九〇四年に出版された『理論実験競技運動』で、陸上競技選手の体重を軽くするため練習中にシャツを着こんで大量に発汗させ、その後も水分摂取を控える「水抜き油抜き」訓練法を提唱した。しかし、武田が提唱した「水抜き油抜き」訓練法は、大正期には「非教育的」「無用否有害」と評されて定着しなかった(46)。

和歌山中の選手として夏一回(一九一五)・夏二回(一九一六)に出場し、一九二五年に東大医学部を卒業して文部省で学校衛生官・体育研究所技師となった小笠原道生《おがさわらみちなり》も、一九三〇年にスポーツ中の給水について、次のように述べている。

> 練習中水を飲むといけないといふので、極力飲まないやうに努める人がある。然《しか》しこれはあまり意味のある事ではない。勿論咽喉《のど》の渇くまゝにあまり大量の水を飲む事はよろしくない。然し甚《はなは》だしい我慢をして水を飲まないといふ事も決して良いことではない。
>
> 夏の炎天下に運動する時は日射病をさけるためにどんどん水を飲むがよい。然しそれには少量づゝを回数多く飲む方がよい(47)。

小笠原は、その後、文部省体育課長・文部省体育局長を歴任し、野球統制令の制定や、体育新体制の構築といった戦前・戦中期の文部省のスポーツ行政を主導した。このような人物が運動中の給水を勧めていたにもかかわらず、野球界では戦前期から給水が制限されていた。例えば一九三九年頃の滝川中では、前章で見たように、夏休みになると「朝の八時から夕方の五時まで、びっしり野球漬け」の「熾烈」な練習が行われていたが、「水を飲むとスタミナがなくなるという考え方」に基づいて、部員は「昼休みに水を一杯だけ」しか飲めなかった。部員は「喉が渇いてたまらない」ため「監督や先輩の眼をかすめて、その辺の草をむしって、それを口に入れて嚙」み、「草の汁でわずかに渇を癒」したという(48)。

戦後になると、この慣習がさらに拡大するとともに、給水禁止を徹底するために監督が体罰を行使することもあった。

夏四〇回(一九五八)で八三個の奪三振記録を樹立して準優勝の立役者となり、のちにプロ野球・中日で活躍し、タレントにもなった板東英二は、一九五六年に徳島商に入学した。同校では「夏の炎天下」でも「練習中は一滴も水が飲めな」かった。そのため野球部員は「朝の練習前と昼休みにガーッと水を飲」み、「練習が終わると部員たちは足洗い場に飛んで行き、蛇口をひねると下に仰向けに寝っ転がって口を開け、ザーザーと流れ落ちる水を飲んだ」。「打撃練習でファウルフライでも飛ぼうものなら、我先にと追いかけていき、監督の目を盗んでは田んぼの水を一口ふく」んだ。田んぼには農薬が散布されていて「ひどい下痢になる」こともあったが、それでも部員たちは田んぼの水を「飲まずにはいられな」かったという。夕立が降ると「部員たちは即座に帽子をとって湯気の出そうな頭に水を浴び」、「雨が止んだ次の日はベンチ横の排水口に溜まった雨水を」なめた。給水禁止の指示は、監督によって徹底され「小さめの水筒をこっそりとポケットに忍ばせた」部員は、「監督に見つかって水筒がひしゃげるまで殴られたうえに退部させられた」(49)。

大阪学院高でも練習中の給水が禁止されており、江夏豊は「ドブ川の水を飲んだこともあった」。「いまから考えれば、汚くてとても飲めんような水」であったが、「ぶっ倒れそうになるまでしごかれ、ノドがカラカラに渇いて全身が水分を渇望したとき、人間はどんな汚水も飲んでしまうということ」を江夏は身をもって知った(50)。

練習中の給水が禁止された野球部員は、喉の渇きに耐えかねて、雨水や田んぼ、ドブなどの不衛生な水を口にすることもあった。しかし、給水すると監督から体罰を加えられたり、退部させられたりすることから、部員は生理的な限界状態まで給水を我慢しながら、練習しなければならなかったのである。

## 丸刈り

「丸刈り」が野球部員を象徴する髪型となるのも戦後のことであった。江戸後期には、庶民も髷《まげ》を結うことが一般的であったが、一八七四年に初めて日本にバリカンが輸入され、その後国産化されると、子どもの髪型は「丸刈り、一分刈りのような短い髪にバリカン刈りすることが普通」になっていった(51)。「頭髪は丸刈りとなすべし」と校則で明文化していた中学校もあったが、戦前期に校則で「髪型を指定するところは少数」だったようだ(52)。

戦前期の中等学校では、男子生徒の髪型として丸刈りが一般的だったこともあって、野球部員の髪型もほとんどが丸刈りであった。

一九〇一年の愛媛県師範学校(図4-3)、一九二四年の高松商(図4-4)、春三回(一九二六)の個人賞受賞選手(図4-5)、一九二九年の第一神港商(図4-6)など、戦前期の中等学校の野球部員はほとんど全員が丸刈りか、それに近い短髪であった。野球部員の丸刈りは戦後も続き、一九五〇年代以降も大会時に撮影された高校野球部員の頭髪を見ると、ほとんど全員が丸刈りであった。

しかし戦後、中高生の髪型は、次第に長髪化していった。一九五〇年代に若者のあいだで流行したのは、石原慎太郎が火付け役となった「慎太郎カット」であった。一九六〇年代に入ると「髪一本の乱れもみせないピカピカのリーゼントやオールバック・スタイル」や、「自然のままに、ソフトに仕上げるアイビーカットが流行」した。液体整髪料やドライヤーが発売され、誰もが日常的に髪型をセットすることも可能となった(53)。若者のあいだで「自然な」髪型が一般化するなかで、中学生・高校生の中には丸刈りを拒否したり、丸刈りを規定した校則を嫌がったりする生徒も現れ、六〇年代末の高校紛争では丸刈り校則の廃止

図 4-3　愛媛県師範学校野球部の部員たち(1901 年)

図 4-4　第 1 回選抜中等学校野球大会で優勝旗を手にする高松商(1924 年 4 月)
出典：毎日新聞社提供.

図4-5　第3回選抜中等学校野球大会の個人賞受賞選手たち(1926年4月)
出典：毎日新聞社提供.

図4-6　第6回選抜中等学校野球大会優勝の第一神港商チームが毎日新聞社を訪問(1929年)
出典：毎日新聞社提供.

が一つの焦点となった。

　学校側は、「非行防止」「規律の徹底」「勉強に集中させる」などを根拠に丸刈り校則の維持を主張したが、一九六〇年代には高校生にとって「耐えがたいもの」となり、多くの高校で丸刈り校則が廃止されていった。(54) 丸刈り校則を嫌がった中学生が他の自治体に越境入学し、アニメ「サザエさん」のカツオくんの髪型が「不自然」かどうか新聞の読者欄で論争も起こった。(55) 戦前期にはバリカンで丸刈りにすることが一般的であったが、戦後、中高生の髪型が次第に「自然な」髪型や長髪化していくなかで、中高生が丸刈りにすることを嫌がったり、丸刈りを「不自然」とする感性も広がったりしていったのである。

　こうしたなかでも、野球部員は丸刈りであり続けたのはなぜだろうか。一九三四年(図4-7)と一九五四年(図4-8)の明大野球部員の髪型がわかる写真を見てみよう。

　髪型に着目して二枚を比較すると、一九三四年の部員は全体として短髪ではあるが、ほとんどの部員が丸刈りではなかった。写真が古くて鮮明ではないため、確証がもてないところもあるが、写っている部員二二名の中で明らかに丸刈りの部員は二名（前列右端、後列右から四人目）しかいない。一方、一九五四年の写真では、写っている部員一五名全員が丸刈りになっている。当時、明大野球部の監督を務めていた島岡吉郎は、野球部員の丸刈りについて次のように語っている。

坊主頭にならないものは（明大野球）部に入れません。だいたい汗をかく競技なんだし坊主頭は衛生的ですよ。ポマードもクシもいらない。それだけ倹約になるから親孝行だ。髪を整える時間も助かるし合

図 4-7　ハワイ遠征時の明治大学野球部の部員たち（1934 年）
出典：駿台倶楽部他（1974）.

図 4-8　春のリーグ戦の優勝を祝う明治大学野球部の部員たち（1954 年）
出典：駿台倶楽部他（1986）.

宿に鏡などそろえる必要もない。見ていてもすがすがしく学生らしい。現在六大学では東大、慶大さん以外は坊主ですよ。〔中略〕
成績が悪いときなど一部OBから敗残兵みたいだからやめさせろという投書がたくさん来る。〔中略〕明大新聞の人から選手に坊主頭を強制するなんてとんでもない。軍国主義の現れだよなんていわれましたよ。〔中略〕
選手の親御さん方からは、きちんとした生活をしていてよろしい、〔中略〕と感謝されている。坊主頭だったら悪いこともできないし、変な所へも出入りできんでしょう。〔中略〕
坊主頭でカッコ悪いと思う選手もいるでしょう。だが私にいわせれば髪をのばそうなんてよけいなことを考えることすら間違いだと思うんです。(56)

島岡は、丸刈りを倹約、時間短縮、「学生らしい」と評価する一方で、一九七〇年代には「敗残兵みたい」「軍国主義的」といった批判的な意見があったことがわかる。丸刈りについては賛否両論があったが、前述したように、島岡は明大野球部内で絶大な権力をもっていたため、丸刈りが入部の条件となっていたのである。

そして、一〇〇名以上もの入部希望者がひしめく明大野球部に入部し、厳しいレギュラー争いに勝ち抜こうとする部員にとっては、丸刈りにするかどうかは重要な問題ではなかったと思われる。そのような部員にとって、髪型を理由に入部を諦めるものが存在することは、それだけレギュラーを争うライバルが減るという意味で、歓迎すべきものでもあったのではないだろうか。

さらに一九五〇年代以降、早大・法大・立大野球部でも部員の丸刈りが採用された。東京六大学で野球部員の丸刈りが主流になっていったことで、これらの大学野球部出身の指導者が高校・中学の野球部員にも丸刈りにすることを求めたり、野球部員＝丸刈りのイメージが定着・拡大し、丸刈りではない生徒は野球部の入部を認めなかったりするような慣習が拡大していったのかもしれない。

野球部をはじめとした日本の運動部では、しごき、給水禁止、丸刈りなど、非科学的な指導や不合理な慣習が強制されるようになったのは、なぜだろうか。アメリカ人文化人類学者デヴィッド・グレーバーは、会社の上司がおしゃべり禁止などのルールを定めたり、小さな作業ミスを指摘したりする「小さなサディズム行為」は、純粋に恣意的な権力関係であることを突きつける手段であり、その行為が無意味であるからこそ「だれがボスなのかを監督者が思い知らせるための屈辱の儀式」として「この儀式が部下を部下たる地位に置く」と指摘している(57)。

グレーバーの指摘は、しごきや給水禁止、丸刈りの強制といった野球部内の慣習にも当てはまる。こうしたルールの強制は、それを通じて多すぎる部員を削減できるだけでなく、そうした権力行使を日常的に繰り返すことで部員たちに「だれがボスなのか」を理解させるものだったのである。それ自身としては無意味な規則、合理的根拠のない指示であっても、むしろ、それが無意味であり、不合理であるからこそ、規則や指示が監督や上級生から発せられ、部員や下級生がそれを守ることを通じて、部内の上下関係が作られ、維持されていったのである。しごきや給水禁止、丸刈りの強制などの慣習は、そのような隠れた目的をもち、その効果が実感されていったからこそ、様々な亜種を生みながら、全国に広がっていったのだと思われる。

## 根性論の隆盛

一九六〇年代以降、日本スポーツ界では根性論が隆盛した。火付け役となったのは、「俺についてこい」「なせばなる」と選手たちに長時間の厳しい練習を課し、「東洋の魔女」を率いて一九六四年東京五輪女子バレーボールで金メダルを獲得した監督、大松博文であった。一九六一年に東京五輪選手強化対策本部のスポーツ科学研究委員会心理部会でも、選手強化の方法として「根性づくり」が提唱され、根性はスポーツ選手の「精神的基調」とされた。

それまで「根性」は、「野次馬根性」「島国根性」など、「その人の根本的な性質」を意味する単語であったが、一九六〇年代以降「苦しみや困難に耐え、ことを成し遂げようとする強い気力、根気」という意味が加わった。新聞等のメディアでも後者の意味で多用されるようになり、スポーツ指導でも一般的に用いられるようになっていった。

野球界でも「根性」という言葉は頻繁に用いられた。一九六〇年秋季リーグ最終戦で早慶両校が同率首位となり、二一年ぶりに早慶による優勝決定戦が行われた。優勝決定戦でも両者譲らず、二試合続けて延長・再試合となった。早大エース・安藤元博は注射を打って優勝決定三回戦に臨み、慶大を三対一で下して勝利の立役者となった。安藤は、リーグ最終戦から優勝決定戦にかけての七日間六試合に及ぶ早慶戦のうち五試合に登板、最後は四試合四〇イニングを一人で投げぬいた。石井連蔵・早大監督は、安藤を「根性のある男」と評し、紙面でも「まさに〝根性の男〟」と見出しがつけられた(58)。

主力をけがで欠いても優勝を勝ち取った選手たちは「根性で勝った」。幼少期に父親と死別し、小学生の時に交通事故で負傷、さらに高校時代に肩を痛めてもそれを克服し、大学野球選手・高校野球監督となった人物は「逆境を根性で克服」と評された(59)。

根性は、野球指導の現場でも頻繁に用いられた。一九六八年に二四歳の若さで横浜高の監督に就任した渡辺元智《わたなべもとのり》は、「なぜ、甲子園に行けないんだ」「あんな若い奴が監督やって、甲子園へ行けるのか」といったOBのプレッシャーをはねのけるため「いわゆる根性野球」で選手を指導した。「殴る、蹴る、練習させるというより、苦痛を与えるという指導法」を採用し、「強い選手を集めて、鍛えて、鍛えて、鍛え抜」いた。毎日のように「千本ノック」を行い、試合に負けると長距離の罰走を課した。「時間厳守、礼儀、集団のルールを徹底させるため」「練習時間に五分」遅刻した主将を「部員の前で殴り飛ば」した。その結果、春四五回(一九七三)で悲願の優勝を果たしたが、それまでに「落伍者が続出し」、「初期の渡辺野球」は卒業生の間でも「真っ二つに意見が割れる」ものであった(60)。

一九六八年に広島市に生まれ、のちにプロ野球の広島・阪神でトリプル・スリーや連続フルイニング出場の世界記録を達成する金本知憲《かねもとともあき》は、小学生時代に「がまんをすると根性がつく」という信念をもつ指導者から野球を教わった。練習中の水分補給は禁止、「全員の手と足、声がそろうまで、いつまでもやらせる」行進、本塁から外野までのうさぎ跳び、「顔をゆがめて、泣きながら腹筋」などの「スパルタ式の練習」に金本は取り組んだ(61)。

「根性」の名のもとに指導者の体罰やしごき、給水禁止や非科学的練習が正当化される一方で、「厳しい練習をきらい、正選手になれそうもないとみると、すぐ退部する」生徒たちは「根性がない」と評された(62)。

スポーツ文化論を専攻する岡部祐介は、こうした現象について、卓越にむけた主体的な意志としての根性論が変質したものととらえている。(63) しかし、「根性」の名のもと、試合での勝利を目指して厳しい練習に選手たちが耐えることと、それに耐えられない選手たちが切り捨てられることは、表裏一体であった。

戦後、部活動の制度化によって参加チーム数が増加して競技レベルが上昇するとともに、部員数も増加してチーム内の競争が激化するなかで、選手たちはライバルとのポジション争いに勝ってレギュラーを獲得したり、試合で勝利したり、大会で優勝するために、さらに過酷な練習を課されることが日常となった。「根性」は、そうしたスポーツ選手たちの過酷な生活を意味づけるものであると同時に、それに耐えられなくなった選手たちを切り捨てる言葉でもあったのである。

## 体育会系就職の定着

戦前期から形成され始めた体育会系就職は、戦後から高度成長期にかけて、日本社会の中に定着していった。表4-2は、一九五七年から六二年の東京六大学各校野球部の卒業生九一一人の進路について、大学別にその人数を示したものである。

これを見ると、この間の卒業生九一一人のうちプロ野球選手になることができたのは、五六人（六・一%）であった。六大学野球は、戦後も国内で最も高い人気と実力を誇っていたが、プロ野球選手になることができたのは、卒業生のわずか六%程度で、その他の大半は企業に就職したり、家業を継いだりしたのである。

企業に就職した六六九人（全体の七三・四%）の卒業生のうち、三九〇人（全体の四二・八%）が東証一部上場企業に就職した。とりわけ、慶大は一四五人中九六人（六六・二%）、東大は六四人中四〇人（六二・五%）と、

表4-2　1957-62年の東京六大学野球部卒業生の進路

| 進路分類 | 慶大 | 早大 | 明大 | 法大 | 立大 | 東大 | 総計(人) |
|---|---|---|---|---|---|---|---|
| 東証一部企業 | 96 | 71 | 62 | 57 | 64 | 40 | 390 |
| 非東証一部企業 | 32 | 48 | 61 | 70 | 53 | 15 | 279 |
| 公務員(教員を除く) | 0 | 0 | 0 | 0 | 0 | 0 | 0 |
| 公社・公団 | 1 | 9 | 3 | 4 | 2 | 0 | 19 |
| 教員・監督・コーチ | 0 | 0 | 8 | 1 | 1 | 0 | 10 |
| 自営業・家業 | 2 | 13 | 5 | 9 | 8 | 0 | 37 |
| 在学・進学・留学 | 3 | 0 | 0 | 1 | 0 | 4 | 8 |
| プロ野球 | 9 | 12 | 9 | 13 | 13 | 0 | 56 |
| 不明 | 2 | 14 | 55 | 27 | 9 | 5 | 112 |
| 総計(人) | 145 | 167 | 203 | 182 | 150 | 64 | 911 |

出典：前掲『野球年鑑』各年度より作成.
注：東証一部企業かどうかについては，東京証券取引所編『上場会社総覧』各年度より判断した．1961年の二部開設前は，全上場企業を一部としてカウントした．

驚異的な割合で日本を代表する大企業に就職した。

非東証一部上場企業に就職した者も、その就職先の多くは知名度の高い大企業であった。表4-3は、一九五七年から六二年の東京六大学の野球部卒業生が、進路として選んだ企業のうち、就職した人数が多い方から一〇社の社名と就職者数を示したものである。これを見ると、上位には日本石油(現・ENEOS)、丸善石油、熊谷組、大昭和製紙など、都市対抗野球で優勝経験のある大企業がずらりと並んでいる。日本通運は、この期間に六大学野球から大量に選手を採用した効果もあってか、一九六四年都市対抗野球で念願の初優勝を飾った。

このように、六大学野球部の卒業生たちの多くは、社会人野球の強豪として知られる大企業に就職していったが、この一〇社のうち大和証券・熊谷組・大昭和製紙の三社は当時、非東証一部企業であった。六大学野球部の卒業生は、非東証一部企業とはいっても、その多くは高い知名度を誇る大企業に就職していたとい

表 4-3　1957-62 年の東京六大学野球部卒業生の就職人数上位企業

| 順位 | 社名 | 人数(人) |
|---|---|---|
| 1 | 日本通運 | 41 |
| 2 | **日本石油(現・ENEOS)** | 32 |
| 3 | 大和証券＊ | 22 |
| 4 | 北海道拓殖銀行 | 18 |
| 4 | 日本鋼管(現・JFE スチール) | 18 |
| 6 | **丸善石油** | 17 |
| 7 | 日産自動車 | 16 |
| 8 | **熊谷組＊** | 14 |
| 8 | **大昭和製紙＊(現・日本製紙)** | 14 |
| 10 | 日本麦酒(現・サッポロビール) | 13 |

出典：前掲『野球年鑑』各年度より作成．太字は，1962 年までに都市対抗で優勝したことのある企業，＊は非東証一部企業．

えよう。

その一方で、この期間に東京六大学野球部の卒業生から教員以外の公務員に就職した者は一人もいなかった。創立当初から国家有為の官吏を育てることを目的としていた東大ですら、一人も公務員にならなかった。東京六大学の野球部は、日本の大企業を支える「企業戦士」の供給源でもあったといえよう。

戦後、東京六大学野球には、高校野球で活躍した選手をはじめ、野球の実力に自信をもった学生が多く集まり、下級生のあいだは球拾いや炊事・洗濯といった下働きや、上級生からの過酷な体罰に耐えて、他の部員との間に繰り広げられる生存競争を勝ち抜かねばならなかった。上級生となっても日常的に過酷な練習が行われ、監督から激しい体罰が行使されることもあった。

そのような過酷な生活に耐えることができず、新入部員の多くは途中で退部することを選択したが、こうした環境のなかで四年間を野球部員として過ごした者は、プロ野球選手となったり、社会人野球の強豪として知られる大企業に就職して野球選手を続けたりした。卒業を機に野球から離れた部員も、その大半が日本を代表する大企業に就職することができたのであった。

## 3　プロ野球と社会人野球

### 社会人野球における体罰・しごき

これまで旧制中等学校・新制高校や、大学野球部内における体罰やしごきを見てきた。それでは、これらの学校を卒業後、給料をもらいながらプレーするようになった人々、すなわち、社会人野球やプロ野球の選手たちがおかれた環境に、体罰やしごきは存在したのであろうか。

一九五六年、日鉄二瀬《にってつふたせ》で社会人野球選手となった江藤慎一は、戦前に名古屋金鯱《なごやきんこ》でプロ野球選手として活躍したのち、中国戦線に従軍して負傷した経験をもつ濃人渉《のうにんわたる》監督の指導を受けた。濃人は選手に「ウサギ飛びを長時間やらせ」たり、「一瞬の休みもなく、六キロググングン走らせ」るといったトレーニングを課した。さらに「バットを振らせ、息を抜こうとしている人間がいたら、そこへつづけさまにノックのボールが飛んでくる」ような「猛烈」な「シゴキ」も行った。日鉄二瀬では「先輩たち」からも「怒声」が飛び、「ぼやぼやしていると」先輩から「ふいに後ろからけとばされる」ような環境で練習が行われた。

一九五七年、都市対抗出場のために遠征した大阪で、江藤は体罰を目撃した。

その夜、宿舎の日鉄豊中寮へ帰って、明日の身仕度をしている時だった。

「バチーン、バチーン」

殴られている。

そう直感した私は、窓から思わず身をのり出して庭先を見た。

濃人さんが、正捕手のSを真っ赤な顔して殴りつけている。すぐ全員集合がかけられた。

「ここに来たのは、都市対抗に勝つために来たんじゃ。どんなつもりで来とるんじゃ。門限に遅れるとは何事か」

濃人さんの怒りは、尋常ではなかった。(64)


一九六九年に法大を卒業して熊谷組で社会人野球選手となった江本孟紀は、熊谷組では「大学や高校と違ってむちゃくちゃなシゴキがない」と述べている。一方で、江本自身が「一度高校出の選手を殴った」こともあった。(65)

社会人野球でも、選手の競技力を向上させるために、監督のもとで厳しい練習が行われ、プレー中に気を抜いていたり、チームの規律を乱したりした選手に対して、監督や先輩から体罰が行使されることがあった。しかし、本書で史料としている自伝執筆者一三八人のうち、社会人野球を経験した選手は三六人いるが、そこで体罰を受けたり行使したりした経験があるのは、江藤、江本と一九八〇年生まれの梵英心《そよぎえいしん》の三名しかいない。社会人野球において、体罰やしごきが皆無だったわけではないが、江本が述べるように、高校や大学野球部に比較して、それらが行使される頻度は少なかったと思われる。

社会人野球の選手たちは、社会人として自立した存在であると認められていたことに加えて、一チームの選手が少なくチーム内の競争が比較的緩やかなこと、突出した実力の選手はプロとなるため社会人野球に居続けることが少ないことなどが、体罰が起こりにくい要因となっていたものと思われる。

## プロ野球における体罰・しごき

日本でプロ野球が誕生したのは一九二〇年、プロ同士のリーグ戦が成立したのは一九三六年であった。プロ野球でも選手の体力や技術を向上させたり、試合での勝利を目指したりして厳しい練習が行われることはあったが、管見の限り、戦前期のプロ野球では体罰やしごきといえる事例は見つけられていない。

初期のプロ野球における厳しい練習の有名な事例として、一九三六年九月に巨人が行った群馬県・茂林《もりん》寺《じ》での合宿が挙げられる。巨人は、一九三四年当時の「日本代表」ともいうべきメンバーを集めて結成され、翌年にはアメリカ遠征も行ったことから、発足直後の職業野球では優勝候補の筆頭とみられていた。

しかし、一九三六年七月に開催された職業野球結成記念大会で二勝五敗と負け越したうえ、選手たちは浮かれた様子で満足に練習しなかった。それに業を煮やした藤本定義監督は、内野手に厳しいノックを課した。特にショートの白石勝巳は「毎日へとへとになるまで」ノックを受け続け、バッティング練習中に「投球を左のこめかみに受けてぶっ倒れ、しばらく人事不詳にな」った。それでも白石は「こうしちゃいられないと、ユニフォームを着てグラウンドへ行って」再び練習に参加した(66)。中島治康や前川八郎らも「次々といけにえ」にされ、茂林寺のグラウンドには「巨人軍選手の血と汗がしたたり落ちた」という。こうした内野手の猛練習に刺激を受け、沢村栄治やスタルヒンら投手陣も自主的に練習に取り組むようになり、九月の秋季公式戦で初代優勝チームとなった(67)。試合に勝つために激しい練習が行われることはあったものの、その意義や目的について選手が理解・納得していたものと思われる。

体罰はなかったが、選手同士の喧嘩が起こることはあった。一九四九年、巨人の別所昭は、青田昇から

「オレのついだビールを飲めんのか」とからまれ、「いやー、酒はダメなんだ。お前さんもだいぶ酔っぱらっているなあ。まあいいじゃないか」と返答したところ、「ビールを頭からかけ」られた。「カーッとなっ」た別所が「バーンと青田を張り倒」すと「青田は階段を転げ落ち」た。翌日、「青田は目の周りにあざをこしらえていた」が、三原修監督には「酔っぱらって柱にぶつかったんですよ」と「ごまかし」たという。(68)

一九四七年から四八年まで中日で選手兼監督を務めた杉浦清も、チーム内で対立する派閥の選手たちが「麻雀を囲んで」いるうちに「態度がよくないとかの問題で口喧嘩となり、先輩に当る一人が相手の投手に一発喰わし」、「麻雀はそっちのけで取組合い」が起こりそうになったため「主将が仲裁に入」ったという。(69)

一九五三年に豊田泰光《とよだやすみつ》は西鉄ライオンズに入団した。豊田は当時の西鉄について「新人イビリのようなこと」や「理不尽なことも」あり、「口は悪かった」が、一方で「完全な実力社会」で「鉄拳制裁」はなく、「野武士集団なんて言われても、その部分だけは紳士的だった」と回想している。(70)草創期から戦後占領期のプロ野球では、厳しい練習や選手同士の喧嘩はあったものの、体罰やしごきといえるようなものはほとんどなかったものと思われる。

しかし、一九五〇年代半ば以降、プロ野球でも体罰が行われるようになっていった。のちに捕手初の三冠王を獲得、南海・ヤクルト・阪神・東北楽天の四球団で監督を務めた野村克也は、一九五四年に練習生として南海ホークスに入団し、若手時代に体罰を経験した。

「間抜け！　ドジ」

「なにをモタモタしとるかア。ここへ来い。気合いを入れたる！」

激しい平手打の音。中には、バットで尻を打たれる者もいて、特有の鈍い音が聞えてくる。もちろん、僕も打たれる者の一人だ。

「このウスノロめ！　味噌汁で顔を洗ってこい！」

動作が鈍いと言っては、紫色に腫れあがるまで顔を殴られたことも一度や二度でない。またバットで尻を打たれると、まるで赤ん坊のそれのように青いアザがひろがる。そんな晩は、天井を向いて寝ることが出来ない。〔中略〕

生活は苦しく、練習はきびしい。おまけに、ちょっとでもヘマをすれば、叱り殴り飛ばされる。僕は、ベンチの片隅で、どれほど泣いたものだろうか。(71)


のちにリーグを代表する強打者、日本球界を代表する名監督として日本プロ野球に偉大な足跡を残した野村であったが、プロ入り直後の時期には、日常的に先輩やコーチからの体罰を経験していたのであった。

一九六八年に巨人に入団し、韓国プロ野球のサムスンで最多勝を獲得するなど、日韓両国のプロ野球で活躍する新浦壽夫《にうらひさお》も、新人時代に先輩から体罰を受けた。当時、巨人はＶ９と呼ばれる黄金時代にあり、新人選手にとっては「先輩たちが偉すぎて、「あそこが痛い、ここが痛い」と率直にいえないチーム」で、新浦が「肘が張ってます」というと「そんなの誰でも張っとるわい」と怒鳴られたうえ、「新人のくせに！」と殴られた。(72)

一九六九年に西鉄ライオンズに入団し通算二五一勝を挙げた東尾修も、若手時代に「めった打ちにあった」試合後に、稲尾和久監督から「こらアッ、お前たちはいったい何を考えておるんッかアッ」と怒鳴られたうえ「続けざまに殴られた」(73)。

大洋ホエールズ時代に俊足巧打の外野手として「スーパーカートリオ」の一員となる加藤博一は、東尾と同じ一九六九年に西鉄に入団した。「合宿では年齢序列というものが確立していて、食事や風呂は年齢の高いものからという順になって」いたため、先輩より先に食事をした加藤は「先輩が食べてもいないのに、お前らが先に食べるとは何事か!」と怒られて「頭をコツンと殴」られたり、「風呂を先輩たちより先に入っているのが見つかると、風呂に頭を突っ込まれて溺れさせられてしま」ったり、先輩を「「さん」づけで呼ばないと、場合によっては殴られ」ることもあった(74)。

## 王・長嶋の体罰

自ら体罰を行使したことを述べている者もいる。一九六八年、王貞治は巨人の後輩投手、堀内恒夫を殴打したが、その理由は、遠征先の宿舎内での堀内の態度が悪く、「嫌なムードがあたりに流れた」ことであった。

堀内が受話器を置いたとたん、〔王は〕その胸倉を摑んで大広間へ引きずり込んだ。〔中略〕いきなり殴った。ものもいわず思い切りぶん殴った。手加減はしなかった。手加減するくらいなら、初めから殴ってはいなかったろう。あとで堀内は、

「一発目で、一メートル以上もふっとんだ」

といったが、私は覚えていない。

何発殴ったかも覚えていない。しかし、運身の力をこめて殴ったことだけは忘れていない。殴るときは、心をこめて殴る。そうでなければ、人を殴るという嫌なことをする意味はない。

気がつくと、堀内は畳の上へ蹲《うずくま》っていた。私はテーブルに腰をおろし、いつのまにか涙の浮んでいる目で堀内を睨《にら》みつけていた。しばらくして私はいった。

「なぜ俺が殴ったか、お前にはわかるか」

なぜ私が殴るなどという行動に出たか。目覚めて欲しい、という私の気持ちを伝えたかったからこそ、私は思い切りぶん殴ったのだ。その意味を、私は堀内にわかってもらいたかった。

堀内の頬は赤くはれ上がっていた。

王は、高校時代に先輩から指示されて同級生同士で殴り合う経験をしていたが、「プロの世界では殴るなどということは滅多に起こらない」し、「私自身も人を殴るようなことが起こるとは考えてみたこともなかった」。しかし、王は堀内の態度を改めさせるために体罰を行使したのであった。王が「プロ野球に入って人を殴ったのは、後にも先にもこのときだけ」だったという(75)。

一九六九年にロッテの二軍コーチに就任した大沢啓二は、選手の指導に際して体罰を用いた。カウント三—〇で「待て」のサインを出したにもかかわらず、打者が「サインを無視して次の球を打ちやがった」ため、「カーッと頭にき」た大沢は「打席のTのとこまで行って、ぶん殴っ」たという(76)。

一九七九年八月一日、七対一でリードしながら、七回に三死球の大乱調に陥った巨人の西本聖《にしもとたかし》と、九回裏に登板し暴投で同点に追いつかれた角三男《すみみつお》(のちに盈男と改称)は、試合後、宿舎に戻ってから長嶋茂雄監督の部屋に呼び出された。

角も僕も怒られることはわかっていたので、ふたりで畳の上に正座して監督が風呂から上がってくるのを待った。

冷房は効いているのだが、額から汗が流れ落ちてくる。緊張でえらく口が乾いた。日頃陽気な角も、何度もため息をつきながら顔を強張らせている。

ザーッ、と監督が湯舟から出る音がした。そして一分もしないうちに風呂のドアが開いた。監督は僕たちに気づくと、腰にバスタオルを巻いただけの姿で近づいてきた。

すさまじい形相で僕を睨みつけている。

「おまえらは!」

いきなり強烈なビンタが飛んできた。

一瞬、耳がキーンとして頭のなかがまっ白になった。体のバランスを失いそうになったが、腹筋に力を入れて踏ん張っていると二発目が飛んできた。続いて角にもバシッ、バシッとビンタが飛んだ。

「おまえらは、命まで取られるわけじゃないだろう！　ビビッて投げやがって！」

そう叫ぶと監督はまた僕の顔を平手でたて続けに殴った。

「根性のないピッチングしやがって！」

「逃げるなって言ってんだろ！」

殴りながら監督は怒りの言葉を僕の頭の上に浴びせた。

次の角にも、

「向かって行くんだ、なんでビビるんだよ！」

と叫んで何発もビンタを喰らわせた。

バシッ、バシッ、バシッ。

今度はまた僕にもビンタの雨。

僕は頭がもうろうとしていたが、二〇発までは数えていた。しかし監督の怒りはそれをはるかに通り越していた。

殴りながら監督は、

「命まで取られるわけじゃないんだ。なんでビビるんだっ。キンタマ付けてんだろ！」

と何度も繰り返した。〔中略〕

五〇発殴られたのか一〇〇発殴られたのかよくわからない。とにかくたくさんビンタを喰った。(77)


一九七四年に現役を引退し、その直後に監督に就任した長嶋は、監督最初のシーズンで巨人史上初の最下位を経験した。七六・七七年シーズンは、張本勲《はりもといさお》ら主力打者を補強してリーグ優勝したものの、七八年は二位、そして七九年はこの試合時点で五位と低迷していた。監督として追い込まれていたからであろうか、長嶋はふがいないピッチングをした若手投手二名に数十発ものビンタを浴びせたのであった。のちに長嶋はこのことについて「彼らが若くて、これから素晴らしい選手になる可能性があるからこそ手を上げた。どうでもいい選手なら頭をなでておしまいだ。特にあの場合、口より手のほうが効果があるとみた」と述べている。(78) 二人が有望な選手であること、「手のほうが効果がある」などを理由にして、長嶋は監督として選手に体罰を行使することを正当化したのであった。

長嶋は、他の選手の指導でも体罰を用いた。一九七八年に巨人に入団し、正捕手として活躍した山倉和博は、「長嶋監督の思い出を改めて追いかけると、真っ先にゲンコツが浮かんでくる」と述べている。当時の巨人には、長嶋から「ゲンコツをくらわなかった選手はいないと思」えるほどであったが、「その中でも一番なぐられたのは私〔山倉〕」であったという。(79)

## 星野監督時代の中日の体罰

プロ野球界で体罰の行使を公言していた人物として、中日で投手として活躍し、中日・阪神・東北楽天、さらには二〇〇八年北京五輪で日本代表の監督も務めた星野《ほしの》仙一《せんいち》を欠かすことはできない。

一九四七年に岡山県に生まれた星野は、「スポーツのなかでも、野球が一番好きで、中学高校と、一直線に打ち込」み、倉敷商に入学する頃には「生意気なところが出てきて、監督に口答えをして殴られることもあった」という。一九六五年、星野は明大に進学し、島岡吉郎監督に認められて「一年生のときからレギュラーとしてユニフォームを着ることができた」。しかし、ユニフォームを着られない上級生からのいじめも経験し、「あまりの理不尽さに、もう辞めて田舎に帰ろう、と何度も思った」という。(80)

当時の明大野球部では、「夏は朝四時半、冬は五時半」に練習が始まり、「まず、裸足でグラウンド二十周。それから相撲の蹲踞《そんきょ》の姿勢でグラウンドの草取り、小石取りに一時間」、時には「一晩に千球の投げ込みを命じられたこともあった」という。「紅白戦、練習試合といえども、常に必死、命がけ」で「骨の髄から絞り出すような気迫が表に出ていなければ、怒声、罵声、鉄拳が飛」び、「最初の一年で、八割くらいの新入部員」が退部した。島岡は、「補欠選手より、レギュラーの選手に厳しく、下級生よりも上級生に厳しかった」。「四年生でキャプテンだった」星野が四回KOで大敗すると、試合後「雨の降る夜中」に「パンツ一丁になって来い」と島岡から呼び出され、「これから一緒に、グラウンドの神様に謝るんだ」と言われて、「パンツ一丁」の島岡とともに「ぬかるんだグラウンドにひざまずいて、頭を地面にしっかりとつけて、「神様、申し訳ありません」と」「二時間にも及ぶ禊《みそぎ》」を行ったという(81)。

こうした経験をもつ星野が、一九八六年のシーズン終了後に中日の監督に就任すると、体罰を用いて選手を指導した。一九八四年に日大藤沢高から中日に入団し投手として実働二九年通算二一九勝を挙げた山本昌《やまもとまさ》は、「星野監督には、とにかく怒られた記憶しかな」く、「毎日のように怒られ続け」、「怒鳴られては殴られ、怒鳴られては蹴られ。翌日には、殴られてから怒鳴られる」ような日々を過ごした(82)。台湾出身で一九八八年に名古屋商大から中日に入団、一九九四年に本塁打・打点の二冠王を獲得した大豊泰昭《たいほうやすあき》も、星野から「よく蹴飛ばされたり、殴られたりした」という(83)。

星野自身、「自分の娘」も選手も殴っていたことを公言し、一番殴った相手として「立浪〔和義〕と中村武志の二人」を挙げていた。特に捕手の中村は「備忘録として「注意ノート」を作るのが球界の常識だが、中村はそれをつけていな」かったり、「バットを持ってこい」という星野の指示に対して、他の選手のバットを持って行ったりして「鉄拳を数百発もお見舞い」された。星野は「反省や向上心に点火させるには、時には殴ることも必要」という考えを著書で述べている(84)。

星野監督の時代の中日では、コーチによる体罰も行われた。一九八六年に愛工大名電高から中日に入団し、一九九六年に本塁打王、二〇〇七年に東北楽天で本塁打・打点の二冠王を獲得した山﨑武司は「星野仙一政権では欠かせない名参謀で」「四度のリーグ優勝を陰で支えた」島野育夫コーチから「試合中に簡単なミスなどをするとどやされた」り、「首根っこを摑まれて殴られ」た。島野は「指導者としての権力を振りかざすことなく」、「選手目線で指導してくださった稀有な存在」で、「バランス感覚に優れている方」でもあったが、選手への指導に際して体罰を行使したのであった(85)。

星野は一九八七年から九一年、一九九六年から二〇〇一年と、二期一一年にわたって中日の監督を務めた。その影響からか、星野が監督をやめた後でも、中日には体罰を容認する風潮が残った。二〇〇四年から一一年にかけて中日の監督を務め、四度のリーグ優勝に導いた落合博満は、就任直後に選手・スタッフ全員に対して「何があっても、暴力をふるった時点でユニホームを脱がせるからな」と厳しい姿勢を打ち出したものの、体罰や暴力が一掃されるまでに五年もの時間を要したという(86)。体罰を必要と考える監督のもとでは、コーチも体罰を行使するようになることに加え、その監督がチームを離れた後も体罰を容認する慣習が長く続くことが見てとれる。

## 二軍の創設・統一契約書

それではなぜ、一九五〇年代半ば以降にプロ野球でも体罰が発生するようになったのであろうか。一つ目の要因として考えられるのは、学生野球と同様に、プロ野球でも選手数が増加したことである。

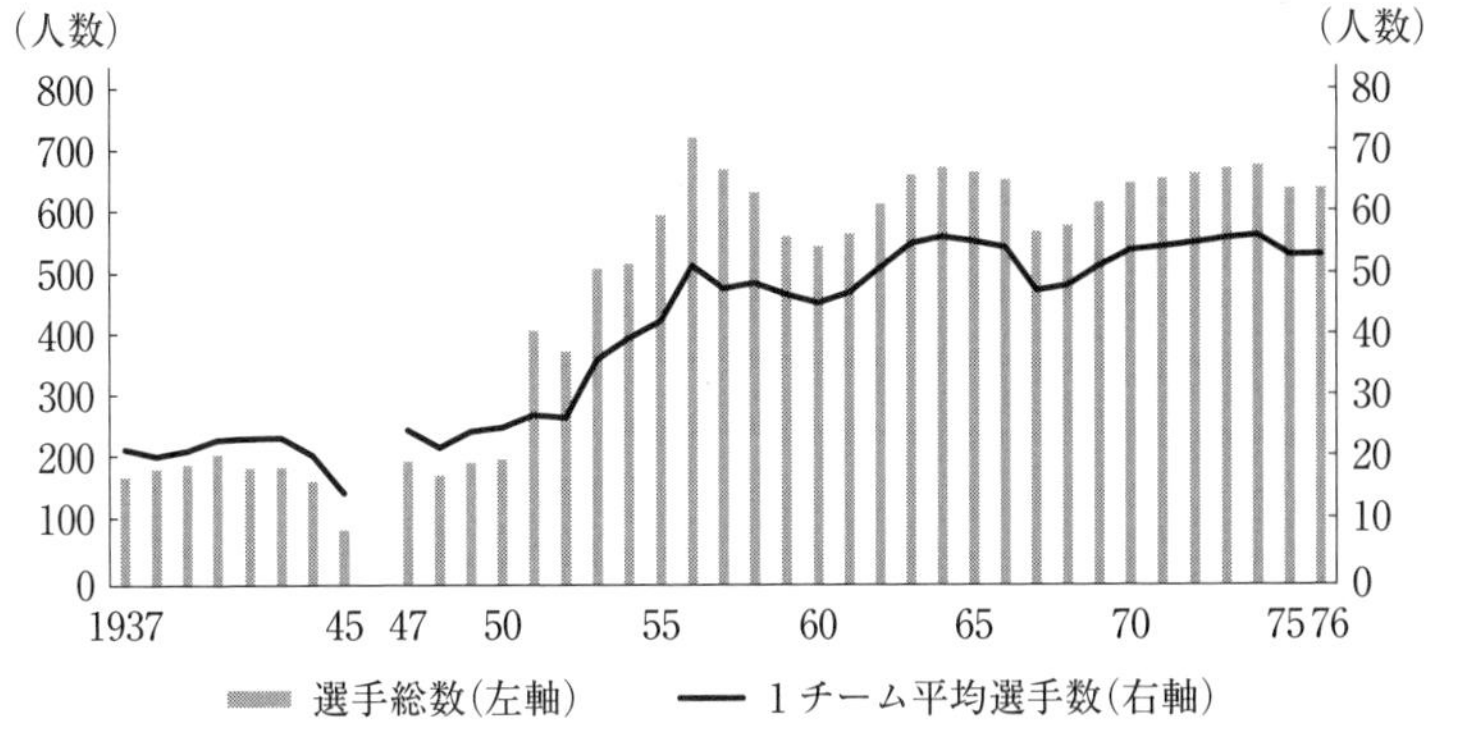


図4-9　1937年から75年までのプロ野球選手の総数と1チーム当たり選手数の推移

出典：ベースボール・マガジン社編『日本プロ野球40年史』1976年より作成.
注：選手数には，練習生も含む.

図4‐9は、職業野球連盟結成直後の一九三七年から七五年までのプロ野球選手の総数、および一チームの平均選手数の推移を表したものである。これを見ると、一九三七年の一チームの平均選手数は二二・一人で、戦前・戦中期は二〇人前後を推移していたことがわかる。敗戦直前の一九四四年には、軍隊に召集される選手が相次ぎ、プロ野球選手総数は九〇人（一チーム平均一五人）にまで減少した。初期のプロ野球は、チーム内にレギュラーと控え選手が各ポジションに一名程度しかいない小規模なものだったのである。

一九四六年に八チーム二〇二人（一チーム平均二五・三人）で再始動したプロ野球は、その後、選手数を増加させていった。一九五〇年には一五チームとなってセントラル・リーグ（以下、セ・リーグ）とパシフィック・リーグ（以下、パ・リーグ）の二リーグ制が成立すると、選手総数は四一五人（一チーム平均二七・七人）となった。一九五二年には平均選手数が三〇人を突破、翌五三年には四〇人、五五年には五〇人を超えるなど、戦後の一〇年間でチームが保有する選手数は二倍以上に増加した。

プロ野球チームが多くの選手を抱えられるようになった背景には、占領期の野球ブームがある。戦前期の平均観客動員数は一試合約一〇〇〇人しかおらず、職業野球は人気の面で六大学野球に遠く及ばなかった。しかし、戦後の野球ブームによってプロ野球は観客動員数を大きく伸ばし、一九四六年には一試合平均三七一四人、年間総入場者数一五六万人に達した。一九四九年には一試合平均八四五六人、年間総入場者数は四六〇万人にまで増加した。(87) 人気の高まりと観客数の増加を受けて、一九四七年には四チームからなる国民リーグが創設され、東京セネタースやゴールドスターなどの新チームも誕生した。多額の入場料収入を得たことで、各チームは多くの選手を抱えられるようになったのである。

こうしたなかで、実力に劣る若手選手の養成を目的に、二軍が創設された。一九四八年、一年限りで解散した国民リーグから多くの選手を獲得した金星スターズと、東急と大映の合併で生まれた急映フライヤーズには、それぞれ約四〇人の選手が所属していた。しかし、リーグ戦に出場できるのは二五人に限られていたため、両チームは試合に出場できない多数の選手を抱えることになったのである。これを受けて、日本野球連盟は一球団二〇名までの準登録選手を認めるとともに、準登録選手たちで「二軍」を編成することを公認した。

日本初のプロ野球二軍戦は、一九四八年七月三日、急映の二軍「チック・フライヤーズ」と金星の二軍「リトルスターズ」の間で行われた。翌年には巨人・阪急・大洋も二軍を創設し、二軍トーナメントも開催された。一九五二年には、大阪・南海・阪急・松竹・西鉄・名古屋の六チームに一軍チームのない独立二軍の山陽クラウンズを加えた七チームで二軍リーグ戦(関西ファームリーグ)が創設されるなど、二軍の活

動が本格化していった。(88)

野球人気の高まりとそれに伴うプロ野球チーム数の増加により、プロ野球でセ・リーグとパ・リーグの二リーグ制が成立すると、チーム間で熾烈な選手の引き抜きが行われた。戦後、プロ野球選手の引き抜きの嚆矢《こうし》となったのは、一九四八年一二月に巨人が南海のエース・別所昭を引き抜いた「別所引き抜き事件」であった。一九四九年三月、連盟の裁定により、別所の巨人入団と二か月間の出場停止、および巨人に一〇万円の罰金が科せられた。(89) 一九四九年一二月には、翌年からの新規参入球団毎日オリオンズが、阪神から監督の若林忠志と別当薫《べっとうかおる》ら主力三選手を引き抜いた。

一九五二年、相次ぐ選手の引き抜きを受けて、前年に発効した「日本プロフェッショナル野球協約」に選手保留制度が追加された。これにより、プロ野球団は選手の保留権を持ち、「球団がその選手を必要とする限り恒久的に契約を更新し束縛」することが可能となった。選手は、全球団共通の統一契約書に署名・捺印しなければプロ野球選手になることはできなくなり、「保留期間を通じて、他の球団との選手契約の交渉、他の球団のための試合・合同練習、その他の野球活動はすべて禁止され」た。(90) 統一契約書により、球団間の選手引き抜きや、球団の承諾なく選手が移籍することは不可能となった。

管見の限りでプロ野球選手として最初に体罰を受けた野村克也が南海に入団したのは、二軍リーグが創設され選手保留制度が成立した二年後の一九五四年であった。一九五〇年代初頭に、プロ野球でも実力に基づいて選手が階層化されるとともに、保留制度によって移籍の自由が制限されるなかで、実力の劣る若手選手たちは、監督やコーチから体罰を受けたり、罵声を浴びせられたりするようになっていったのである。(91)

さらに、一九五〇年代から六〇年代には、高校や大学の野球部で体罰やしごきを受けた経験をもつ選手がプロ入りしていった。スポーツ心理学の研究では、体罰を受けた経験をもつ選手のほうが、その経験のない選手よりも体罰を用いたスポーツ指導の効果を容認したり、自分が指導者になった時に体罰を行使することを是認したりする傾向があることが示されている(92)。

これまで見てきたように、稲尾や大沢、王、長嶋らは、高校・大学時代に選手として体罰を受けた経験をもつが、そうした選手たちがプロ野球で活躍してスター選手となったり、引退後に指導者となったりしていくなかで、若手選手の指導に際して体罰を行使するようになっていった。体罰をはじめとした辛い経験に耐えて実績を残した選手たちが、先輩や指導者になった時、後輩や選手に対して体罰を行使するようになっていったのである。学生時代・若手時代に体罰を受けた選手たちによる体罰の再生産が、プロ野球までをも覆うようになったのである。

## 4　野球以外の種目における体罰の発生と拡大

体罰を用いた指導は、もちろん野球だけに限られたものではなかった。ここで野球以外の種目における体罰が、いつ、どのように発生することになったのかについても見ていこう。本節では早大の庭球部(テニス部)(93)、水泳部、競走部(陸上部)、ア式蹴球部(サッカー部)の活動の様子とそこでの体罰を概観していく。

### 早大運動部の創設

一八九五年四月、早大の前身である東京専門学校の寄宿生たちによって、「体育を盛んにして徳義の実践励行を重視するという主旨で」早稲田倶楽部が創設され、撃剣・相撲・野球・庭球の四種目の競技が行われるようになった。その後、撃剣部（一八九七年）、相撲部（一九一七年）、野球部（一九〇一年）、庭球部（一九〇二年）として創部された。一九〇五年には、逗子《ずし》海岸での遠泳をきっかけに水泳部が成立、一九一四年には競走部、一九二四年にはア式蹴球部が結成され活動を開始した。

庭球部の活動が本格化したのは一九〇三年であったが、初代庭球部長は野球部と同じ安部磯雄で、野球部員の橋戸信や押川清が「野球のユニフォームでノコノコと現れ」ることもあったという。その後、東京高師、東京高商、慶大等と切磋琢磨するなかで力をつけていき、一九二二年に創設された全日本庭球選手権大会男子シングルスの初代王者となった福田雅之助をはじめ多くの日本選手権優勝者を輩出したが、練習も厳しくなっていった。

当時の庭球部にとっては九月の早慶戦が最も重要な試合だったため、「夏休みは八月十日から夏季練習」が行われ、「練習が済んで井戸の水が無くなるまで、水を撒くと〔夜〕八時過ぎになった。朝九時から練習を始めるので、われわれの生活は殆どコートの上で行われ、夏季練習は雨降り以外は一日の休日もなく、早慶戦の日まで続いた」という。

庭球部には「多数の中学の有望選手が入って」きたが、「病気で挫折する者多数、また部則を犯して除名になる者、毎日の猛練習に耐えかねる者、またローラ《ママ》とライン引きで練習が出来ずに退く者が続出」し、「昭和元年〔一九二六年〕に庭球部へ入部した総数は約百名位」であったが、翌「昭和二年の新学期に残ったのは」わずか三名であった(94)。

ア式蹴球部は、野球部や庭球部からは二〇年ほど遅れた一九二四年に創設された。しかし一九二八年にはOBで構成されたWMWクラブが天皇杯で優勝、一九三八年にはア式蹴球部も天皇杯で優勝した。一九三四年の極東大会と一九三六年のベルリン五輪にはそれぞれ七名の部員が日本代表選手として選ばれるなど、日本を代表する強豪へと急速に成長していった。一九三六年ベルリン五輪に出場した加茂健《かもたけし》は、出身地の浜松から上京したばかりの時のことを、次のように回想している。

> 昭和七年〔一九三二年〕四月、早稲田第一高等学院に入学した私に、ア式蹴球部へ入らないかと誘ってくれたのは堀江忠男先輩であった。〔中略〕最初に驚いたことは部員の多いこと、ボールの数が多いことであった。部員の人数は六〇人位だったと記憶しているが、井出主将、工藤マネジャーの練習に対する苛烈さには全く驚いた。

同じくベルリン五輪に出場した弟の加茂正五《かもしょうご》も「入部当時のア式蹴球部の印象は、第一に工藤監督及び先輩諸公の厳格なスパルタ式訓練、練習量にあ」ったが、「先輩、後輩、また同僚間におけるいわゆる「グッドコミュニケーション」が存在し、若い者をして烈《はげ》しい訓練、過大な練習量にもかかわらず、よしやってやろうという反発精神、「やる気」を皆が持つふん《マ》囲《マ》気が東伏見グラウンドにみなぎっていた」という[95]。

一九二〇年代以降、早大運動部は日本を代表する強豪として、厳しい練習が日常的に行われることで競技力を高めていったが、庭球部のように大半の部員が一年以内に退部する状況も生まれていた。一方で、スポーツ施設の整備が不十分で、年間を通じて専門の練習を行うことが難しく、オフシーズンには他の競技を行ったり、監督やコーチといった指導者がおらず、選手たちの自主的な練習が活動の中心となったりしていた競技もあった。

例えば水泳部は、一九二八年アムステルダム五輪で銀（男子八〇〇mリレー）・銅（男子一〇〇m自由形）二つのメダルを獲得した高石勝男や、一九三二年ロサンゼルス五輪・一九三六年ベルリン五輪で二大会連続メダリストとなった牧野正蔵（一九三二年男子一五〇〇m自由形銀メダル、一九三六年四〇〇m自由形銅メダル）ら、日本を代表するトップスイマーを輩出する強豪であった。

ただ、当時は温水プールがなかったため、冬季練習は「陸上運動、特にラグビーを主」としており、水泳の「練習は四月の新学年早々から始まる」が「四月中は練習というよりも水に入るのが仕事で」「五月からが本格的な練習入りだが、特定のコーチがいるわけでなく、自主練習に徹して」おり、「本当の水泳の時期といふものは、一年の内三ヶ月位なもの」であった。[96]

競走部も、一九二八年アムステルダム大会で日本人初の五輪金メダリストとなった織田幹雄（三段跳）、一九三六年ベルリン大会銀メダリスト西田修平（棒高跳）らを輩出していた。しかし、織田の学生時代は「練習計画はすべて自分できめ、自主的に取り組まなければならら」ず、「トレーニングといっても当時はいま（一九七七年）とちがい、科学的にウェート・トレーニングをやるということはな」く、「遊びみたいにバスケットボールやラグビーをしては、その合間にそれぞれの種目練習をしていた」という。[97]

## 競技レベルの上昇と体罰・しごきの発生

しかし、これらの部でも競技レベルの上昇やスポーツに対する社会的な関心の高まりのなかで、次第に練習が激化していった。一九三八年の早慶戦で慶大水泳部に初黒星を喫した早大水泳部は、敗戦直後に「緊急臨時総会」が開催され、「現役は丸坊主、OB大集合で」「先輩から一人ずつ懇々と「叱声」」を受けて「大反省」し、「早稲田復活の「カギ」は猛練習あるのみ」として、「通常練習量に加え、全員百メートルのベストから五秒落ちの制限タイムで一分休みのインターバル十五本、オーバータイムは一回増しのペナルティーという地獄のハードトレーニング」を行ったという。

一九五八年に水泳部監督に就任した小柳清は「一、やる気のある選手のみ、オレについてこい。一、克己心のない選手は去れ。一、弱い選手、努力しない選手は、他の選手の妨げになるので去れ」という方針を示し、日常的に厳しい練習を課すだけでなく、実力や練習量が十分ではない選手に退部を求めた。

小柳の指導を受けて、一九五六年メルボルン大会と一九六〇年ローマ大会で計四つの五輪メダルを獲得した山中毅《やまなかつよし》は、練習の時に「満足のいくタイム」を出しても、小柳から「オイ！　誰がそんな泳ぎで引っ張れといった」「ヤマナカ、お前、いつから大選手になった」と「散々怒鳴れた《ママ》」うえ、「オレがいいというまで泳いでろ」という指示の下、「水温十三度」の中で「三万メートル以上泳がされ」て「全身けいれん」になることもあった。

水泳部の寮では、新入生は入寮早々に「新人集合」を命じられ、上級生から「挨拶がなっていない」「掃除ができていない」「言葉遣いが悪い」「態度が横柄だ」などの理由で「指導とは名ばかり、罵声、ののしりといった類の、それは恐ろしい形相でのお叱り」を受けた。「新人集合」は「当初三日に空けず」

に行われ、新入生は「行く先々の不安」で「恐怖のどん底」に叩き落とされたという[98]。

一九四〇年頃には、ア式蹴球部でも、部員が一軍から四軍まで分けられ、「サッカー・グラウンドは一面と半面あったが、一軍が半面、逆の半面を二軍、そして別の半面を三軍と使うと四軍は練習場所がない」ため、四軍の部員はほとんどサッカーができず、「〝球磨き〟とクラスメートから呼称される生活」を送らざるをえなかった[99]。

競走部でも、一九四六年に中村清が中長距離部門の監督に就任すると、日々の練習は非常に厳しいものとなった。のちに映画監督となる篠田正浩(一九四九年入学)は「もともと、私は一流のアスリートになれるとは思ってもみなかった」ため、「入部した時の私は、周囲に強烈なランナーを眺めながら、自分なりのエンジョイの仕方があると考えていた」。しかし「先輩はすべて鬼で、私は針の山に追い立てられるか弱い衆生《しゅじょう》の一人であ」り、中村監督から「ビンタを食らうこともたびたび」だったという。「当時(一九五七年)「ワセダのアップ」として有名なジョギングは、二〇〇〇mぐらいをもの凄いスピードで突っ走る」もので、「ジョッグやアップなどという生易しいものではなく」「投てきの選手たちには過酷な試練」だったという[100]。

庭球部も「下級生にとって、コート整備は生活の中心」で、上級生との差は「待遇差別」と感じられるものであった。しかし、それ以上に「一番つらく感じたことは、上級生は自分たちが下級生だった時代の苦しみや悩みを忘れがちで、下級生に対して、思いやりが足りないようなことがしばしばある」ことであった。そのため「下級生が強く反発感を持つようになって、上級生と下級生の間は溝ができてしま」い、「たえきれない下級生はやめて行」ったという[101]。

このように早大では、一九二〇年代以降に野球以外の種目でも日常的に厳しい練習が行われるようになった。その結果、早大からは五輪出場選手や、全日本レベルの大会で優勝する選手・チームが多数輩出された。戦後になると、早大の運動部には、オリンピアンやトップアスリートになることを目指す学生たちが集まり、時には罵声や暴力も受けながら、厳しい練習に取り組み、高い競技力を身につけて、日本を代表するアスリートとなっていった。

一方で、実力に劣る下級生や控え選手は、球拾いやコート整備等の雑用といった練習の手伝いばかりが課されるようになっていった。厳しい練習や上下関係、雑用中心の生活についていけなくなったり、レギュラーになることを諦めたりした部員は、次々と退部する、という野球と同じような状況が、テニス、陸上、水泳、サッカー等の種目でも出現するようになっていたのである。

## 5　体罰の問題化と不十分な対処

### 「死のシゴキ」事件と体罰の社会問題化

これまで見てきたように、戦後日本のスポーツ界、特に部活動を中心にした学生スポーツでは、体罰やしごきが日常的に横行し、多くの者が退部していた。しかし、これらの体罰やしごきは全国各地で、一般的に見られていたこともあって、大きな問題として認識されていなかった。

例えば、上級生から下級生がしごきを受けることについて、前出の日本人初の大リーガー・村上雅則は「全国どこの合宿でもみられる少年同士の邪気のないイタズラの一種」と述べ、上級生やコーチから厳しい体罰を受けた江夏豊も「高校の野球部なんて〈こんなもんよ〉という意識があった」と述べるなど[102]、大きな問題とはとらえていなかった。

こうした社会の認識を一変させたのが、東農大ワンダーフォーゲル部「死のシゴキ」事件であった。一九六五年五月、同部は三日間の日程で奥秩父連山の縦走を行った。その際、監督や主将が「錬成《れんせい》のためには暴行を加えることもやむを得ない」と考え、新入部員に対し一九回にわたって「登山グツで顔を踏みつけたり、生木のシゴキ棒でなぐるなど、かわるがわる暴行を加えた」。その結果、男子学生一名が死亡、ほかの二名も「平手打ちや棒で殴るなどの乱暴を加え」られてけがを負った。この事件では、監督と上級生六名が逮捕・起訴され、翌年、全員が有罪判決を受けた[103]。

運動部内でのしごきによって学生が死亡するという衝撃的な事件により、新聞紙面では連日のように事件の様子が詳細に報じられた。さらに、毎週一回練習後に新入生を「一列に並べ、先輩がビンタを張ることを〝伝統〟にしている」サッカー部、新入生同士が「向かい合って並び、互いにひっぱたきあう」野球部、上級生に不満を漏らした下級生を集団で取り押さえ、「ザイルでぐるぐる巻きにして木に逆づりにしてこらしめる」山岳部など、他の運動部内で行われていた体罰・しごきの実態も報じられた[104]。

その後も運動部内での体罰やしごきが原因で、学生・生徒が負傷したり、死亡したりする事件が相次いだ。一九六六年五月には、上智大空手部で退部を申し出た新入生に対して[105]、上級生が「退部金」を要求したうえ、「から手《ママ》の型で一人が一回ずつなぐり、二週間のけが」を負わせた。同年、桃山学院大ワンダーフォーゲル部でも、合宿中に「三十キロのリュックを背負わされ」たうえ、「なぐるけるの暴行をうけ、頭から水をぶっかけられるなどした」新入生が下山後に死亡した[106]。

一九六八年一〇月には、富山商サッカー部で「お前たちはたるんでいる。ヤキを入れる」と「二年生数人が一年生全員にビンタ」をし、さらに一人の生徒が「げんこつで腹をなぐったり、サッカーシューズで腹をけったり」されて死亡した。(107)

一九七〇年六月には、拓殖大学の空手サークル「拓忍会」で「暴力的な練習に耐えかね、退会」を申し出た一年生会員が、「最後の練習」と称して上級生から集団リンチを受けて死亡した。この事件では、上級生三人が逮捕・起訴され、全員が有罪判決を受けた。(108)

東農大「死のシゴキ」事件以後も、運動部内での体罰・しごき事件が次々と発覚していくなかで、体罰・しごきに対する世論は急速に厳しいものとなっていった。朝日新聞は、一九六五年に「死のシゴキ」事件に関する社説において、「人間の可能性と限界について、合理的に考え、かつ、どうすれば段階的にそれを伸ばしていくことができるか」を考えるはずの大学生が、「合理的な判断と処置がなくして、いっきょに〝精神棒〟に頼るのは、理性の放棄」であり、「旧軍隊とどこに相違がみられよう」と、運動部部内でのシゴキを旧軍の慣習とともに批判していた。

一方で同社説は「初年兵を手でなぐった」「内務班付きの兵長」について、「なぐられた方も痛いだろうが、なぐった方も痛い。この「痛さ」の通じ合いは「愛情」の通じ合い」でもあり、「人間が人間を殴るのは、人間を木や棒でなぐるよりは、まだしも人間的」と述べ、素手での体罰やしごきを「人間的」と評していた。(109)

しかし、一九七〇年の拓忍会事件に関する社説では、体罰やしごきを以下のように断罪した。

上級生による暴力、制裁などは、しばしば単なる行過ぎとして見のがされている。時として、これらの誤った行為が、愛部心、愛校心による行為として暗黙のうちに奨励されるのである。後輩、新入会員の無条件的な屈従は、礼儀の名で美風とされがちである。こういう考え方は百八十度転回しなければならない。暴力による制裁などは弁護の余地のないものであり、人間性への侮辱にほかならない。

愛のムチという言葉がある。これは圧制的な暴力行為を弁護し、合理化するために乱用されやすい言葉である。どれほど多くの誤った行動が、この美名のもとに行われていることだろうか。先輩、上級生という立場の者が、無抵抗の後輩、下級生に対し一方的に暴力をくわえる行為を、愛という言葉でかざるとは、身勝手なごまかしである。当事者が本気で愛だと考えるとすれば、恐るべき錯覚である。(110)

拓忍会事件では「暴力による制裁などは弁護の余地のないものであり、人間性への侮辱」と厳しく批判し、「愛のムチ」論についても、「暴力」を「愛という言葉でかざるとは、身勝手なごまかし」「恐るべき錯覚」と一刀両断した。わずか五年間で、朝日新聞の社説から体罰やしごきに共感的な論調は完全に消失したのである。その後も、「戸塚ヨットスクール事件」や「中津商陸上部事件」など、スポーツ界の体罰・しごきが原因で生徒や選手が死亡する事件が発生するが、同紙はいずれの事件に対しても厳しい批判を続けていくことになるのである。

## 文部省・法務省による通達・調査

文部省・法務省などの中央省庁では、高校・大学の運動部内において、体罰や厳格な上下関係等の問題が存在していることは、高度成長期から認識していた。

一九五七年五月、文部省は通達「中学校、高等学校における運動部の指導について」を発した。「運動部の指導は、学校教育の一部として、生徒の正常な身体的発達を図るとともに、責任、協力、寛容、明朗などの望ましい態度、習慣の育成を目指して行われるべきもの」であるにもかかわらず、「最近運動部に属する生徒の暴力的な行動や、不良行為が一部に起こっていることはまことに遺憾」として、「運動部の運営が対外運動競技における勝利のみを目標とし、あるいは部の団体を重視するあまり、上級生が同僚や下級生に能力をこえた練習をしいたり、さらに暴力的な行動にまで及ぶことのないよう、じゅうぶん指導すること」や「合宿生活は、ややもすると、飲食、喫煙、その他好ましくない遊びや集団的な非行の機会になりがちであるから、教師は常に生徒の行動を確実に把握して、その生活全般にわたる指導に留意すること」などを求めた(111)。

一九六五年には「死のシゴキ」事件を受けて、文部省は通達「学生の課外活動について」を各国公私立大学に発し、「学生の体育関係部活動において、暴力行為による部員の死亡事故ないし傷害事件が発生し、社会の強い批判を受けるに至ったことはまことに遺憾」であり、「大学の教育指導上の問題として、特に部活動に対する指導体制の改善整備」を求めた(112)。

文部省は、一九六八年一一月にも通達「中学校、高等学校における運動クラブの指導について」を発し、「規律が乱れたり、勝敗にとらわれて行き過ぎた練習や暴力的行為が行われたりするなどあやまった行動を招くおそれ」があることから、「校長をはじめ運動部長などの運動クラブの責任者」などの「関係教員全員が連係を密にし、協力して指導の徹底を図る」ことや、「担当教員は直接指導に当たるように努めるとともに、関係教員相互の協力体制を整えて、部員から必要に応じ報告を求めたり、随時巡回したりするなど」して「運動クラブの活動の実態をじゅうぶん掌握すること」などを求めた(113)。

文部省は、一九七〇年にも「学生の課外活動における暴力行為の防止について」という通達を発し、「死亡者を出す不祥事」の「再発を防止するために」「学生の課外活動については、その実態をじゅうぶん把握し、とくに人身に危険を伴うおそれのある場合には、あらかじめ適切な措置を講じ」ることなどを求めた(114)。

一九六五年には、法務省人権擁護局が行った調査により、学生間の私的制裁が増加して二七件になることがわかった。しかもこの数字は「被害者の下級生が泣き寝入りをしたり、学校に迷惑をかけたくないなどの理由で表面には少ししか出ていな」かったため、「実際にはもっと多くの事件が起きている」と考えられていた。具体的な事例として、練習に参加しなかった下級生に「一時間近くも満水にしたバケツを持たせ、動いて水がこぼれるとなぐりつけ」る中学卓球部、上級生が下級生の「態度が悪いと木刀でめった打ちにし、ろっ骨三本を折った」高校剣道部、練習を休んだ下級生二名に「練習と称して上級生十人との対戦を強制し、顔に二週間のけがをさせた」高校空手部などが紹介された。私的制裁が発生する場は、「運動部」「寮生活」「応援団」が上位を占め、これらが過去四年間の総数五四件のうち、三九件と七割以上を占めた。同局は、その要因を「東京オリンピックを契機に叫ばれた「根性養成」がはき違えられた結果」と分析した(115)。

アーロン・L・ミラーは、高度成長期の日本では規律を守る勤勉な労働者を育成するために、学校やスポーツでの体罰が黙認されていた、と論じている(116)。しかし、実際には前記のとおり文部省からは暴力の防止やその対策を求める通達が頻繁に出され、法務省も調査を実施し実態の把握に努めていたのである。

## 学生野球団体による処分・通達

競技団体も、部内での体罰やしごきといった問題を認識しており、問題が発覚した場合は、事実関係を調査したうえでチームや関係者を処分した。日本の学生野球の競技団体である日本高野連、全日本大学野球連盟(大野連)、学生野球協会は、いずれも戦後直後に成立し、日本学生野球憲章に基づいて競技を統括した。学生野球憲章は、戦前期に学生野球で弊害が発生したことや、それを契機に国家統制を招いた教訓から、学生野球における弊害の発生を関係者の自治によって防止することを重視していた。そのため、学生野球に関する不祥事が発生すると、高野連・大野連が事実関係の調査を行い、それに基づいて学生野球協会審査室が関係者の処分を下す体制がつくられた(117)。

初期の学生野球関係の不祥事件は、審判の判定をめぐって応援団同士が乱闘をしたり、未登録選手が試合に出場したりするといった試合でのトラブルが多かったが、次第に、指導者や部員による部内の暴力や、窃盗・飲酒・喫煙等の部員の不祥事の件数が増加していった。部内での体罰が原因で、学生野球協会から初めて処分を受けたのは、一九五六年九月、大阪の強豪・浪華《なにわ》商業高(現・大阪体育大浪商高。以下、浪商)であった。

上級生が下級生に対して「練習をサボった」「足を強くするため」などの理由で「長時間机の上に正座させたり、グラウンドに整列させてバットで順番にシリを殴ったり、往復ビンタやツマ先で立ったまま椅子を頭上に捧げる〝電気ブロ〟」などをさせたことが発覚したのであった。こうした体罰やしごきは「伝統」として毎年のように行われており、「殴った二年生の側十数人も、一年生時代には例外なくこの〝制裁〟を受けて」いたという(118)。事件発覚後、高野連による調査が行われ、同校野球部は一年間の対外試合禁止処分を受けた(119)。

表4-4は、不祥事が発覚して学生野球協会から処分が下されたケースのうち、処分理由が「部員による部内の暴力」および「指導者による部内の暴力」の件数を示したものである。これを見ると、一九六〇年代以降、毎年のように高校・大学野球部で部員や指導者による暴力事件が発覚し、処分を受けている学校があること、また、その件数が年々増加していったことがわかる。

このような状況に対して、学生野球団体は再三にわたって暴力防止についての声明・通達を出した。一

表4-4　高校・大学野球部における暴力事件での処分の件数

| 年 | 部員による部内の暴力 | 指導者による部内の暴力 | 合計 |
|---|---|---|---|
| 1959 | 2 | | 2 |
| 1960 | 3 | 1 | 4 |
| 1961 | 1 | | 1 |
| 1963 | 2 | 1 | 3 |
| 1964 | 3 | | 3 |
| 1967 | 2 | | 2 |
| 1971 | | 1 | 1 |
| 1972 | 5 | | 5 |
| 1973 | 7 | | 7 |
| 1974 | 2 | 3 | 5 |
| 1975 | 3 | | 3 |
| 1976 | 8 | 1 | 9 |
| 1977 | 1 | | 1 |
| 1978 | 11 | 1 | 12 |
| 1979 | 7 | 2 | 9 |
| 1980 | 8 | 1 | 9 |
| 1981 | 15 | 1 | 16 |
| 1982 | 7 | 1 | 8 |
| 1983 | 15 | | 15 |
| 1984 | 7 | 4 | 11 |
| 1985 | 18 | 4 | 22 |

出典：日本学生野球協会所蔵『審査室会議審査報告書』Ⅰ・Ⅱより作成．本文中で紹介した浪華商のケースは，原資料では理由が記されていないため，1956年の件数は0としている．

九六七年、第三代日本高野連会長に就任した佐伯達夫は、同年度の「重点目標」として「暴力・トラブルの絶対防止」を掲げ、「暴力問題に対して処置の明確な線を出す」ことを打ち出した(120)。その結果、佐伯が会長を務めた一九八〇年まで、高校野球の不祥事の九〇％以上に対して、「対外試合禁止」の厳しい処分が科された(121)。

一九七三年にも日本高野連は、都道府県高野連会長に宛てて通達「不祥事件防止について」を出した。その中で、野球部内での暴力事件については、以下のように述べている。

新入部員に対する指導や、練習を怠けたり休みがちの部員に対して注意を与える時に、熱意のあまり暴力を振るう傾向が多く見受けられますが、こうした暴力による指導をするという陋習《ろうしゅう》を打ち破り、各指導は今一度正しい指導方法を徹底させることと、平素から部員の練習参加状況を常に把握して適切な指導を与えることが何よりも必要であります(122)。

新入部員や「練習を怠けたり休みがち」の部員に対して「暴力による指導」をすることを「陋習」と断じ、「適切な指導」を求める日本高野連の姿勢は、体罰やしごきが横行していた当時の野球界では貴重なものであった。しかし、暴力や体罰が発覚したことによって、学生野球協会から処分が下される際には、暴力を受けた部員も含めたチーム全体に「対外試合禁止」が下されたため、これらの不祥事は発覚するよりも、隠蔽される方が多かったと思われる。

また、体罰やしごきが発覚して処分が下されても、チーム内の体罰やしごきはなくならなかった。前述したように、一九五六年に浪商は部内での体罰やしごきが発覚して、一年間の対外試合禁止処分を受けた。しかし、その後も「先輩(上級生)が後輩たち(下級生)を「指導する」という名目で」「下級生たちに「特走」とか「特守」を命じるという慣習」は続いたうえ、「下級生の動きがにぶいとみた上級生の何人かがハラをたてて下級生の何人かをひっぱたく」こともあった。対外試合禁止処分の解除直後にもこのような事態が発生したため、発覚を恐れた学校の判断により、上級生数名が「休部命令」を受けた。当時、同校野球部で四番打者であった張本勲は、事件の現場にいなかったが休部命令を言い渡され、三年時に公式戦に出場できなかった[123]。

こうした事例は、体罰やしごきが発生する要因が構造的なものであることに加えて、中央省庁や競技団体による通達や処分では、その効果に限界があることを明確に示している。文部省や学生野球団体は、スポーツ界における体罰・しごきの実態や問題を比較的早期から把握しており、その防止を目的とした通達・声明を発出したり、暴力事件が発覚したチームを処分したりして対応した。しかし文部省や学生野球団体の対応は、人口動態に応じた学校のスポーツ環境の整備、学校外のチームへの参加容認といった構造的な対策が不十分であり、それゆえに十分な効果を上げることはできなかったのである。

## 6　大学スポーツの構造的変化と体罰の減少

### 大学スポーツサークルの拡大

戦後から高度成長期にかけて、野球をはじめとした多くの種目の運動部では、厳しい上下関係のもと、

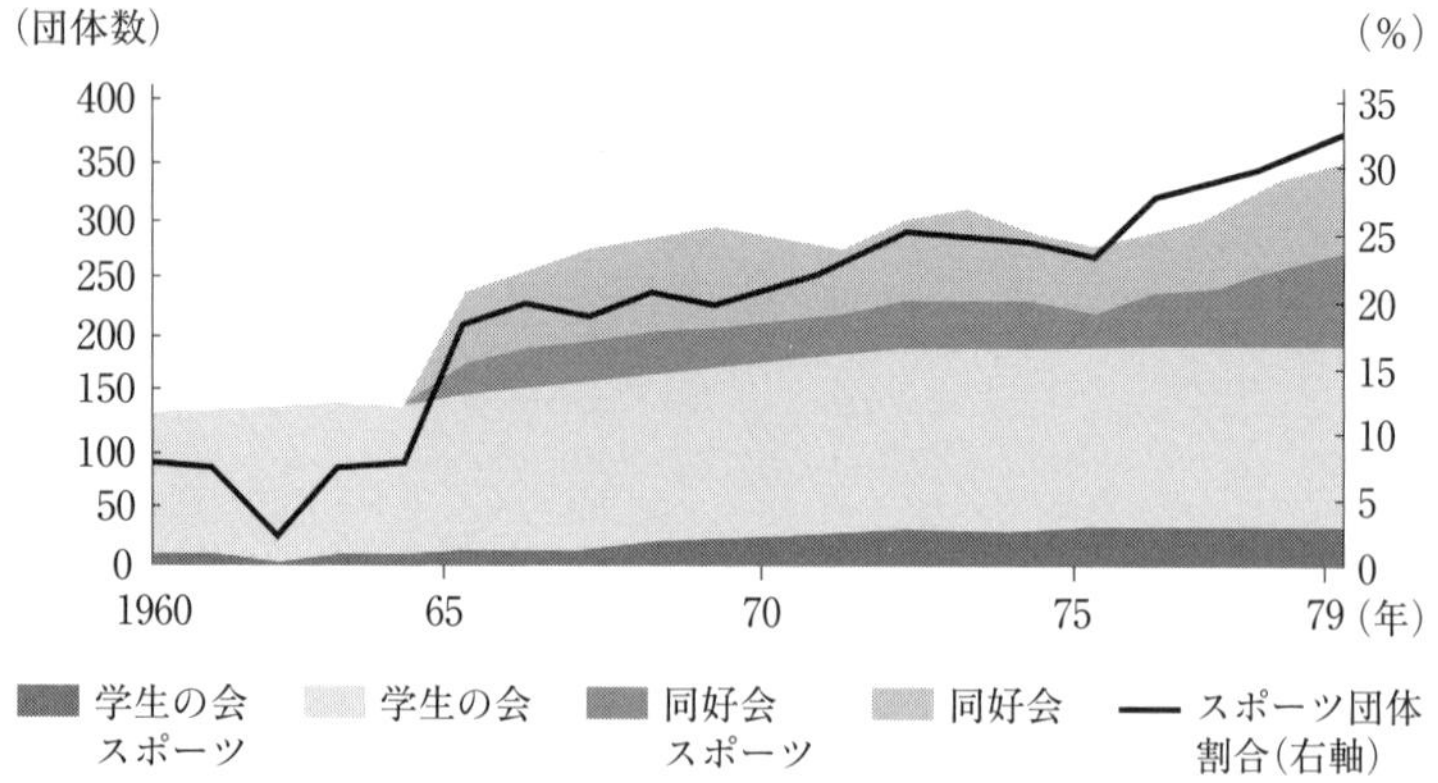


図4-10　1960年から79年の早稲田大学学生の会・同好会数とそれに占めるスポーツ団体数および割合

出典：早稲田大学学生部(1960-67)，および早稲田大学総長室広報課編(1968-79)より作成.

注：「学生の会」は早大の公認サークルで二学部以上から20名以上の学生が所属し，専任教職員が会長となっている団体を指す.「同好会」は公認サークルではあるが，上記の基準を満たしていない団体を指す.

体罰やしごきが横行し、それに耐えられない部員から続々と退部することが通例となっていった。また、学生運動が全国に広がるなかで、運動部員はストライキやデモに対して「殴り込み」や「スト破り」を行ったことで、学生運動側から「破廉恥極まりない行為」と強く批判され、一般学生の「運動部に対する印象が悪化して、入部が一層敬遠」されるようになっていった[124]。さらに、一九五〇年代後半以降、運動部に所属していない一般学生がスポーツサークルを組織し、多種多様な実践を展開するようになっていった。

図4-10は、一九六〇年から七九年の早大の公認サークル数とそれに占めるスポーツサークルの数および割合を示したものである。これを見ると、一九六〇年にはサークルは一三二団体存在し、そのうちスポーツは一〇団体(七・六%)であった。スポーツ団体は、舞踏、釣り、音楽

舞踊、探検、ラグビー、スキー、拳法、モーターボート、登山、テニスで、競技スポーツのみならず、釣りや探検等の非競技的な身体活動が多く含まれていた。

その後、一九六〇年代から七〇年代を通じてサークル数全体が増加するとともに、それに占めるスポーツ団体数の割合も上昇した。一九七九年には公認サークルは三五一団体あったが、そのうち一一四団体(三二・五%)をスポーツサークルが占めるようになっていた。

スポーツサークルの団体数の増加に伴って、同じ競技を行う団体数も増加していった。早大では、一九六〇年代からテニス・サッカー・野球等の種目では、複数のサークルが設立されて活動していた。なかでもテニスは、一九七九年には公認団体だけで一一団体存在し、一九八五年には非公認団体も含めると八九団体も存在していた。

大学スポーツサークルの誕生・拡大は、早大だけにとどまらなかった。例えば、一九六七年の中央大学(以下、中大)には二〇のスポーツサークルが存在しており、一五団体に合計九〇〇人の会員がいた。一九七二年に近畿地方で行われた調査でも、一四大学で五三団体が活動し、合計六〇三人の会員がいた。一九七八年の慶大には、一二九団体六九一六人の会員がいた。立命館大では、一九六六年に勤労学生五〇人によって「二部スポーツサークル」も創設された。

中大の調査では、調査対象となった一五団体中八団体が、活動の目的を「会員相互の親睦」と回答した。調査回答者四六四人中一七四人(三七・五%)が入会の動機を「その種目がやりたかったため」と回答し、「公認の部に入るのが嫌で」と回答した者も六七人(一四・四%)を占めていた。一九七〇年の毎日新聞には、高校時代に甲子園に出場経験のある学生が、「〝野球バカ〟になりたくなかった」、「大学生になってまでしごかれるのはまっ平」とスポーツサークルに加入した記事も掲載された(125)。

一九六七年に行われた日本私立大学連盟の調査によると、「なんらかの課外活動に属しているもの」が約七〇％、「在学中にすくなくとも一回は、そういった団体に加わり、活動をするもの」が約一五％いたことから、一九六〇年代後半には多くの大学生が、何らかの部活・サークルに参加するようになっていた。さらに、同じ調査において「大学生の趣味・娯楽」に対する回答として、「団体のスポーツ(野球、テニス、バレーなど)」三三九人(六・六％)、「ボーリング、スキー、スケート」二七六人(五・四％)、「個人的なスポーツ(水泳、ゴルフ、釣りなど)」二二九人(四・五％)、「山登り、ハイキングなど」一九一人(三・七％)とあることから、当時の大学生のあいだには趣味・娯楽としてスポーツをすることが広まっており、その一つの方法がスポーツサークルだったといえよう。一九六〇年代から八〇年代にかけて、早大を含む多くの大学において、学生がサークル活動に参加することや、趣味・娯楽としてスポーツを行うことが一般的になっていったのである。

## 部員の減少とその影響

高度成長期にスポーツサークルが誕生・拡大し、多くの学生にとって身近なスポーツ活動として定着したことで、大学運動部にも様々な影響が見られるようになった。

図4-11は、東京六大学野球、早大運動部、慶大運動部の部員数の推移をグラフにしたものである。東京六大学野球部の部員数は、一九五九年の八三五人をピークに以後減少し、一九七二年には三〇六人と六〇％以上も減少した。一九六〇年に一九九二人いた早大運動部員は一九七一年に一二二五人へ、一九六一

年に二〇六五人いた慶大運動部員は一九七一年に一二八一人へと、いずれも四〇％近く減少したことがわかる。データの不明部分はあるものの、一九六〇年前後からわずか一〇年ほどで、運動部員数が大幅に減少したのである。

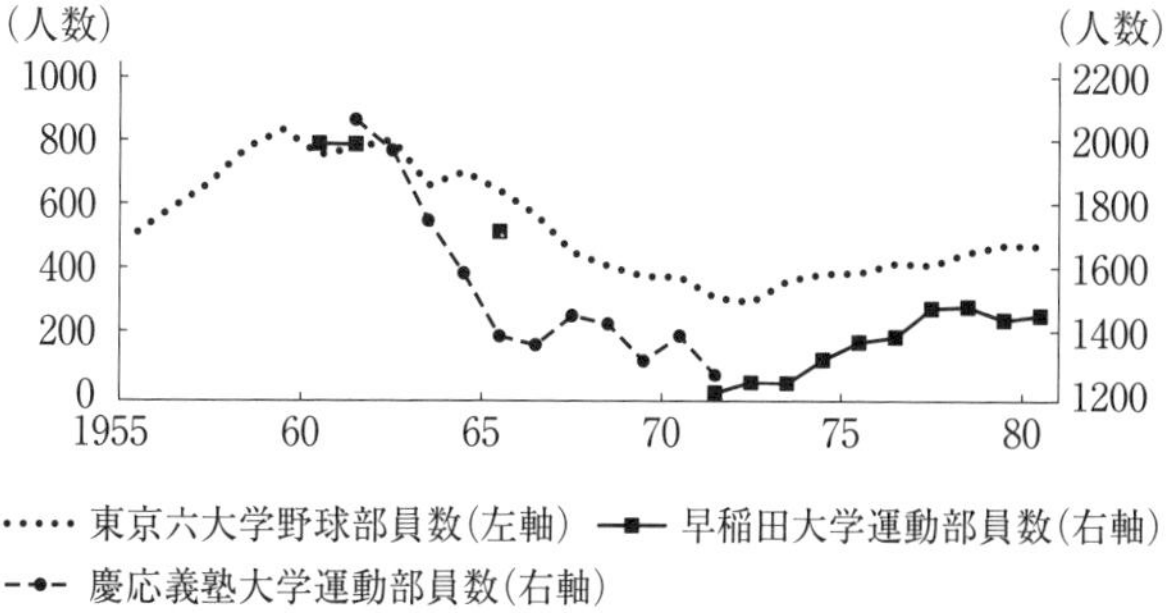


図 4-11　東京六大学野球・早大運動部・慶大運動部部員数
出典：東京六大学野球部員数は，前掲『野球年鑑』各年度，早大運動部員数は早稲田大学競技スポーツセンター提供資料，慶大運動部員数は笹島(1972)より作成．

東京六大学の野球部で、部員数が最も著しく減少したのは、立大であった。立大野球部は、長嶋茂雄や杉浦忠などプロ野球で活躍するスター選手を輩出し、一九五九年には一三七人の部員を擁していた。しかし一九六〇年代に入ると部員数が年々減少し、一九七一年には二八人となり、「野球部存亡の危機」ともいえる状況に直面した。

部員数の減少により、立大野球部では「部内の紅白戦はおろか、十分な打撃練習、守備練習さえ覚束《おぼつか》なくな」った。部員の多くも「高校時代まったくの無名選手ばかり」で、リーグ戦では苦しい試合を強いられ、一九六六年春季の優勝から二〇年以上にわたって優勝から遠ざかった。こうしたなか、立大野球部では副部長が「合宿生活でのカウンセラー的役割を担」ったり、「新入部員獲得」のために「積極的な勧誘、および長期的展望のうえに立った、文武両道をうたう高校への働きかけ」などを行った。その結果、「次第に入部者の数が増え、それに伴い部員間の競り合い、切磋琢磨の機会が多く」なり、「他校と好勝負のできるチーム力が徐々に」ついていったという。[126]

部員数の減少は、野球以外の運動部にも、大きな影響を与えることとなった。一〇〇名以上の部員を抱えていた早大競走部（陸上部）も、一九七〇年には部員が四〇名を下回り「広いグラウンドにパラパラという状態」となった。なかでも「長距離ブロックは、一般学生を含め一〇名前後」しか部員がおらず、「大学に入学して本格的に始めた選手や、高校時は他の選手で駅伝のために入部した素人の集団で」、「スキー部の距離の選手と一緒に走っても勝てる選手は半分も」いなくなってしまった。箱根駅伝では、選手は「自分のレースが終ったら残って、翌日は復路の選手の付添いをし、区間によっては、他ブロックの選手の手を借り」ることもあった。一九七〇年の第四六回箱根駅伝には、「メンバー不足のため不出場」という苦難も味わった。[127]

早大バスケットボール部は、一九七〇年の新入生が二人しかいなかったが、「合宿終了後」に一人が退部して、一年生部員は一人となった。一年生部員は、「一人で六個のボールを運び、ボール磨き、コート掃除など新人のノルマを一人でやる毎日」を過ごした。ただ「練習中はきびしい先輩たちもコートを離れるとよく面倒を見てくれ」、「四年生は卒業に際してただ一人の新人にバスケットシューズを贈ってくれ」るなど、「辛かったことが多かったが、また大切にもされた部生活」と回想する先輩・後輩関係になっていた。[128]

明大ボクシング部でも、部員不足のために思うような練習ができず、「恥も外聞もかなぐり捨て、ただ部を救いたい一心で、同好会との合同練習」を行った。法大体育会も、部員不足を解消するために「ソフトボールや野球、バドミントンの学内大会を催し、商品にビールやジュースを用意」したりすることもあった。[129]

スポーツサークルの団体数や会員数が増加する一方で、東京六大学の運動部は、部員数の不足によって競技力が低下したり、練習や試合で思うような活動ができなくなったりするようになっていった。部員数の減少に見舞われた運動部では、部を立て直すために指導者が選手の世話をしたり、先輩が後輩に配慮したりするなど、従来の上下関係が改善されるような動きも見られたのであった。

しかし、日本体育協会や大学関係者は、大学運動部の競技力低下への危機感から、一九七〇年代以降にスポーツ推薦入試を導入し、全国の高校・大学に拡大していくこととなった。一定の競技力をもった部員が安定的に入学・入部するようになったことで、大学運動部の競技力は維持され、引き続きトップアスリートを輩出し続けることが可能となった。しかし、それは同時に部員数の減少を契機として運動部内の体罰やしごき、上下関係を変えていく自律的な動きが頓挫する契機ともなったように思われる。

最終的にそれが大きく変わるのは、二〇〇〇年代以降のスポーツ科学の発展と、少子化の影響が本格化して、競技人口の減少が顕著になるのを待たねばならなかった。

# 終章　体罰なきスポーツ界の実現に向けて

## 体罰の背景をどう見るか

本書の目的は、野球を中心にして日本スポーツ界の体罰の実態や、それが発生・拡大することとなった要因を解明することであった。ここまでの内容を簡単にまとめておこう。

明治期の野球部員たちは、自治寮で規則に違反した学生に制裁を行ったり、野球の試合をきっかけにして乱闘や騒擾《そうじょう》が発生したりするなど、暴力的な側面はあった。しかし、部員同士では先輩・後輩の間に厳しい上下関係はなく、ある程度対等な関係性のもと、選手自治に基づいて部が運営された。一高をはじめとした当時の野球部員たちは、学校のプライドをかけて対外試合に挑み、勝利するために自ら猛練習を行ってはいたものの、彼らの多くはエリート学生であったため、学業の面での制約も大きく、学業と野球を両立しながら活動していた。

日本社会に野球が普及しはじめてはいたものの、試合で活躍しても社会からの注目はそれほど大きくなく、野球の実力によって進学・就職したり、収入を得たりすることはできなかった。そのため、いくら野球に熱中したとはいえ、味方に体罰を行使してまで勝利を目指したり、部員もそれに耐えてまで野球を続けたりすることはなかったものと思われる。

野球界で体罰が発生するようになったのは、優勝大会や東京六大学リーグ戦が創設され、競技レベルが高まっていった一九二〇年代以降であった。定期的に開催される大会・リーグ戦によって競技レベルが上昇し、それをメディアが報道することによって、それ以前とは比べものにならないほど大きな注目を集めるようになった。有力選手は野球の実力で大学に進学したり、大企業に就職したり、プロ選手になって高い収入を得ることもできるようになっていった。試合での勝利を目指して監督が設置され、監督主導のもとで練習や試合が行われるようになっていった。そうした状況のなかで、監督が選手を指導したり、上級生が下級生に合宿や部の規律を理解させたり維持したりするために、体罰を行使するようになっていったのである。

また、体罰が行使されるようになった構造的な要因として、野球部内において監督を頂点にレギュラー・上級生、控え・下級生という上下関係が固定化したことは欠かせない。部員は野球の実力によって序列化され、実力の劣る者は練習の手伝いや雑用ばかりの日々に甘んじるか、退部するかの選択を迫られた。さらに大学野球ではグラウンド近くに合宿が整備されたことで、部員たちは生活のすべてを共にするようになり、日常生活にも部内の上下関係が持ち込まれた。部内の固定的な上下関係が野球部の活動中だけでなく、生活全般に持ち込まれたことで、下級生は上級生から日常的に体罰を受けるようになっていったのである。

戦後占領期から高度成長期にかけて、高校・大学野球部内の体罰はさらに激化・拡大した。その主な要因は、野球ブーム・ベビーブームによる競技人口の増加、高度経済成長による進学率の上昇、私大の大規模化に伴う部員数の増加であった。高校・大学の野球強豪校には、毎年数十名から一〇〇名以上もの学生・生徒が入部を希望したが、学校側にはそれを受け入れるだけの施設や用具はなかった。そのため、新入部員たちは球拾いをはじめとした上級生の練習の手伝いや、長距離ランニング等の基礎的な練習だけの毎日を過ごし、それが肉体的な限界を超えたり、その生活が嫌になったりした部員から次々に退部した。

部内の体罰も日常的で激しいものとなったが、それは上下関係や部内の規律をつくって維持するとともに、体罰に耐えられない部員を自発的に退部させる手段でもあったからである。野球部として受け入れられる人数以上の新入部員が毎年殺到するなかで、体力や技能に優れた部員を選別し、上下関係や部の規律を習得させるとともに、実力に劣る部員を自発的な退部に追い込む方法が体罰やしごきであった。その意味では、体罰やしごきは、大量入部・大量退部を前提として、効率的に野球部を強化する体制をつくるために歴史的に形成された部のマネジメント方法だったといえよう。その結果、日本のスポーツ界では対戦相手ではなく、同じチームの選手に対して体罰が行使されることになったのである。

このような状況だからこそ、戦後日本のスポーツ選手たちは、スポーツを楽しむ前に、監督や上級生からの体罰やしごき、基礎的な練習や雑用ばかりの日常に耐えなければならなかった。限られた施設や用具、学校外クラブの未整備というスポーツ環境のなかで、学生・生徒がスポーツに参加できるのは、事実上、学校の部活動しかなかった。野球をはじめとした人気種目では、その種目をやりたいと思った学生・生徒が、校内に一つしかない部活動に殺到し、限られたレギュラーの座を数十人、数百人で争う過酷な生存競争が毎年のように繰り返されることになったのである。

日本スポーツ界や部活動の特徴として、勝利至上主義や根性が重視されて、スポーツを楽しむことができない、ということが指摘されてきた。それは、戦後日本の乏しいスポーツ環境のなかでは、基礎練習ばかりの日々に耐え、体罰やしごきをものともせずに生存競争を勝ち抜く「根性」がなければ、そもそもスポーツをする、スポーツを楽しむことすらできなかったからなのである。

### 体罰の広がり

さらに、高校・大学時代に体罰やしごきを受けながらも、生存競争を勝ち抜いた選手が、社会人・プロとなることで、これらの世界にも体罰が持ち込まれた。特にプロ野球では、戦後に二軍が整備されて選手数が増加し、保留制度によって移籍の自由がなくなるなかで、ベテラン選手から若手選手に、あるいは、監督・コーチから選手に対して体罰が行使されるようになった。

こうした全体的な傾向は、数字上でも裏付けられる。表5-1は、筆者が史料調査を行った野球選手一三八人の自伝・回想録をもとにして、直接体罰を受けたり、体罰が行使される場面を目撃したりした経験をもつ人の割合を、生年ごとに分類したものである。右端の「経験あり」とは、野球選手として活動するなかで、どこかで体罰を受けた経験をもつ人の割合を示したものである。

これを見ると、一八九〇年代生まれの野球選手は、野球部内で体罰を受けたり、それを目撃したりした経験を自著で述べている選手は一人もいなかった。しかし、年を経るごとにその割合が上昇し、一九一〇年代生まれで一八・二%、二〇年代生まれで四〇%、三〇年代生まれで五五%、一九四〇年代生まれで七六・二%、そして一九五〇年代生まれで八二・六%とピークに達した。

チーム種別で見ると、旧制中学・新制高校、および旧制高校・新制大学時代に体罰を受ける割合が高い

表 5-1　生年・チーム種別ごとの体罰経験の割合(%)

| 生年 | 新制中学 | 旧制中学・新制高校 | 旧制高校・新制大学 | 社会人 | プロ | 経験あり |
|---|---|---|---|---|---|---|
| 1890-99 | — | 0.0 | 0.0 | 0.0 | 0.0 | 0.0 |
| 1900-09 | — | 0.0 | 12.5 | 0.0 | 0.0 | 12.5 |
| 1910-19 | — | 20.0 | 0.0 | 0.0 | 0.0 | 18.2 |
| 1920-29 | — | 30.0 | 16.7 | 0.0 | 0.0 | 40.0 |
| 1930-39 | 15.4 | 25.0 | 33.3 | 20.0 | 6.3 | 55.0 |
| 1940-49 | 20.0 | 66.7 | 66.7 | 20.0 | 10.5 | 76.2 |
| 1950-59 | 21.7 | 34.8 | 54.5 | 0.0 | 33.3 | 82.6 |
| 1960-69 | 4.5 | 36.4 | 14.3 | 0.0 | 13.6 | 40.9 |
| 1970-79 | 23.1 | 46.2 | 12.5 | 0.0 | 15.4 | 46.2 |
| 1980-89 | 0.0 | 0.0 | 0.0 | 100.0 | 25.0 | 50.0 |
| 計 | 15.8 | 33.3 | 26.3 | 8.6 | 13.2 | 50.4 |

出典：各選手の自伝・回想録より作成．旧制高校・大学には，旧制専門学校・旧制大学・大学予科を含む．太字は，25%〜50% 未満，網掛けは 50% 以上．

ことがわかる。旧制中学・新制高校では、一九一〇年代生まれ以降、旧制高校・新制大学では、二〇年代以降生まれの選手が、体罰を経験するようになっていき、プロ野球では一九三〇年代以降生まれから体罰を経験するようになっていったことがわかる。

一方で、社会人野球では、選手や指導者によって体罰が行われた事例はあるものの、全体として体罰を受けた経験のある選手は少なく、種別で見ると社会人の割合が最も低かった。社会人野球は、社会人として大人扱いされるとともに、一チームの人数が少なく他の種別ほどレギュラー争いが厳しくなかったため、体罰が少なかったものと思われる。

## 軍隊起源説

本書の視点から、スポーツ界の体罰の軍隊起源説についてもまとめておこう。

終戦直後、野球部内で体罰が行われるようになった一因として、戦時期に学徒出陣等で軍隊生活を経験した人々が、戦後になって大学に復学したり、各地の学校で野球の指導者となったりするなかで、旧軍で用いられたような体罰を行使することがあったことは確かである。

しかし、本書で見てきたように、戦時体制になる前から、野球部内では監督や上級生によって選手・下級生への体罰が行われていたことから、スポーツ界の体罰は軍隊を起源としている、ということはできない。さらに、戦前期に学校教練のため派遣された配属将校や、復員軍人といった軍隊経験のある人物が、野球部の練習や合宿所で体罰を行使したという事例は、管見の限り見つからなかった。

日本で徴兵制が施行されたのは一八七三年であったが、一九三七年の日中開戦以前の時期に徴兵されたのは同年齢の一五～二〇％程度で、中等学校卒業生や大学・専門学校の学生には、徴兵猶予や予備将校となる一年志願兵制度等、様々な特権や免除規定があった(1)。そのため、この時期に中等学校・大学で野球をプレーした後に軍人になった人はほとんどいなかったと思われる。たとえそのような経験をもつ人物が配属将校になったとしても、配属将校の仕事は学校教練の指導であって、校友会運動部の指導ではなかったため、学生・生徒に野球を教えることはほとんどなかったと思われる。

野球部内に軍隊式の体罰が持ち込まれることになったのは、多くの場合、戦後のことであった。一九四〇年代以降、徴兵検査受検者の半数以上が徴兵され、一九四五年にはその割合が九〇％にもなる「根こそぎ動員」となったことで、中等学校・大学野球部員の多くも徴兵・召集されて、軍隊生活を余儀なくされ、そこで体罰を経験する者もいた。そして、旧軍内で体罰を経験した「軍隊帰り」の上級生や指導者によって、戦後野球部内に体罰が持ち込まれることになったのである。戦後、軍隊式の体罰が野球をはじめとしたスポーツ界に持ち込まれることとなったのは、学徒動員の負の遺産といえよう。

ただ、敗戦から数十年という時間が経ち、旧軍の影響が薄れていくなかでも体罰が根強く残ったのは、体罰を受けた選手が指導者となって選手に体罰を行使する、体罰の再生産がなされたからであった。さらに、高校・大学の生徒・学生数の増加や学校施設整備の遅れ、プロ野球の選手数の増加と移籍の自由の制限といった、日本スポーツ界の構造や野球チームを取り巻く内外の環境によって、体罰・しごきが起こりやすくなっていた。その意味では、日本スポーツ界の体罰について、軍隊の影響を過大評価することはできない。軍隊の影響は、戦後に体罰が激化・拡大する一因ではあったものの、最も決定的な要因は、日本スポーツ界とそれを取り巻く社会の構造そのものにあったといえよう。

## 指導者による体罰の高どまり――近年の動向

本書の視角から見た近年の日本スポーツ界の体罰の動向についてもまとめておこう。図5-1は、二〇〇五年から二二年までに高校・大学野球部内で発生した暴力事件について、行為者を部員によるものと指導者によるものに分け、各件数とそれらが学生野球の不祥事件全体に占める割合の推移を示したものである。

これを見ると、部員による部内の暴力は、二〇〇六年に九五件(三九・四%)でピークを迎えた。二〇〇五年に高校野球の強豪二校で部内の暴力が発覚し、社会でも部内の暴力に対する意識が高まるとともに、学校が不祥事件を連盟に報告しなかったり、隠蔽したりしたことについても処分が下されるようになったからである。

二〇〇六年以後、部員による部内の暴力件数は右肩下がりとなり、二〇二〇年以降は毎年一〇件以下、

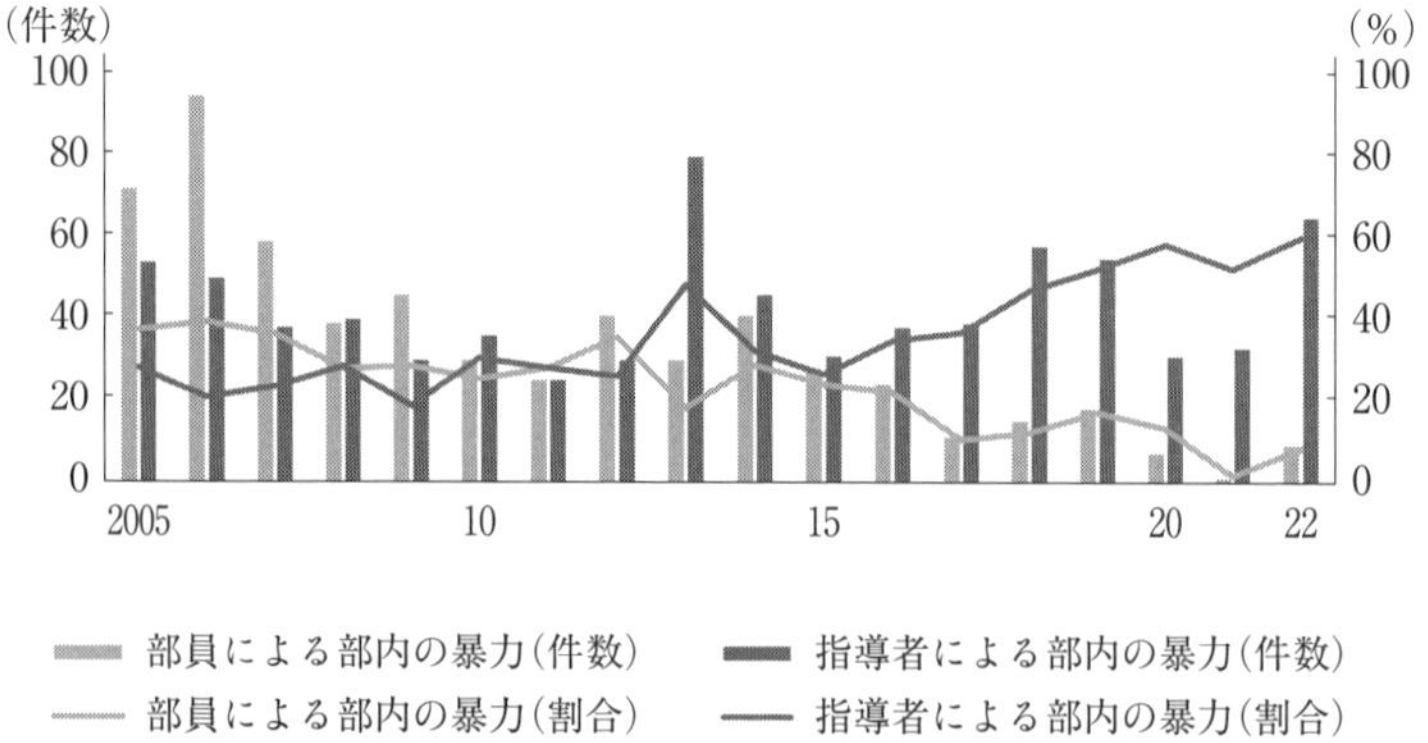


図 5-1　学生野球における部員による暴力および指導者による暴力の発生件数とその割合
出典：朝日新聞記事より作成.

二一年には一年間で一件(一・六%)まで減少した。こうした傾向について、二〇年からの新型コロナウイルスの感染拡大に伴う学校の休校措置や部活動の自粛要請の影響があることは確かだが、実情としては少子化による部員数の減少によって、部員間の暴力は激減しているのである。

日本高野連の調査では、硬式の高校野球部員は二〇一四年の一七万人をピークにして減少の一途をたどり、二二年には一三・一万人(二三%減)となった。加盟校は、二〇〇五年の四二五三校から九・三%減の三八五七校にとどまっているが、一校当たりの部員数は二〇〇九年の四一・〇人から三四・〇人まで約一七%減少した。一校当たりの部員数の減少によって加盟校数の減少を食い止めている、というのが高校野球の実情なのである。

頻繁に全国大会に出場している強豪校は、高い知名度や高名な指導者、最新の設備、推薦入試等の様々な方法で多くの選手を集める一方で、それらが整っていない公立校・進学校では、部員全員がベンチ入りできるようになっていたり、部員が九人そろわず連合チームを結成したりすることも珍しくなくなっている。部員数の減少により部員間のレギュラー争いは緩和され、新入部員をふるい落とす必要もなくなったことで、部員間の暴力は著しく減少しているものと思われる。

それに対して、指導者による部内の暴力事件の発生件数は、桜宮事件翌年の二〇一三年をピークとし、それより減少してはいるものの、全般的には減少傾向を示しているとはいいがたい。コロナ禍の影響により、二〇二〇・二一年は三〇件台だったものの、二〇一八・一九年や、二二年は一年で五〇件以上が報告されている。少子化により選手数・加盟校数が減少し、不祥事件数全体も減少しているなかで、指導者による暴力が不祥事件全体に占める割合は上昇し、二〇一九年以降は五〇％以上を占めるようになっている。かつて、野球部内の不祥事件は、喫煙や飲酒、喧嘩等の部員の不祥事と部員による部内の暴力事件が大半であったが、近年は、指導者による暴力が半数を占めているのである。

二〇二二年一二月、桜宮事件から一〇年を機に朝日新聞社が行った調査によると、小・中・高時代にスポーツ指導者から体罰を受けた経験のある大学生は一七％で、一〇年前の三三％から半減した。「体罰はあっていいか」という質問に対しては、「そう思わない」とする回答が、一〇年前の一七％から六六％へと急増する一方、「そう思う」の割合は二八％から五％へと急落した。現代のスポーツ選手の間では、体罰を容認する意見は極めて少数となっているのである。体罰が「以前よりも改善されている」という回答も三六％を占めており、桜宮事件以後の競技団体やスポーツ関係学会等の各種団体の声明や取り組みが、一定程度効果を上げていることは間違いない。

しかし、前述のアンケートにおいて「体罰は改善されたが、暴言や威圧的な言動は改善されていないと思う」という回答が三四％あったり、「たたかれたり、蹴られたりしたことはあるが、体罰を受けたとは思わない」という回答も三％あった。日本体大で体罰防止研修を実施している南部さおりは、殴る蹴るといった「わかりやすい体罰」は減少する一方で、ボールをぶつけたり、罰走を課したりするなど「別の形で肉体的苦痛を科すパターンは減っていない」とコメントしている(2)。部員間の暴力が激減しているのとは対照的に、いつまでたっても体罰や暴言・威圧的な言動を用いなければ指導できない部活指導者の問題性が、あらためて浮き彫りになっているといえよう。

一方で、近年のスポーツ科学の発達と、ネット等のメディアによる情報の発信・拡散により、野球をはじめとしたスポーツの理解やその指導法は劇的に変化している。統計学的手法を駆使したセイバーメトリクスによる選手能力の分析、ボールの回転数・回転軸等のトラッキングデータによる球質の改善、スイングスピード・打球角度の測定に基づく打撃理論、栄養学とトレーニングを駆使した筋力強化、コーチング理論に基づく指導等、野球指導者に求められる知識は極めて多様で、日々進化している。ソフトバンクホークスの監督として日本シリーズ四連覇を達成した工藤公康《くどうきみやす》や、仙台育英高を率いて初の東北勢優勝を果たした須江航《すえわたる》など、これらの知識に精通し、実践した監督が実績を残すようにもなっている。学ばない指導者、変われない指導者の居場所は、野球界でも急速に狭まっていっているように思われる。

## 体罰の起こりにくい環境づくり

本書の冒頭にも述べたように、野球をはじめとした日本スポーツ界では、体罰をなくすために様々な取り組みや提言がなされてきた。この一〇年間でも、大学・競技団体による指導者講習における体罰禁止や人権に関する教育、体罰を行った指導者に対する処分とその厳罰化、スポーツ指導者資格の整備・拡充、

「監督が怒ってはいけない大会」の開催など、様々な取り組みが進められてきた。そしてその成果は、地道ながらも着実に上がっているように思われる。

こうした動きをさらに進めて、日本スポーツ界から体罰をなくすためには、どのような対策・施策が必要であろうか。本書で見てきたように、日本スポーツ界で体罰・しごきが拡大したのは、学校外にスポーツができる環境がないために、多くの学生・生徒が部活動に殺到し、試合に出たり、レギュラーになったりするためには、ライバルを蹴落とさなければならなかったからだ。

選手数が増え、レベルが上がれば上がるほど、レギュラーの座をめぐる選手・部員間の競争は熾烈になり、体罰やしごきも用いられた。PL学園高で一年生から四番打者として夏六五回(一九八三)をはじめ二度の全国優勝に貢献した清原和博は、「練習でホームランを打つと先輩から、いわゆる〝厳しい指導〟を受け」るため、「打球が飛びにくいライトに打つように」したり、「わざと全力で振らな」かったりしたという。(3) それによって清原は、右打ちの技術を身に付けることになったが、上級生が暴力によって後輩を委縮させて、自らの地位を守ろうとしていたことがうかがえる。

このような環境を改善するためには、一チームの部員数を適正なものとしたり、部員数が多い学校・チームは複数チームでの大会出場を認めたり、一軍(トップチーム)以外の選手だけが出場できる大会・リーグ戦を開催したりすることが重要だ。ほとんどの部員が「自分は試合に出られる」と思える仕組みは、「試合に出るため」に行使される体罰の抑止に大きな効果があると思われる。こうした取り組みは、東京六大学野球のフレッシュトーナメントや関東大学サッカー連盟インディペンデンスリーグとしてすでに行われているが、同様の趣旨の大会や試合をさらに拡大させることが必要だ。

部員間の体罰の温床となりやすい合宿・寮の環境も変えることが望ましい。部員各自が自宅で生活するだけで合宿・寮での体罰・しごきはなくすことができる。部員が合宿や寮で生活するのであれば、その監督者は当該種目とは関係のない人物にしたり、様々な種目の部員や一般学生が混じって生活したりすることで、部の規範や序列が日常生活のすべてに影響するような事態を避けることができる。

部員・選手が移籍をしやすい環境をつくることも、体罰・しごきの根絶には重要だ。プロ野球・ヤクルトでゴールデングラブ賞を通算一〇度獲得するなど守備の名手として活躍した宮本慎也は、PL学園高の新入生は中学卒業後に野球部寮に入寮するが、「入学式まではお客さん」として扱われ、「入学式から帰ってきた瞬間」からその扱いが一変して「苦しい生活」が始まるといった趣旨の内容を述べている(4)。入学・入部の前後で新入生の扱いが一変するのは、それを契機にして新入部員が部内の権力から逃げられなくなるからだ。その学校で特定のスポーツを続けようとする限り、監督や上級生の指示に従うしか選択肢がないからこそ、新入生が入学・入部すると、それまでは仏のような監督・上級生が鬼のような存在に一変するのである。

こうした事態を避けるためには、部員や選手が問題のあるチームから即座に移籍できる仕組みをつくるとともに、その受け皿となるようなクラブチームが多数存在していることが重要だ。現在、高校野球では、親の転居以外の事情で転校した生徒は、原則として一年間公式戦に出場できず(大学野球は、大学が所属する各連盟の判断)、野球以外の種目でも転校後半年間は公式戦に出場できない(5)。このようなルールは、強豪校による選手の引き抜き防止を目的としているが、一方で監督や上級生による体罰・暴言や、非科学的な練習などの問題が改善されにくい構造的要因となっている。

学生野球では、指導者が体罰を行って処分を受けたとしても、ほとんどの場合、数か月で謹慎処分が解かれ、現場復帰する。一方、問題のある指導者やチームから選手が転校・移籍しようとすると、指導者の処分より長い出場停止が課せられるのである。こうした制度は公平性にも道義的にも問題があるように思われることから、転校・移籍による出場停止期間は一〜二か月程度にまで短縮し、問題のあるチーム・指導者から選手が逃れやすい仕組みをつくるべきであろう。

そうした環境にすることで、指導者は自ら努力して科学的な知識を習得したり、選手が理解・納得できるような指導法を模索したりしていくことになるであろう。もし、問題のある指導者が変わらなかったとしても、選手は自らの判断でチームを選択したり、別のチームに移籍したりすることができる。スポーツ界における体罰をなくすためには、体罰を行った指導者の処分・追放だけでなく、選手が指導者やチーム方針を選べるような仕組みづくり・体制づくりが必要不可欠なのである。

こうした動向に大きな影響を与えると思われるのが、部活動の地域移行である。「ブラック部活動」問題や教員の働き方改革を契機として、二〇二〇年から文科省・スポーツ庁が旗振り役となって部活動の地域移行が進められている。部活動の地域移行は、家庭の経済的負担の大きさや、過疎地域・中山間地域における受け皿の不足といった問題もある一方で、中高生の不本意な部活加入をなくしたり、指導方法や活動頻度、志向に基づく選択肢を増やしたりするなどの効果も期待される。

しかし、日本部活動学会会長を務める教育学者・神谷拓が指摘するように、現在の地域移行の議論は政府の歳出削減が先行しており、地域で充実したスポーツ活動をするための施設整備やクラブづくりに対する行政の財政支援が不十分だ。(6) 日本では、かつて青少年期に学校外でスポーツをすることができなかったからこそ、部活動に多くの生徒・学生が殺到し、それが体罰・しごきを引き起こす要因となったことを踏まえるならば、部活動の地域移行に際して学校外施設の充実や受け皿となるクラブづくりに国や自治体の財政支援は不可欠だ。文科省やスポーツ庁には、体罰を行った教員を処分するのみならず、それが起こりにくい環境を整備する責任があるはずだ。

体罰は日本スポーツ界の構造によって生まれた宿痾《しゅくあ》であるからこそ、それをなくすためには日本スポーツ界が一体となった構造改革が必要だ。人口構造の転換は、それを成し遂げる大きなチャンスでもある。選手・部員一人一人の自由や権利が保障され、自らの人生や生活を幸福で豊かなものにするようなスポーツ文化をはぐくむためにこそ、こうした取り組みを進めていく必要があるように思われる。

# あとがき

毎晩、テレビで阪神タイガースの試合が流れる典型的な関西の家庭に生まれた私にとって、野球は極めて身近なものだった。バース・掛布・岡田の三者連続ホームランに熱狂し、清原和博・桑田真澄のKKコンビを擁するPL学園に憧れる日々を過ごすなかで、少年野球チームに入ってプレーするようになったのは、私にとってはごく自然なことであった。

初めて体罰を目撃したのは、丸刈りになって地元中学の野球部に入って間もない頃であった。きっかけは同級生の一人が、顧問教員の指示に対して何か不満な態度をとったことだったらしい。突然、顧問教員の怒号がグラウンドに響き渡り、右手が同級生のほほを何度も往復した。「すいません、すいません」と何度も謝る同級生に対して、顧問教員はその後も往復ビンタを続けた。白い練習着が同級生の鼻血で赤く染まった姿は、今でも忘れられない。

その後、高校・大学と野球を続けた私にとって、体罰やしごきは日常とでもいうべきものであった。ノックを受けている最中にエラーをして、監督からノックバットのグリップエンドで小突かれた時には、目から火花が出るという表現がいかに適切か、身をもって知った。グラウンドの隅にボールが一つ落ちていたことを理由に先輩から「集合」がかけられ、昼休み中説教されたうえ、一年生全員でげんこつを食らったこともある。

中学でも高校でも新入部員のうちは、延々と学校の外周ランニングと腹筋・背筋・腕立て伏せといった基礎トレーニングと声出し・球拾いの日々を過ごした。夏休みの練習中、先輩の指示で倉庫に隠していた冷凍ペットボトルをコーチに見つかり、激怒したコーチにすべて捨てられたこともあった。そうした日々を過ごすなかで、部員が一人、また一人と退部していった。

野球も勉強もそこそこまじめに取り組んでいたものの(自分でいうのもどうかと思うが)、全国大会には一度も出場することはできなかったが、私の世代でそれなりに真剣に野球をするとなれば、それがどこであれ体罰やしごきと無縁でいることは難しかったのではないかと思う。

実は、本書には私の母校が出てくるだけでなく、かつて私が直接指導を受けた監督の回想も含まれている。私が指導を受けた時にはすでに高齢で、重病を患っていたが、それでもなお教壇に立ちながら野球部を指導していた。史料のなかに監督の名前を見つけた時は非常に驚いたが、私たちの前では威厳のある姿を見せていた人物が、選手としては苦しい立場に置かれながらも懸命に努力していたことを知った。

本書は、野球をはじめとした日本スポーツ界の体罰の実態と構造を解明し、それをなくすためにはどうすればいいかを学問的に追究したものである。しかし同時に、なぜ監督や上級生から殴られたり、しごかれたりしなければならなかったのかという、かつて私が心の中で抱き続けてきた疑問に対する、長い長い回答でもある。

本書は、筆者がこの一〇年近くかけて続けてきた研究成果をまとめたものである。適宜修正、再構成をしているが、本書のもとになった内容の初出は以下のとおりである。

第一章・第二章「近代日本の中高等教育と学生野球の自治」（二〇〇九年、博士論文、一橋大学）

第三章「高校野球一〇〇年のあゆみ」（白川哲夫・谷川穣編『「甲子園」の眺め方――歴史としての高校野球』小さ子社、二〇一八年）

第四章「体罰・しごき・上下関係――日本のスポーツチームにおける体罰発生の要因と背景」（友添秀則編『現代スポーツ評論』第四〇号、創文企画、二〇一九年）、「日本の大学におけるスポーツサークルの誕生と拡大――高度成長期の早稲田大学を中心にして」（『スポーツ科学研究』第一九号、早稲田大学スポーツ科学学術院、二〇二二年）

日本野球史をテーマにした博士論文を執筆し、次の研究テーマを探していた二〇一二年に桜宮事件が発生した。その後もスポーツ界での体罰やハラスメントが相次いで報道されるなか、早稲田大学スポーツ科学学術院でお世話になっていた石井昌幸先生から、スポーツ界の体罰問題についての研究プロジェクト（科研費基盤研究（B）、石井昌幸代表「体罰の比較文化史研究――暴力なきスポーツ界の思想的基盤構築に向けて」、課題番号二六二八二一七九）にお誘いいただいたことをきっかけにして、本格的に野球界の体罰研究に取り組んでいくこととなった。

その後、運よく二つの研究課題が科研費に採択され（若手研究（B）「戦後日本の大学スポーツの実証的研究――部活・サークル二重構造の形成と展開」課題番号一五K一六四六八、基盤研究（C）「明治期から高度成長期における日本野球界の体罰・しごき・上下関係の実証的研究」課題番号二〇K一一三〇八)、日本スポーツ界における体罰研究・部活/サークル研究に本腰を入れて取り組むことができた。本書は、これらの研究助成の成果である。不十分な点はあるかと思うが、本書は筆者が取り組んできた一連の研究の集大成とでもいうべきものだ。読者諸賢のご批判、ご叱正をいただくことができれば、望外の幸せである。

本書の完成までに、多くの方のご助言・ご助力をいただいた。高津勝先生には、大学院でご指導いただいただけでなく、博士修了後も筆者のすべての業績に目を通し、そのたびごとに懇切丁寧なコメントをいただいた。坂上康博先生にも、学会や研究会での報告に対して、多くの貴重なご助言をいただいた。石井昌幸先生からは、筆者の悩みにいつも適切なアドバイスをいただくことができた。石井先生からのご助言がなければ、岩波書店から著書を公刊することなど、想像もできなかった。本書で用いた史料の収集には、野球殿堂博物館の茅根拓氏、永沼里菜子氏にお世話になった。本文中で用いたデータの入力・集計には、筆者のゼミに所属した学生の皆さんにご協力をいただいた。

岩波書店の田中宏幸さんには、海の者とも山の者とも知れない私の提案を真摯に受け止めていただき、原稿の完成まで懇切丁寧なコメントをいただくことができた。これまでにも様々な研究者、編集者と仕事をしてきたが、私の最初の原稿に対して田中さんから頂いたメールほど、心を打たれるコメントをもらったことはなかった。粗削りな原稿の行間を読み、筆者の意図するところを筆者以上に理解し、不十分な点を適切にご指摘いただけたことに、心から感動を覚えた。完成した原稿が、満足してもらえる水準に達しているかどうかに不安はあるものの、田中さんと共に仕事をさせてもらえた時間は、筆者にとってこの上ない経験であった。

筆者にとって体罰研究に取り組んだこの一〇年は、わが子の子育てに邁進した時間でもあった。筆者の子どもたちは、父親の強い影響のせいで野球少年・野球少女に成長し、そのおかげで少年野球のフィールドワークを行ったり、現場に関わったりすることができるようになった(息子が野球を始めた時のことは、梶原大輔・中村哲也「服装バラバラ、連盟非加盟なのに試合ばっかりしていたら少年野球が復活した話」『ベースボロジー』第一六号、野球文化學會、二〇二三年、にまとめた)。

少年野球の現場、特に高知のように人口減少が進む地方では、野球人口・チーム数の減少が加速度的に進行している。しかし一方で、日本にはまだまだ野球を好きな人はたくさんいるし、やり方次第で多くの部員を集められる、ということも感じている。日々、子どもたちと野球をやるなかで、野球というスポーツのすばらしさを改めて感じるとともに、子どもたちや日本野球界のためにこそ、体罰やしごきなどの悪習は一刻も早く根絶しなければならない、と痛感する。本書が、野球をはじめとした日本スポーツ界から体罰を根絶させ、一人でも多くの人が心からスポーツを楽しめるようになることに貢献することができれば、それに勝る喜びはない。

慶応義塾高校の躍進と阪神タイガースの快進撃の報を聞きながら――

二〇二三年八月

中村哲也

# 引用・参考文献


## 新聞・雑誌

『嶽水会雑誌』第三高等学校嶽水会，復刻版，中外書房，1976 年.
『教育時論』開発社，復刻版，雄松堂書店，1982 年.
『校友会雑誌』第一高等学校校友会，復刻版，日本近代文学館，2006 年.
『サンデー毎日』毎日新聞社.
『東京朝日新聞』(『朝日新聞』) 朝日新聞社.
『東京日日新聞』(『毎日新聞』) 東京日日新聞社，毎日新聞社.
『日刊スポーツ』日刊スポーツ新聞社.
『野球界』野球界社，復刻版，デポルターレ，2017 年.
『読売新聞』読売新聞社.
『早稲田大学新聞』早稲田大学新聞会，復刻版，龍渓書舎，1982 年.

## 自伝・回想録

愛甲猛『球界の野良犬』宝島社，2009 年，文庫版，2011 年.
青田昇『ジャジャ馬一代――遺稿・青田昇自伝』ザ・マサダ，1998 年.
芥田武夫『わが熱球 60 年史』恒文社，1981 年.
阿野鉱二『勝つのが仕事！――プロ野球選手のセカンドキャリア』風人社，2012 年.
新井貴浩『ただ，ありがとう――「すべての出会いに感謝します」』ベースボール・マガジン社，2019 年.
池山隆寛『池山隆寛のブンブンブン！――夢，ありがとう プロ野球栄光と挫折の 19 年』小学館，2003 年.
石毛宏典『石毛宏典の「独立リーグ」奮闘記――野球愛から始まった小さくて大きな挑戦』アトラス出版，2009 年.
伊丹安広『一球無二――わが人生の神宮球場』ベースボール・マガジン社，1978 年.
井端弘和『守備の力』光文社，2014 年.
今井雄太郎『「野球の虫」の完全試合』ベースボール・マガジン社，1992 年.
今岡誠『感じるままに生きてきて』ベースボール・マガジン社，2012 年.
稲尾和久『鉄腕一代――超人投手の豪快野球人生！』ベースボール・マガジン社，1993 年.
入来祐作『用具係 入来祐作――僕には野球しかない』講談社，2014 年.
上田誠『エンジョイ・ベースボール――慶應義塾高校野球部の挑戦』日本放送出版

協会，2006年．

内村祐之『鑑三・野球・精神医学』日本経済新聞社，1973年．

宇野勝『ヘディング男のハチャメチャ人生』海越出版社，1985年．

江川卓『たかが江川されど江川』新潮社，1988年．

江藤慎一『闘将火と燃えて――山賊集団を率いる男の履歴書』鷹書房，1975年．

江夏豊『流浪のサウスポー』講談社，1981年．

江夏豊『左腕の誇り――江夏豊自伝』草思社，2001年，文庫版，新潮社，2010年．

江本孟紀『おれ，紆球曲球』日之出出版，1982年．

王貞治『回想』勁文社，1981年．

仰木彬『燃えて勝つ――9回裏の逆転人生』学習研究社，1990年．

大沢啓二『球道無頼――こんな野球をやってきた』集英社，1996年．

大下弘『大下弘日記――球道徒然草』ベースボール・マガジン社，1980年．

大野豊『新版 全力投球――我が選んだ道に悔いはなし』宝島社，2005年．

岡島秀樹『挑戦すれば道は拓ける――どんな逆境にもへこたれない僕の生き方』秀和システム，2018年．

緒方孝市『赤の継承――カープ三連覇の軌跡』光文社，2021年．

小川邦和『ベースボール放浪記――日・米・韓・メキシコ・カナダ』芸文社，1992年．

落合博満『なんと言われようとオレ流さ』講談社，1986年．

落合博満『コーチング――言葉と信念の魔術』ダイヤモンド社，2001年．

落合博満『采配』ダイヤモンド社，2011年．

落合博満『落合博満アドバイス――指導者に明かす野球の本質』ダイヤモンド社，2017年．

落合博満『決断＝実行』ダイヤモンド社，2018年．

尾花髙夫『部下がみるみる成果をつくりだす一流を育てる方程式』アチーブメント出版，2019年．

掛布泰治『GOGO!雅之――若トラの父として師として20年』双葉社，1978年．

掛布雅之『熱球悲願　猛虎が吼えた！――どん底から這い上がった苦闘の記録』恒文社，1982年．

加藤博一『生き抜いた21年』青谷舎，1991年．

門田博光『不惑の挑戦――南海ホークス最後のモンスター』海越出版社，1988年．

金森栄治『爆笑生傷男がやって来た――プロ野球，場外タイムリーデッドボール⁉』ベストセラーズ，1997年．

金石昭人『裸の野球人』KKロングセラーズ，2000年．

金田正一『やったるで！』報知新聞社，1965年．

金田正一『やったるで！ 20年――さよならギッチョ』報知新聞社，1970年．

金村義明『在日魂』講談社，2000年．

金本知憲『金本知憲――心が折れても，あきらめるな！』学習研究社，2009年．

苅田久徳『天才内野手の誕生——セカンドベースに賭けた人生』ベースボール・マガジン社，1990 年.
川上哲治『巨人軍の鬼といわれて——わが野球人生 50 年』読売新聞社，1974 年.
川上哲治『もっこす人生』日本放送出版協会，1978 年.
川崎徳次『戦争と野球——兵隊にされたプロ野球選手』ベースボール・マガジン社，1997 年.
木内幸男・語り，常陽新聞新社編『木内流子供の力の引き出し方——「できない子供」はひとりもいない』ゴマブックス，2003 年.
木樽正明『野球の力——銚子発』銚子スポーツタウン，2020 年.
衣笠祥雄『自分とどう闘いつづけるか——継続こそ力なり！』PHP 研究所，1985 年.
清原和博『男道』幻冬舎，2009 年.
清原和博『告白』文藝春秋，2018 年.
工藤公康『現役力——自分を知ることからすべては始まる』PHP 研究所，2009 年.
桑田真澄『試練が人を磨く——桑田真澄という生き方』扶桑社，1995 年.
桑田真澄『心の野球——超効率的努力のススメ』幻冬舎，2010 年.
桑田真澄『野球の神様がくれたもの』ポプラ社，2011 年.
小久保裕紀『一瞬に生きる』小学館，2013 年.
古葉竹識『耐えて勝つ』講談社，1975 年.
小早川毅彦『負けない集中力——「ZONE」に入った男の一振りの極意』ベースボール・マガジン社，2011 年.
小西得郎『したいざんまい——私の懺悔録』実業之日本社，1957 年.
佐伯達夫『佐伯達夫自伝』ベースボール・マガジン社，1980 年.
迫田穆成・田尻賢誉『力がなければ頭を使え——広商野球 74 の法則』ベースボール・マガジン社，2018 年.
里崎智也『シンプル思考』集英社，2021 年.
島田誠『それでも野球が好きだから』海鳥社，2008 年.
島秀之助『プロ野球審判の眼』岩波書店，1986 年.
島秀之助『白球とともに生きて——ある審判員の野球昭和史』ベースボール・マガジン社，1988 年.
白石勝巳『背番 8 は逆シングル——巨人，広島のわが球歴』ベースボール・マガジン社，1989 年.
新庄剛志『わいたこら．——人生を超ポジティブに生きる僕の方法』学研プラス，2018 年.
杉浦清『ユニフォームは知っている』黎明書房，1955 年.
杉下茂『フォークボール一代——勝利への投球，その闘いの足跡』ベースボール・マガジン社，1988 年.
杉下茂『幻のメジャーリーガーとフォークボール——50 年以上前，私は野球の本

場アメリカからスカウトされた』本の友社，2004 年.
杉下茂『伝える――わたしが見てきた野球 80 年』中日新聞社，2010 年.
杉浦忠『僕の愛した野球』海鳥社，1995 年.
鈴木孝政『流汗悟道――野球で学んだ人生哲学』海越出版社，1995 年.
梵英心『梵脳――失敗したらやり直せばいい.』サンフィールド，2019 年.
大豊泰昭『大豊――王貞治に憧れて日本にやってきた裸足の台湾野球少年』ソフトバンクパブリッシング，2004 年.
髙木大成『プロ野球チームの社員』ワニブックス，2021 年.
武田洋平『学生野球の首領――島岡吉郎』恒文社，1979 年.
達川光男『広島力』講談社，2019 年.
立浪和義『負けん気　増補版』文芸社，2014 年.
伊達正男『私の昭和野球史――戦争と野球のはざまから』ベースボール・マガジン社，1988 年.
田淵幸一『ホームランだけが人生だ――プロ野球ファンに捧げる豪打一発』光文社，1983 年.
千葉茂『猛牛一代の譜――無冠のセカンド讃歌』ベースボール・マガジン社，1983 年.
蔦文也・山際淳司『強うなるんじゃ！――ブンと生徒たちの泣き笑い高校野球』集英社，1983 年.
坪内道則『風雪の中の野球半世記』ベースボール・マガジン社，1987 年.
鶴岡一人『野球ひとすじ――私の履歴書』日経事業出版社，1984 年.
東京読売巨人軍・東京読売巨人軍選手会編著『不屈の男――吉村禎章』ベースボール・マガジン社，1998 年.
冨樫喜久子編『華の生涯――冨樫淳追悼』現代創造社，1988 年.
飛田穂洲『野球生活の思い出』朝日新聞社，1928 年 a，復刻版，ベースボール・マガジン社，1960 年.
飛田穂洲『熱球三十年』中央公論社，1934 年，復刻版，ベースボール・マガジン社，1959 年.
富永俊治『阿波の「攻めダルマ」蔦文也の生涯――たった 11 人で甲子園に出場し，負けても負けても挑戦し続けた元池田高校野球部監督の実像』アルマット，2007 年.
友野康治『北別府学　それでも逃げない――二十世紀最後の 200 勝投手』グラフ社，2007 年.
豊田泰光『風雲録――西鉄ライオンズの栄光と終末』葦書房，1985 年.
豊田泰光『オレが許さん！』ベースボール・マガジン社，1997 年.
鳥谷敬『明日，野球やめます――選択を正解に導くロジック』集英社，2022 年.
中沢不二雄『これが野球だ――監督の作戦・選手の心理』光文社，1960 年.
中西太『人を活かす　人を育てる』学習研究社，1991 年.

長島茂雄『燃えた，打った，走った！』講談社，1974 年.
長嶋茂雄『燃えた，打った，走った！』日本図書センター，1997 年.
長嶋茂雄『野球は人生そのものだ』日本経済新聞出版社，2009 年，文庫版，中央公論新社，2020 年.
中畑清『熱球悲願“絶好調男”の道』恒文社，1982 年.
中村順司『中村順司の野球はうまくなる！』宝島社，2001 年.
中村順司『甲子園最高勝率――PL 学園・中村流超エリート育成論』ベースボール・マガジン社，2014 年.
西田真二『西田真二の「ここで一発！」――赤ヘル・トラさんの痛快野球自叙伝』アスリート社，1996 年.
西本聖『長嶋監督 20 発の往復ビンタ』小学館，2001 年.
新浦壽夫『ぼくと野球と糖尿病――海を渡ったエースの闘病記』文藝春秋，1994 年.
野口二郎『私の昭和激動の日々――思い出の勝負，監督，選手たち』ベースボール・マガジン社，1990 年.
野々村直通『やくざ監督と呼ばれて――山陰のピカソ・野々村直通一代記』白夜書房，2012 年.
野々村直通『強育論――悩める大人たちに告ぐ！「いじめの芽を摘む」特効薬』講談社，2013 年.
野村克也『うん・どん・こん――血と涙で綴る三冠王までの道』日本社，1965 年.
野村謙二郎『変わるしかなかった.』KK ベストセラーズ，2015 年.
橋本清『PL 学園 OB はなぜプロ野球で成功するのか？』ぴあ，2009 年.
浜崎真二『球界彦左自伝』恒文社，1978 年.
原辰徳『原点――勝ち続ける組織作り』中央公論新社，2010 年.
張本勲『闘魂のバット――3000 本安打への道』ベースボール・マガジン社，1991 年.
板東英二『赤い手』青山出版社，1998 年.
東尾修『私の真実――わが悔いなき野球人生』ベースボール・マガジン社，1989 年.
平松政次『カミソリシュート――V9 巨人に立ち向かったホエールズのエース』ベースボール・マガジン社，2011 年.
広岡達朗『私の海軍式野球』サンケイ出版，1979 年.
福本豊『走らんかい！』ベースボール・マガジン社，2009 年.
福本豊『阪急ブレーブス――光を超えた影法師』ベースボール・マガジン社，2014 年.
藤川球児『火の玉ストレート――プロフェッショナルの覚悟』日本実業出版社，2021 年.
藤田元司『子育て人育てには愛と拳骨を』講談社，1984 年.

藤村富美男『ぼくの野球物語』昭和書院，1948 年．

藤本定義『覇者の謀略――実録プロ野球四十年史』ベースボール・マガジン社，1983 年．

古田敦也『「優柔決断」のすすめ』PHP 研究所，2009 年．

別所毅彦『剛球唸る！――栄光と熱投の球譜』ベースボール・マガジン社，1989 年．

星野仙一『ハードプレイ・ハード――勝利への道』文藝春秋，2000 年．

星野仙一『星野流』世界文化社，2007 年．

星野伸之『真っ向勝負のスローカーブ』新潮社，2003 年．

前田祐吉『野球と私』青蛙房，2010 年．

牧野茂『巨人軍かく勝てり――わが V9 秘録』文藝春秋，1975 年．

牧野直隆『ベースボールの力』毎日新聞社，2003 年．

松井稼頭央『メジャー最終兵器――わが決断』双葉社，2003 年．

松井稼頭央『3000 安打の向こう側』ベースボール・マガジン社，2016 年．

松木謙治郎『阪神タイガース松木一等兵の沖縄捕虜記』恒文社，1974 年，復刻版，現代書館，2012 年．

マック鈴木『漂流者――野球さえあれば，世界のどこでも生きていける』三交社，2014 年．

松下茂典『ドンを越えた男――「巨人軍監督」藤田元司・しんぼうに辛抱のリーダーシップ』ダイヤモンド社，1990 年．

松戸健『夢はるか，甲子園』清水書院，1988 年．

真弓明信『タイガースに捧ぐ』ザ・マサダ，1996 年．

三原修『私の野球生活』東亜出版社，1947 年．

三原脩『風雲の軌跡――わが野球人生の実記』ベースボール・マガジン社，1983 年．

水原茂『私の歩んだ野球生活』全国書房，1962 年．

水原茂『わが野球人生』恒文社，1978 年．

峰正太郎『野球一徹――回想の大下常吉』大矢武，1977 年．

宮本慎也『歩――私の生き方・考え方』小学館，2013 年．

宮本慎也『洞察力――弱者が強者に勝つ 70 の極意』ダイヤモンド社，2017 年．

村上雅則『たった一人の大リーガー』恒文社，1985 年．

村田兆治『右腕の傷あと』マガジンハウス，1989 年．

村田兆治『剛球直言』小学館，1991 年．

村山実『炎のエース――ザトペック投法の栄光』ベースボール・マガジン社，1993 年．

元木大介『クセ者――元木大介自伝』双葉社，2006 年．

元永知宏『パ・リーグを生きた男――悲運の闘将西本幸雄』ぴあ，2005 年．

本宮ひろ志・江川卓『実録たかされ(1-3)』文藝春秋，1998-99 年．

森祇晶『捕手的人間の時代――「勝利の方程式」などないと心得よ！』ザ・マサダ，2000 年．

森本稀哲『気にしない．――どんな逆境にも負けない心を強くする習慣』ダイヤモンド社，2017 年．

山倉和博『キャッチャーになんてなるんじゃなかった！――“意外性の男”の意外な告白』ベースボール・マガジン社，1991 年．

山﨑武司『さらば，プロ野球――ジャイアンの 27 年』宝島社，2014 年．

山下重定『クールガイ　高田繁』恒文社，1978 年．

山田久志『300 勝に賭けるサブマリン』ベースボール・マガジン社，1978 年．

山本和範『マイストーリー・マイウェイ――べった野球人生　カズ山本自伝』デコイ・ブックス，1997 年．

山本浩二『人間山本浩二――競争社会をしぶとく生きるために』交通タイムス社，1984 年．

山本茂『七色の魔球――回想の若林忠志』ベースボール・マガジン社，1994 年．

山本昌『奇跡の投手人生 50 の告白――悔いはあっても後悔はない』ベースボール・マガジン社，2015 年 a．

山本昌『山本昌という生き方』小学館，2015 年 b．

山本昌『継続する心』青志社，2019 年．

吉井理人『最高のコーチは，教えない．』ディスカヴァー・トゥエンティワン，2018 年．

吉田義男『海を渡った牛若丸――天才ショートの人生航路』ベースボール・マガジン社，1994 年．

若林弘泰『叱って伸ばす』竹書房，2021 年．

渡辺元智『いつも滑り込みセーフ』神奈川新聞社，2006 年．

部史・学校史

阿部光博編著『水戸商野球の百年』茨城県立水戸商業高等学校，2005 年．

市岡高等学校百周年記念事業委員会編・発行『大阪府立市岡中学校高等学校百年』2005 年．

市岡野球倶楽部編・発行『青春の三本線――市岡野球部八十年史(上)』1988 年．

茨城県立水戸第一高等学校硬式野球部 OB 会水府倶楽部編・発行『熱球一二〇年水戸中学水戸一高野球部の軌跡』2011 年．

宇高野球部 OB 会編・発行『宇高野球部 80 年』1980 年．

愛媛県立松山商業高等学校野球史編集委員会編『愛媛県立松山商業高等学校野球史』愛媛県立松山商業高等学校，1972 年．

嘉穂高校野球部史編集委員会編・発行『飛翔――嘉中・嘉高野球部九拾年史』1996 年．

鹿児島商業高等学校野球部 OB 会編・発行『青春　夢　情熱　鹿児島商業高校野球

部100年史』1999年.
慶応義塾編・発行『慶応義塾百年史　上巻』1958年.
慶応義塾編・発行『慶応義塾百年史　中巻(前)』1960年.
慶応義塾編・発行『慶応義塾百年史　中巻(後)』1964年.
慶応義塾野球部史編纂委員会編『慶応義塾野球部史』慶応義塾体育会野球部, 1960年.
五明公男編『創部八十周年記念――我が青春の法政大学野球部』法友野球倶楽部, 1995年.
静中静高百年史編集委員会編『静中静高百年史　上巻』静岡県立静岡高等学校同窓会, 1978年.
静中静高野球部史編纂委員会編『静中静高野球部史』静中静高野球倶楽部, 1964年.
下妻第一高等学校野球部史刊行委員会編・発行『下妻第一高等学校野球部史　中学時代編』2003年.
駿台倶楽部・明治大学野球部史編集委員会編『明治大学野球部史　第1巻』駿台倶楽部, 1974年.
駿台倶楽部・明治大学野球部史編集委員会編『明治大学野球部史　第2巻』駿台倶楽部, 1986年.
第一高等学校校友会編・発行『校友会雑誌号外　野球部史附規則』1895年, 復刻版, ベースボール・マガジン社, 1980年.
第一高等学校寄宿寮編・発行『向陵誌』1913年.
第一高等学校野球部『校友会雑誌号外　野球部史』1903年.
滝川高校野球部OB会編『滝川野球部史』1986年.
都築俊三郎編『東京大学野球部史』一誠会, 1975年.
桐陰会野球部百周年記念事業実行委員会編・発行『桐陰会野球部の一世紀――筑波大学附属高等学校・中学校野球部史』1999年.
稲泳会編・発行『早稲田大学水泳部八十年史』1991年.
稲門テニス倶楽部・早稲田大学庭球部編『早稲田大学庭球部七十周年誌』早稲田大学出版部, 1974年.
鳥取西高等学校野球部史編纂委員会編『鳥取西高等学校野球部史』鳥取県立鳥取西高等学校, 1987年.
鳥取西高百年史編纂委員会編・発行『鳥取西高百年史(本文編)』1973年.
飛田穂洲編『早稲田大学野球部五十年史』早稲田大学野球部, 1950年.
長野高校野球部部史編集委員会編『見ずや春風――長野高校野球部史』長野県長野高等学校野球部OB会, 1987年.
服部邦雄編『愛知一中野球部史』愛知一中野球倶楽部, 1961年.
林弘編著『時習館野球部史――健児が腕に力あり』時習館野球部史刊行委員会, 1981年.

広商野球部百年史編集委員会編『広商野球部百年史』広島県立広島商業高等学校，2000 年.
法政大学野球部百年史編集委員会編『法政大学野球部百年史』法政大学野球部・法友野球倶楽部，2015 年.
松本中学校・松本深志高校野球部誌編集委員会編『松本中学校・松本深志高校　野球部の一世紀』松本深志高等学校野球部 OB 会，2004 年.
水戸一高百年史編集委員会編『水戸一高百年史』水戸一高創立百周年記念事業実行委員会，1978 年.
市岡高等学校百周年記念事業委員会編『みおつくし』市岡高等学校百周年記念事業委員会，2004 年.
明治大学百年史編纂委員会編『明治大学百年史　第 2 巻　史料編 2』明治大学，1988 年.
明治大学百年史編纂委員会編『明治大学百年史　第 3 巻　通史編 1』明治大学，1992 年.
明治大学百年史編纂委員会編『明治大学百年史　第 4 巻　通史編 2』明治大学，1994 年.
明善野球編集委員会編集・発行『明善野球』1972 年.
山形県立山形東高等学校校史編纂委員会編『山形東高等学校百年史』山形県立山形東高等学校，1987 年.
立教大学野球部編纂委員会編『立教大学野球部史』セントポールズ・ベースボール・クラブ，1981 年.
早稲田アスレチック倶楽部編・発行『早稲田大学競走部七十年史』1984 年.
早稲田大学学生部『学園生活』早稲田大学，1960-67 年.
早稲田大学総長室広報課編・発行『学生の手帖』1968-79 年.
早稲田大学大学史編集所編『早稲田大学百年史　第 1 巻』早稲田大学出版部，1978 年.
早稲田大学大学史編集所編『早稲田大学百年史　第 2 巻』早稲田大学出版部，1981 年.
早稲田大学大学史編集所編『早稲田大学百年史　第 3 巻』早稲田大学出版部，1987 年.
早稲田大学 RDR 倶楽部編・発行『RDR60──早稲田大学バスケットボール部 60 年史』1983 年.
WMW 50 年史編集委員会編『早稲田大学ア式蹴球部 50 年史』早稲田大学 WMW クラブ，1977 年.
100 周年編纂委員会編『多士球児の青春譜──済々黌高等学校野球部創部 100 周年記念誌』済々黌野球部 OB 会，2002 年.

HP・オンライン動画
大島和人「「ブラック体質」を変えるためにも必要！　高校野球の転校規制緩和」『Yahoo! News』(https://news.yahoo.co.jp/byline/oshimakazuto/20180723-00090364　2023年5月17日閲覧).
谷口輝世子「米国のスポーツと暴力，命を脅かす一面も　全米の審判13%は「襲撃を受けた経験あり」」(https://the-ans.jp/column/213934/3/　2023年3月17日閲覧).
全国柔道事故被害者の会(http://judojiko.net/news/459.html　2023年3月17日閲覧).
JSPO「日本スポーツ協会公認スポーツ指導者概要」(https://www.japan-sports.or.jp/coach/tabid58.html　2023年2月24日閲覧).
野球いっかん「宮本慎也さんすべらない話，高校野球「PL学園野球部の理不尽！」5年前に大谷翔平選手の本塁打王を予言！」(https://www.youtube.com/watch?v=4b95gTS5FFM　2023年5月17日閲覧).
『デジタル大辞泉』ジャパンナレッジ.
『日本大百科事典』ジャパンナレッジ.

主要参考文献
愛球生「府下連合野球大会」「舎通生ベースボールマッチ」第三高等学校嶽水会編・発行『嶽水会雑誌』第2号，1899年，復刻版，中外書房，1976年.
阿江美恵子『スポーツ心理学からみた体罰の防止と指導者・競技者育成――人間にとってスポーツとは何か．デュアルキャリアの視点から』福村出版，2022年.
秋池宏美「教師の体罰意識と学校関係」牧柾名ほか編著『懲戒・体罰の法制と実態』学陽書房，1992年.
芦田公平・広津和郎『六大学リーグ戦史（附）早慶野球年史』誠文堂，1932年.
朝日新聞社史編修室『野球大会回顧座談会』1953年.
朝日新聞社編『全国高等学校野球選手権大会史』朝日新聞社・日本高等学校野球連盟，1958年.
朝日新聞社編『全国高等学校野球選手権大会50年史』朝日新聞社・日本高等学校野球連盟，1968年.
安倍能成『我が生ひ立ち』岩波書店，1966年.
天野郁夫『学歴の社会史――教育と日本の近代』新潮社，1992年，復刻版，平凡社，2005年.
有山輝雄『甲子園野球と日本人――メディアのつくったイベント』吉川弘文館，1997年.
井原外助「我国野球の幼年時代の思出」木村毅編『明治文化資料叢書　第10巻スポーツ編』風間書房，1962年.
牛村圭『ストックホルムの旭日――文明としてのオリンピックと明治日本』中央公

論新社，2021 年.
内海和雄『部活動改革――生徒主体への道』不昧堂出版，1998 年.
内田良『柔道事故』河出書房新社，2013 年.
内田良『ブラック部活動――子どもと先生の苦しみに向き合う』東洋館出版社，2017 年.
内田糺・森隆夫編『学校の歴史　第 3 巻　中学校・高等学校の歴史』第一法規出版，1979 年.
浦山文平「野球に就て」静岡県立静岡中学校校友会編・発行『校友会雑誌』第 9 号，1905 年.
浦川道太郎「野球協約と統一契約書からみたプロ野球選手契約の法的問題」『自由と正義』第 45 巻 11 号，1994 年.
運動術士『運動界之裏面』中興館，1906 年.
相賀徹夫編『日本大百科全書 5』1985 年，小学館.
大津尚志『校則を考える――歴史・現状・国際比較』晃洋書房，2021 年.
大平昌秀『異端の球譜――「プロ野球元年」の天勝野球団』サワズ出版，1992 年.
小笠原道生『スポーツと衛生』三省堂，1930 年.
岡部祐介『スポーツ根性論の誕生と変容――卓越への意志・勝利の追求』旬報社，2021 年.
織田幹雄『わが陸上人生』新日本出版社，1977 年，復刻版，日本図書センター，1997 年.
片岡暁夫「スポーツにおける鍛練と暴力性」『体育学研究』第 34 巻，1990 年.
片山義勝「運動家を厚遇する道」『校友会雑誌』第 92 号，第一高等学校校友会，1899 年.
学校体育研究同好会編『学校体育関係法令並びに通牒集　附体育関係参考資料』体育評論社，1949 年.
神谷拓「体罰を是認する二つの「鎖」」『教育』第 812 号，2013 年.
神谷拓『運動部活動の教育学入門――歴史とのダイアローグ』大修館書店，2015 年.
河井弥八「自治」『校友会雑誌』第 92 号，第一高等学校校友会，1899 年.
川瀬元九郎「体育断片」『中学世界』第 5 巻 5 号，1902 年.
河野仁『〈玉砕〉の軍隊，〈生還〉の軍隊――日米兵士が見た太平洋戦争』講談社，2001 年.
川本信正『スポーツ賛歌――平和な世界をめざして』岩波書店，1981 年.
菊幸一『「近代プロ・スポーツ」の歴史社会学――日本プロ野球の成立を中心に』不昧堂出版，1993 年.
菊川忠雄「スポーツ界剔抉記」『中央公論』第 46 巻 4 号，1931 年.
木村吉次「旧制一高の校風論争とスポーツ」中村敏雄ほか『スポーツナショナリズム』大修館書店，1978 年.

木村元『学校の戦後史』岩波書店，2015 年.
楠本恭久・立谷泰久・三村覚・岩本陽子「体育専攻学生の体罰意識に関する基礎的研究――被体罰経験の調査から」『日本体育大学紀要』第 28 巻 1 号，1998 年.
グレーバー，デヴィッド，酒井隆史・芳賀達彦・森田和樹訳『ブルシット・ジョブ――クソどうでもいい仕事の理論』岩波書店，2020 年.
君島一郎『日本野球創世記――創始時代と一高時代』ベースボール・マガジン社，1972 年.
日下裕弘『日本スポーツ文化の源流――成立期におけるわが国のスポーツ制度に関する研究　その形態および特性を中心に』不昧堂出版，1996 年.
香雪「弁妄」『運動界』第 2 巻 3 号，1898 年，復刻版，大空社，1986 年.
向陵生「一高野球部は気を以て勝負す」『野球界』第 1 巻 4 号，1911 年，復刻版，デポルターレ，2017 年.
小林哲夫『高校紛争 1969-1970――「闘争」の歴史と証言』中央公論新社，2012 年.
財団法人日本高等学校野球連盟編・発行『日本高校野球連盟三十年史』1976 年.
斉藤利彦『競争と管理の学校史――明治後期中学校教育の展開』東京大学出版会，1995 年.
齋藤雅英・依田充代・波多腰克晃・亀山有希「3 か国の体育系大学生における体罰の比較――日本，韓国，イタリアを対象として」『日本体育大学紀要』第 45 巻 2 号，2016 年.
斎藤良衛「制裁論」『校友会雑誌』第 98 号，第一高等学校校友会，1900 年.
笹島恒輔「運動部員の減少と同好会員の増加」『学校体育』第 25 巻 11 号，1972 年.
澤野雅彦『企業スポーツの栄光と挫折』青弓社，2005 年.
坂上康博『にっぽん野球の系譜学』青弓社，2001 年.
坂上康博「部活での暴力はいつから始まったか」三輪定宣・川口智久編『先生，殴らないで！――学校・スポーツの体罰・暴力を考える』かもがわ出版，2013 年.
坂本秀夫『体罰の研究』三一書房，1995 年.
坂本邦夫『紀元 2600 年の満州リーグ――帝国日本とプロ野球』岩波書店，2020 年.
佐藤隆夫『プロ野球協約論』一粒社，1982 年.
塩谷温「校風の衰退を論じて其振興策に及ぶ」『校友会雑誌』第 88 号，第一高等学校校友会，1898 年.
島沢優子『桜宮高校バスケット部体罰事件の真実――そして少年は死ぬことに決めた』朝日新聞出版，2014 年.
下村宏「校風を論じて其振興策に及ぶ」『校友会雑誌』第 48 号，第一高等学校校友会，1895 年.
社史編纂委員会編『毎日新聞七十年』毎日新聞社，1952 年.
週刊朝日編『続　値段の明治・大正・昭和風俗史』朝日新聞社，1981 年.
週刊朝日編『続続　値段の明治・大正・昭和風俗史』朝日新聞社，1982 年.
庄形篤「運動部活動における体罰受容のメカニズム――A 高等学校女子ハンドボ

ール部の事例」『スポーツ人類学研究』第 15 号，2013 年．

庄形篤「運動部活動における体罰肯定と「成長」という認識――事例研究からみる引退後における体罰の再解釈過程」『生活学論叢』第 39 号，2021 年．

庄野義信『六大学野球全集　上巻』改造社，1931 年 a，復刻版，アテネ書房，1977 年．

庄野義信『六大学野球全集　中巻』改造社，1931 年 b，復刻版，アテネ書房，1977 年．

勝田主計「子規を憶ふ」『日本及日本人』第 309 号，政教社，1934 年．

白幡洋三郎「福沢諭吉の運動会――近代スポーツと日本人の身体観考」吉見俊哉ほか編『運動会と日本近代』青弓社，1999 年．

城丸章夫『体育と人格形成――体育における民主主義の追求』青木書店，1980 年．

城丸章夫「体育・スポーツの現在」城丸章夫・水内宏編『スポーツ部活はいま』青木書店，1991 年．

杉山洋一「生徒指導主事の体罰意識に関する調査研究――学校運営への関わりを展望して」『東京大学大学院教育学研究科教育行政学研究室紀要』第 16 巻，東京大学大学院教育学研究科教育行政学研究室，1997 年．

鈴村全「中学校のスポーツ活動」城丸章夫・水内宏編『スポーツ部活はいま』青木書店，1991 年．

鈴木秀人・鈴木聡・坂本拓弥「我が国の運動部集団に見られる暴力的行為に関する研究」『平成 25 年度　広域科学教科教育学研究　研究成果報告書』東京学芸大学，2013 年．

鈴木秀人「運動部に見られる暴力的行為のルーツをめぐる俗説の再検討」鈴木秀人・鈴木聡・坂本拓弥「我が国の運動部集団に見られる暴力的行為に関する研究（その 2）」『平成 26 年度　広域科学教科教育学研究　研究成果報告書』東京学芸大学，2014 年．

鈴木秀人・鈴木聡・坂本拓弥「運動部に暴力的行為が継承される社会的要因に関する研究」『平成 27 年度　広域科学教科教育学研究　研究成果報告書』東京学芸大学，2015 年．

鈴木秀人「我が国の運動部に見られる「体罰」に関する一考察」『体育学研究』第 65 巻，2020 年．

高田保「買はれた（又は，飼はれた）スポーツ――昔も今も変わらぬ話」『改造』第 13 巻 4 号，1931 年．

高橋豪仁・久米田恵「学校運動部活動における体罰に関する調査研究」『教育実践総合センター研究紀要』第 17 号，奈良教育大学教育学部附属教育実践総合センター，2008 年．

高橋雄次郎『新式ベースボール術』四海堂，1898 年，復刻版，ベースボール・マガジン社，1980 年．

高橋雄次郎『野球叢談』四海堂，1899 年，復刻版，ベースボール・マガジン社，

1980 年.
高松平蔵『ドイツの学校にはなぜ「部活」がないのか――非体育会系スポーツが生み出す文化，コミュニティ，そして豊かな時間』晃洋書房，2020 年.
竹内洋『立志・苦学・出世――受験生の社会史』講談社，1991 年.
武田千代三郎『理論実験競技運動』博文館，1904 年，復刻版，大空社，1992 年.
武田千代三郎「各学校に於る運動の弊害(1)」『いはらき』1905 年 2 月 15 日.
武田洋平『学生野球の首領――島岡吉郎』恒文社，1979 年.
田島龍夫編『野球便用』愛知県立第一中学校学友会，1905 年，復刻版，ベースボール・マガジン社，1980 年.
辰野隆・辰野保『スポオツ随筆』大畑書店，1932 年.
谷口輝世子『なぜ，子どものスポーツを見ていると力が入るのか――米国発スポーツペアレンティングのすすめ』生活書院，2020 年.
玉木正之『スポーツ　体罰　東京オリンピック』NHK 出版，2013 年.
玉置通夫『甲子園球場物語』文藝春秋，2004 年.
中馬庚『野球』前川文栄堂，1897 年，復刻版，ベースボール・マガジン社，1980 年.
長風生「運動会慢言(続)」『中学世界』第 4 巻 11 号，1901 年.
束原文郎『就職と体育会系神話――大学・スポーツ・企業の社会学』青弓社，2021 年.
束原文郎，アーロン・ミラー「体罰と権力――文化人類学と〈体育会系就職〉論からみた体罰考」『体育の科学』第 63 巻 10 号，2013 年.
佃土用男「敢て校友諸氏に訴ふ」『校友会雑誌』第 81 号，第一高等学校校友会，1898 年.
出口競『全国高等学校評判記』敬文館，1912 年.
寺崎昌男「自治寮制度成立史論――とくに木下広次とその二演説をめぐって」『旧制高等学校史研究』第 15 号，旧制高等学校資料保存会，1978 年.
寺崎昌男・成田克矢編著『学校の歴史　第 4 巻　大学の歴史』第一法規出版，1979 年.
寺島善一「日比野寛と「運動」・「駈歩」――愛知一中校長としての実践を中心に」『明治大学教養論集』第 155 号，明治大学教養論集刊行会，1982 年.
出羽八郎「中野武二君に与へて野球部を論ずる書」『校友会雑誌』第 139 号，1904 年.
飛田穂洲『ベースボール　外野及び練習編』実業之日本社，1928 年 b.
飛田穂洲『ベースボール　内野編』実業之日本社，1928 年 c.
飛田穂洲『野球人国記』誠文堂，1931 年.
飛田穂洲『野球清談』東海出版社，1940 年.
飛田穂洲『球道半世記』博友社，1951 年.
冨江英俊「中学校・高等学校の運動部活動における体罰」『埼玉学園大学紀要　人

間学部編』第 8 巻，埼玉学園大学，2008 年．

中沢不二雄『これが野球だ——監督の作戦・選手の心理』光文社，1960 年．

中澤篤史『運動部活動の戦後と現在——なぜスポーツは学校教育に結び付けられるのか』青弓社，2014 年．

中野武二「一高式野球の神髄」『オリムピア』第 3 巻 9 号，1918 年．

中村哲也「近代日本の中高等教育と学生野球の自治」一橋大学博士論文，2009 年．

中村哲也『学生野球憲章とはなにか——自治から見る日本野球史』青弓社，2010 年．

中村哲也「日本の大学におけるスポーツサークルの誕生と拡大——高度成長期の早稲田大学を中心にして」『スポーツ科学研究』第 19 号，早稲田大学スポーツ科学学術院，2022 年．

長与博士記念会編『長与又郎伝』日新書院，1944 年．

西岡宏堂「「甲子園塾」の取り組みの経験」森川貞夫編『日本のスポーツ界は暴力を克服できるか』かもがわ出版，2013 年．

西原茂樹「近代日本におけるメディア・イベントとしての野球試合の成立・展開過程に関する社会史的研究——東京・大阪両都市間の比較を中心に」立命館大学博士論文，2007 年．

日本学生野球協会編『日本学生野球協会史』日本学生野球協会，1984 年．

日本経済新聞社編『私の履歴書　第 19 集』日本経済新聞社，1963 年．

日本社会人野球協会・毎日新聞社編・発行『都市対抗野球大会 40 年史』1969 年．

日本スポーツ学会監修，スポーツ指導・実務ハンドブック編集委員会編『スポーツ指導・実務ハンドブック——法，政策，行政，文化　第 2 版』道和書院，2012 年．

野口源三郎「スポーツを明朗へ戻せ」『体育と競技』1931 年．

野地照樹・吉田武男「大学生から見たスポーツ系の部活動における体罰の実態」『高知大学教育学部研究報告　第 1 部』高知大学教育学部，第 52 号，1996 年．

橋戸信『最近野球術』博文館，1905 年，復刻版，ベースボール・マガジン社，1980 年．

橋元良明『メディアと日本人——変わりゆく日常』岩波書店，2011 年．

藤田昌士「部活動とは何か」藤田昌士ほか編『スポーツ「部活」』草土文化，1987 年．

某生「中学生徒諸氏に与ふる書」『中学世界』第 5 巻 16 号，1902 年．

前田和男『男はなぜ化粧をしたがるのか』集英社，2009 年．

正岡子規「筆まか勢　第一編」1887 年，『子規全集　第 10 巻』講談社，1975 年．

正岡子規「水戸紀行」1889 年，『子規全集　第 13 巻』講談社，1976 年．

松井正『二軍史——もう一つのプロ野球』啓文社書房，2017 年．

松島利行「野球と映画の文化関係論（断章）——田中絹代と水原茂」『ベースボーロジー』第 6 号，2005 年．

宮坂広作『旧制高校史の研究——一高自治の成立と展開』信山社，2001年.
宮坂哲文「日本近代学校における課外活動の発達——その発達過程についての覚書」宮坂哲文『宮坂哲文著作集Ⅲ』明治図書出版，1968年.
ミラー，アーロンL., 石井昌幸・坂元正樹・志村真幸・中田浩司・中村哲也訳『日本の体罰——学校とスポーツの人類学』共和国，2021年.
望月浩一郎「スポーツにおける暴力・セクハラ・パワハラの法的諸問題」森川貞夫編『日本のスポーツ界は暴力を克服できるか』かもがわ出版，2013年.
森川貞夫「「なぜ体育教師は暴力／体罰教師になるのか」という声に対して」『体育学研究』第34巻，1990年.
森川貞夫「はじめに　いま，なぜ「スポーツにおける暴力・「体罰」・セクハラ・パワハラ問題」を取り上げるか」森川貞夫編『日本のスポーツ界は暴力を克服できるか』かもがわ出版，2013年.
森川貞夫編『日本のスポーツ界は暴力を克服できるか』かもがわ出版，2013年.
森田信博「明治期における秋田県での野球受容と統制について」『秋田大学教育学部研究紀要　教育科学』第43号，1992年.
守山恒太郎『野球之友』民友社，1903年，復刻版，ベースボール・マガジン社，1980年.
文部省『文部省第十五年報』文部省，1889年.
文部省体育局監修『体育・スポーツ指導実務必携　昭和63年版』ぎょうせい，1988年.
安田勉「体罰体験とその意識——大学生の意識調査から」『青森保健大学紀要』第1巻2号，2000年.
山口耕巌「青年と体育」『中学世界』第1巻6号，1898年.
大和球士『真説日本野球史　大正編』ベースボール・マガジン社，1977年a.
大和球士『真説日本野球史　昭和編その一』ベースボール・マガジン社，1977年b.
大和球士『真説日本野球史　昭和編その五』ベースボール・マガジン社，1979年.
山本宏樹「教養講座　体罰を科学する」『理大科学フォーラム』第33巻5号，2016年.
脇村春夫「日本の野球の歩み——普及・発展・低迷」大阪大学経済学研究科，2007年.
吉田裕『日本の軍隊——兵士たちの近代史』岩波書店，2002年.
M. Pate, L. A. Gould, “Corporal punishment around the world”, *PRAEGER*, 2012.

# 注

## 序章

(1)　若林(2021)，92-104 頁.

(2)　「東海大菅生監督体罰で謹慎処分」『朝日新聞』2023 年 1 月 21 日付朝刊.「東海大菅生高に新監督」同紙 2023 年 1 月 27 日付朝刊. 同氏は，2023 年 7 月に部長に就任し，同年 9 月には監督に復帰した.「東海大菅生・若林弘泰監督が復帰初戦快勝」『日刊スポーツ』2023 年 9 月 3 日付.

(3)　「不祥事 11 件処分」『朝日新聞』2023 年 2 月 1 日付朝刊.

(4)　桜宮高校バスケットボール部事件については，島沢(2014)参照.

(5)　暴力根絶に関する声明等については，森川編(2013)，240-252 頁参照.

(6)　JSPO「日本スポーツ協会公認スポーツ指導者概要」(https://www.japan-sports.or.jp/coach/tabid58.html　2023 年 2 月 24 日閲覧).

(7)　西岡(2013)，148-162 頁. 筆者は 2014 年に科研費の助成を受けて(石井昌幸研究代表「体罰の比較文化史研究――暴力なきスポーツ界の思想的基盤構築に向けて」課題番号 26282179)，甲子園塾の調査を行った.

(8)　「生徒に体罰，逮捕　高校教諭を傷害容疑で」『朝日新聞』2022 年 6 月 30 日付朝刊.

(9)　「剣道部員に暴行加えた疑い　本庄第一中の元顧問を逮捕」『朝日新聞』2022 年 8 月 26 日付朝刊.

(10)　「顧問が殴りけが　高 1，あご外れる　兵庫の学校謝罪」『朝日新聞』2022 年 10 月 3 日付朝刊.

(11)　藤田(1987)，96 頁.

(12)　坂本(1995)，216-217 頁.

(13)　城丸(1991)，15 頁.

(14)　秋池(1992)，358 頁.

(15)　森川(1990)，同(2013).

(16)　内田(2017)，171-172 頁.

(17)　鈴村(1991)，86 頁.

(18)　庄形(2013)，115-118 頁.

(19)　山本(2016)，37-38 頁.

(20)　東原，ミラー(2013)，777 頁.

(21)　高橋・久米田(2008)，および阿江(2022)，22-40 頁.

(22)　庄形(2021).

(23)　秋池(1992)，358 頁.

(24)　「高校野球指導者「心の育成重視」8割　6割は体罰容認」『朝日新聞』2006年6月5日付朝刊.
(25)　谷口(2020), 139頁.
(26)　内田(2013), 31頁, および全国柔道事故被害者の会「海外の柔道事故による死亡者数調査」(http://judojiko.net/news/459.html　2023年3月17日閲覧).
(27)　齋藤・依田・波多腰・亀山(2016).
(28)　ミラー(2021), 47頁.
(29)　高松(2020), 110頁.
(30)　片岡(1990), 72頁.
(31)　谷口輝世子「米国のスポーツと暴力, 命を脅かす一面も　全米の審判13%は「襲撃を受けた経験あり」」(https://the-ans.jp/column/213934/3/　2023年3月17日閲覧).
(32)　「「反体罰宣言」日体大・谷釜学長に聞く」『朝日新聞』2013年3月1日付朝刊.
(33)　玉木(2013), 70-71頁.
(34)　城丸(1980), 170頁.
(35)　内海(1998), および神谷(2013).
(36)　川本(1981), 170頁.
(37)　坂上(2013), 51頁.
(38)　体罰に関する文化主義批判については, ミラー(2021), 227-274頁参照.
(39)　鈴木・鈴木・坂本(2013, 2014, 2015), および, 鈴木(2020).
(40)　本研究では, 野球選手・監督として活動した体験・回想が一部でも含まれている出版物を「自伝・回想録」として収集した. また, 本人が直接執筆していなくても, 直接本人に取材したり, 本人から指導を受けたりしたことが明確な人々によって書かれた出版物については,「自伝・回想録」として扱った.
(41)　望月(2013), 116-117頁.
(42)　全国柔道事故被害者の会「「体罰」問題についてのメッセージ」(http://judojiko.net/news/1284.html　2023年5月18日閲覧).

**第1章**

(1)　明治初期は訳語がなく「ベースボール」や「ボール」と呼ばれていたが, 本稿では煩瑣を避けるため, 引用部を除いて「野球」で統一する.
(2)　日下(1996), 28-30頁.
(3)　第一高等学校校友会編(1895), 1頁.
(4)　正岡(1887), 37, 48-49頁.
(5)　勝田(1934), 63頁.
(6)　第一高等学校校友会編(1895), 9-14頁.
(7)　第一高等学校校友会編(1895), 10-16頁.

(8)「ベースボール部雑記」第一高等学校校友会『校友会雑誌』第23号，1893年1月，39-40頁．
(9) 運動(1906)，6頁．第一高等学校野球部(1903)，102頁．
(10) 中馬(1897)，61-63頁．
(11) 有山(1997)，27-28頁．
(12) 君島(1972)，102頁．
(13) 中野(1918)，85頁．
(14) 向陵生(1911)，33頁．坂上(2001)，80-81頁．
(15) 坂上(2001)，87-105頁．
(16) 君島(1972)，103-104，128-129頁．
(17) 坂上(2001)，79-80頁．
(18) 寺崎(1978)，21-25頁．
(19) 有山(1996)，24頁．
(20) 第一高等学校寄宿寮編(1913)，3-9頁．
(21) 宮坂(2001)，173-174頁．および，第一高等学校校友会編(1895)，13頁．
(22)「会報」第一高等学校校友会編『校友会雑誌』第1号，1890年，1頁．
(23) 坂上(2001)，33頁．
(24) 週刊朝日編(1981)，145，205頁．
(25)「会報」前掲『校友会雑誌』第1号，4頁．
(26)「ベースボール部報」前掲『校友会雑誌』第29号，1893年，91-99頁．
(27) 第一高等学校校友会編(1895)，189頁．
(28)「横浜遠征記事」前掲『校友会雑誌』第58号附録，1896年，4頁．
(29) 坂上(2001)，99頁．
(30) 第一高等学校校友会編(1895)，25頁．
(31)「ベースボール部大会」前掲『校友会雑誌』第11号，1891年，36-37頁．
(32)「ベースボール部報」前掲『校友会雑誌』第27号，1893年，59-60頁．
(33) 前掲「ベースボール部大会」36-37頁．
(34) 第一高等学校校友会編(1895)，8，25頁．
(35) 中馬(1897)，182-183頁．
(36) 第一高等学校校友会編(1895)，31頁．
(37) 京都遠征問題については，坂上(2001)，63-75頁参照．
(38) 君島(1972)，132頁．
(39) 球界(1911)，16-19頁．
(40) 君島(1972)，80頁．
(41) 辰野・辰野(1932)，9頁．
(42)「横浜遠征記事」前掲『校友会雑誌』第58号附録，1896年，1-2頁．
(43)「二監督の狂喜と杞憂」同上誌，18頁．
(44) 高橋(1898)，65-69頁．

(45)　高橋(1899)，65 頁.
(46)　寺崎・成田編著(1979)，98 頁.
(47)　文部省(1889)，44 頁.
(48)　安倍(1966)，347-348 頁.
(49)　数奇庵主人「試験に就きて」前掲『校友会雑誌』第 65 号，1897 年，27 頁.
(50)　「野球部報」同上誌第 126 号，1903 年，89 頁.
(51)　井原(1962)，242 頁.
(52)　長与博士記念会編(1944)，77 頁.
(53)　片山(1900)，15 頁.
(54)　「ベースボール部報」前掲『校友会雑誌』第 29 号，1893 年，91-99 頁.
(55)　前掲「横浜遠征記事」5 頁.
(56)　中村(2009)，34-35 頁.
(57)　竹内(1991)，73-77 頁.
(58)　君島(1972)，157 頁.
(59)　慶応義塾編(1958)，9，17，775-776 頁．慶応義塾編(1960)，50-66 頁.
(60)　白幡(1999)，56-83 頁.
(61)　慶応義塾編(1960)，168-169 頁.
(62)　慶応義塾野球部史編纂委員会編(1960)，2-13 頁.
(63)　早稲田大学大学史編集所編(1978)，458，977，1023-1026 頁．早稲田大学大学史編集所編(1981)，1178，1180 頁.
(64)　早稲田大学大学史編集所編(1978)，557，1015-1019 頁.
(65)　飛田編(1950)，47 頁.
(66)　橋戸(1905)，180 頁.
(67)　飛田編(1950)，60 頁.
(68)　慶応義塾野球部史編纂委員会編(1960)，16 頁.
(69)　出羽(1904)，46-49 頁.
(70)　宮坂(1968)，194 頁．木村(1978)，140 頁.
(71)　向陵生(1911)，33 頁.
(72)　君島(1972)，137-138 頁．慶応義塾野球部史編纂委員会編(1960)，18-19 頁.
(73)　日本経済新聞社編(1963)，302-306 頁.
(74)　第一高等学校校友会編(1895)，47-48 頁.
(75)　下村(1895)，20 頁．塩谷(1899)，25 頁.
(76)　河井(1899)，16 頁.
(77)　佃土(1898)，7-11 頁.
(78)　片山(1899)，8-11 頁.
(79)　斎藤(1900)，19-20 頁.
(80)　守山(1903)，151 頁.
(81)　球界(1911)，13 頁.

(82)　鈴木(2014)，3 頁.

第 2 章

(1)　内田・森編(1979)，37-38 頁.
(2)　竹内(1991)，134-143 頁.
(3)　斉藤(1995)，29-51 頁.
(4)　週刊朝日編(1981)，19，159 頁，および週刊朝日編(1982)，69，229 頁.
(5)　某生(1902)，14 頁.
(6)　斉藤(1995)，75 頁.
(7)　川瀬(1902)，115 頁.
(8)　山口(1898)，25-27 頁.
(9)　山形県立山形東高等学校校史編纂委員会編(1987)，52-53 頁.
(10)　嘉穂高校野球部史編集委員会編(1996)，12 頁.
(11)　坂上(2001)，140-141 頁.
(12)　静中静高野球部史編纂委員会編(1964)，47-50 頁.
(13)　長野高校野球部部史編集委員会編(1987)，2-8 頁.
(14)　林編著(1981)，6-9 頁.
(15)　茨城県立水戸第一高等学校硬式野球部 OB 会水府倶楽部編(2011)，71 頁. 以下，本節の内容は，特に注記のない限り同書参照.
(16)　正岡(1889)，396 頁.
(17)　水戸一高百年史編集委員会編(1978)，169-171 頁.
(18)　飛田(1928a)，37 頁.
(19)　水戸一高百年史編集委員会編(1978)，197-203 頁.
(20)　飛田(1931)，45 頁.
(21)　寺島(1982)，40-43 頁.
(22)　服部編(1961)，55-56 頁. 以下，本節の内容は，特に注記のない限り同書参照.
(23)　田島編(1905)，2-3 頁.
(24)　田島編(1905)，23-26 頁.
(25)　鳥取西高百年史編纂委員会編(1973)，64 頁.
(26)　鳥取西高等学校野球部史編纂委員会編(1987)，2-3 頁. 以下，本節の内容は，特に注記のない限り同書参照.
(27)　市岡高等学校百周年記念事業委員会編(2005)，6 頁.
(28)　佐伯(1980)，29 頁.
(29)　市岡高等学校百周年記念事業委員会編(2005)，45 頁.
(30)　佐伯(1980)，21 頁.
(31)　市岡野球倶楽部編(1988)，11-46 頁.
(32)　桐陰会野球部百周年記念事業実行委員会編(1999)，6 頁.

(33)　下妻第一高等学校野球部史刊行委員会編(2003)，40頁.
(34)　浦山(1905)，84頁．静中静高野球部史編纂委員会編(1964)，56頁．林編著(1981)，17頁.
(35)　愛球生(1899)，91-93頁.
(36)　「野球大会」『嶽水会雑誌』第15号，1902年，78-86頁.
(37)　『嶽水会雑誌』第50号，1911年，85-90頁.
(38)　出口(1912)，190頁.
(39)　明善野球編集委員会編(1972)，45頁.
(40)　林編著(1981)，20-29頁.
(41)　長野高校野球部部史編集委員会編(1987)，12頁.
(42)　下妻第一高等学校野球部史刊行委員会編(2003)，54頁.
(43)　香雪(1898)，16頁.
(44)　飛田(1928a)，40-41頁.
(45)　森田(1992)，38頁，および，愛媛県立松山商業高等学校野球史編集委員会編(1972)，25頁.
(46)　宇高野球部OB会編(1980)，9頁.
(47)　阿部編著(2005)，24頁.
(48)　長風生(1901)，125頁.
(49)　田島編(1905)，155-156頁.
(50)　明善野球編集委員会編(1972)，47，90-95頁.
(51)　佐伯(1980)，27頁.
(52)　武田(1904)，604-625頁.
(53)　武田(1905).
(54)　「全国中学校長会成績」『教育時論』第802号，1907年，38頁，および坂上(2001)，137-138頁.
(55)　「現文部の教育方針」同上誌第845号，1908年，32頁.
(56)　水戸一高百年史編集委員会編(1978)，157-169，191頁.
(57)　茨城県立水戸第一高等学校硬式野球部OB会水府倶楽部編(2011)，84頁.
(58)　「野球と其害毒(12)　野球の弊害と改善」『東京朝日新聞』1911年9月9日付朝刊.
(59)　鹿児島商業高等学校野球部OB会編(1999)，31-34頁.
(60)　100周年編纂委員会編(2002)，75頁.
(61)　森田(1992)，37頁.
(62)　静中静高百年史編集委員会編(1978)，494-502，730-733頁.
(63)　「野球と其害毒(4)　野球は多く堕落の機会を作る」『東京朝日新聞』1911年9月1日付朝刊.
(64)　静中静高野球部史編纂委員会編(1964)，63-72，158-160頁.
(65)　静中静高百年史編集委員会編(1978)，736-738頁.

(66) 松本中学校・松本深志高校野球部誌編集委員会編(2004), 85 頁.
(67) 有山(1997), 53 頁.
(68) 「野球と其害毒(1, 2)」『東京朝日新聞』1911 年 8 月 29 日・30 日付朝刊.
(69) 「野球と其害毒(12, 19)」『東京朝日新聞』1911 年 9 月 9 日・16 日付朝刊.
(70) 「野球と其害毒(1, 3)」『東京朝日新聞』1911 年 8 月 29 日・31 日付朝刊.

第３章
(1) 朝日新聞社編(1968), 39-42 頁.
(2) 有山(1997), 72 頁.
(3) 朝日新聞社史編修室(1953), 12-23 頁.
(4) 有山(1997), 86-97 頁.
(5) 西原(2007), 64-67 頁.
(6) 朝日新聞社編(1968), 51 頁.
(7) 大和(1977a), 218 頁.
(8) 玉置(2004), 13-38 頁.
(9) 有山(1997), 138-139 頁.
(10) 朝日新聞社編(1958), 130, 179, 238 頁.
(11) 朝日新聞社史編修室(1953), 62-63 頁.
(12) 庄野(1931a), 157 頁. 以下, 本節は特に注記のない限り, 同書参照.
(13) 駿台倶楽部・明治大学野球部史編集委員会編(1974), 41-46 頁.
(14) 橋元(2011), 15-17 頁.
(15) 有山(1997), 128 頁.
(16) 庄野(1931b), 648-656 頁.
(17) 朝日新聞社編(1958), 141 頁.
(18) 有山(1997), 157 頁.
(19) 鶴岡(1984), 30-32 頁. 広商野球部百年史編集委員会編(2000), 85 頁.
(20) 武田(1979), 64 頁.
(21) 中村(2010), 21-29 頁.
(22) 松島(2005), 231 頁.
(23) 駿台倶楽部・明治大学野球部史編集委員会編(1974), 268 頁.
(24) 中村(2010), 34-42 頁.
(25) 駿台倶楽部・明治大学野球部史編集委員会編(1974), 127-131 頁.
(26) 浜崎(1978), 16-19 頁.
(27) 五明編(1995), 38 頁.
(28) 庄野(1931b), 688 頁.
(29) 「誘拐騒ぎまで惹起　大学の野球選手争奪」『東京日日新聞』1931 年 4 月 23 日付.
(30) 菊川(1931), 214 頁.

(31) 東原(2021), 80-121頁.
(32) 野口(1931), 9頁.
(33) 高田(1931), 154頁.
(34) 野口(1931), 10頁.
(35) 坂本(2020), 119頁. 以下, 本節の内容は, 特に注記のない限り同書参照.
(36) 社史編纂委員会編(1952), 532-533頁.
(37) 澤野(2005), 65-66頁.
(38) 澤野(2005), 20-24頁.
(39) 大和(1977b), 26-27頁.
(40) 日本社会人野球協会・毎日新聞社編(1969), 3-7頁.
(41) 日本社会人野球協会・毎日新聞社編(1969), 9頁.
(42) 「地方予選戦績」『サンデー毎日』第九回都市対抗野球大会号, 1935年, 38-39頁, および「各地方予選戦績」同誌第十回都市対抗野球大会号, 1936年, 15頁.
(43) 芥田(1981), 82-96頁.
(44) 東原(2020), 105頁.
(45) 伊丹(1978), 255頁.
(46) 菊(1993), 132-135頁.
(47) 菊(1993), 140-141頁.
(48) 大平(1992), 232頁.
(49) 三原(1983), 44頁.
(50) 水原(1962), 75頁.
(51) 山本(1994), 140頁.
(52) 中沢(1960), 23-24, 38頁.
(53) 庄野(1931a), 167頁.
(54) 飛田(1928c), 18頁.
(55) 駿台倶楽部・明治大学野球部史編集委員会編(1974), 6-9, 40, 93, 214頁.
(56) 慶応義塾野球部史編纂委員会編(1960), 167頁.
(57) 五明編(1995), 34頁.
(58) 飛田(1928a), 379-385頁.
(59) 飛田(1928b), 106-111頁.
(60) 飛田(1940), 56, 77頁.
(61) 芥田(1981), 44-46頁.
(62) 飛田(1928b), 101-109頁.
(63) 慶応義塾編(1958), 299頁.
(64) 慶応義塾編(1960), 716-717頁.
(65) 慶応義塾野球部史編纂委員会編(1960), 13頁.
(66) 慶応義塾編(1960), 734-736頁, および慶応義塾野球部史編纂委員会編

(1960)，13 頁.
(67) 慶応義塾編(1964)，187-188 頁.
(68) 慶応義塾野球部史編纂委員会編(1960)，305 頁.
(69) 慶応義塾編(1964)，324-350 頁.
(70) 慶応義塾野球部史編纂委員会編(1960)，305 頁.
(71) 飛田編(1950)，50-51 頁.
(72) 飛田(1951)，60-61 頁.
(73) 早稲田大学大学史編集所編(1987)，755 頁.
(74) 芦田・広津(1932)，40 頁.
(75) 駿台倶楽部・明治大学野球部史編集委員会編(1974)，1-2 頁.
(76) 明治大学百年史編纂委員会編(1992)，127-131 頁.
(77) 立教大学野球部編纂委員会編(1981)，13，34，64-65 頁.
(78) 法政大学野球部百年史編集委員会(2015)，341-343 頁.
(79) 都築編(1975)，2-29 頁.
(80) 駿台倶楽部・明治大学野球部史編集委員会編(1974)，37 頁．以下，特に注記のない限り，本節の引用は同書による.
(81) 駿台倶楽部・明治大学野球部史編集委員会編(1986)，778 頁.
(82) 橋戸(1905)，180 頁.
(83) 飛田編(1950)，102 頁.
(84) 飛田(1934)，275 頁.
(85) 佐伯(1980)，37 頁.
(86) 駿台倶楽部・明治大学野球部史編集委員会編(1974)，1-2，83 頁.
(87) 飛田(1934)，275-286 頁.
(88) 伊丹(1978)，71-79，183，198 頁.
(89) 中村(2010)，56 頁.
(90) 立教大学野球部編纂委員会編(1981)，490 頁.
(91) 慶応義塾野球部史編纂委員会編(1960)，245 頁.
(92) 駿台倶楽部・明治大学野球部史編集委員会編(1974)，146，493 頁.
(93) 五明編(1995)，35 頁.
(94) 駿台倶楽部・明治大学野球部史編集委員会編(1974)，345，533 頁.
(95) 大下(1980)，47-48 頁.
(96) 駿台倶楽部・明治大学野球部史編集委員会編(1974)，349，370 頁.
(97) 伊丹(1978)，41-42 頁.
(98) 慶応義塾野球部史編纂委員会編(1960)，261 頁.
(99) 山本(1994)，34 頁.
(100) 五明編(1995)，47 頁.
(101) 駿台倶楽部・明治大学野球部史編集委員会編(1974)，524-525 頁.
(102) 武田(1979)，63 頁.

(103)　広商野球部百年史編集委員会編(2000)，41 頁．以下，本節の引用は，特に注記のない限り，同書による．

(104)　鶴岡(1984)，28-29 頁．

(105)　川上(1978)，27-28 頁．

(106)　滝川高校野球部 OB 会編(1986)，1-3，65 頁．

(107)　別所(1989)，15-16 頁．

(108)　青田(1998)，38 頁．

(109)　別所(1989)，18-27 頁．

(110)　青田(1998)，38-39 頁．

(111)　大和(1979)，85 頁．

(112)　大下(1980)，53 頁．

(113)　中村(2010)，72-104 頁．

第 4 章

(1)　中村(2010)，110-115 頁．

(2)　学校体育研究同好会編(1949)，104-106 頁．

(3)　学校体育研究同好会編(1949)，146 頁．

(4)　中澤(2014)，108 頁．

(5)　駿台倶楽部・明治大学野球部史編集委員会編(1974)，526 頁．

(6)　駿台倶楽部・明治大学野球部史編集委員会編(1986)，3 頁．以下，特に注記のない限り，本節の引用は同書による．

(7)　河野(2001)，69-71 頁．

(8)　杉下(2004)，19-21 頁．

(9)　杉下(2010)，53-68 頁．

(10)「スポーツ界列伝 9　島岡吉郎(4) 素人監督 11 年ぶりの優勝」『朝日新聞』1983 年 2 月 17 日付朝刊，および「スポーツ界列伝 9　島岡吉郎(5) 精神野球」同紙 1983 年 2 月 18 日付朝刊．

(11)　武田(1979)，57-68，130-132 頁．

(12)　立教大学野球部編纂委員会編(1981)，190 頁．以下，特に注記のない限り，本節の引用は同書による．

(13)「砂押邦信　人・寸描」『朝日新聞』1953 年 5 月 27 日付朝刊．

(14)　長嶋(1997)，102-114 頁．

(15)　大沢(1996)，27 頁．

(16)　杉浦(1995)，112 頁．

(17)　長嶋(1997)，111 頁．

(18)　大沢(1996)，27 頁．

(19)　長嶋(1997)，102 頁．

(20)　杉浦(1995)，110-111 頁．

(21)　大沢(1996)，29 頁.
(22)　杉浦(1995)，109 頁.
(23)　大沢(1996)，33-34 頁.
(24)　駿台倶楽部・明治大学野球部史編集委員会編(1986)，94 頁．以下，特に注記のない限り，本節の引用は同書による.
(25)　明治大学百年史編纂委員会編(1994)，445-454，495-512 頁.
(26)　明治大学百年史編纂委員会編(1988)，1254-1257 頁.
(27)　M. Pate, L. A. Gould(2012)，15-22 頁.
(28)　中西(1991)，67-69 頁.
(29)　金田(1965)，30-31，63-64 頁.
(30)　古葉(1975)，36-37 頁.
(31)　江藤(1975)，27 頁.
(32)　王(1981)，196-197 頁.
(33)　稲尾(1993)，40 頁.
(34)　江夏(1981)，83-100 頁.
(35)　掛布(1978)，67-70，124 頁.
(36)　冨樫編(1988)，50-59，107，137 頁.
(37)　木村(2015)，110 頁.
(38)　衣笠(1985)，32-34 頁.
(39)　平松(2011)，63 頁.
(40)　愛甲(2009)，37 頁.
(41)　山下(1978)，27，42 頁.
(42)　「しごく」『デジタル大辞泉』ジャパンナレッジ.
(43)　村上(1985)，49-52 頁.
(44)　江本(1982)，53-74 頁.
(45)　金村(2000)，81-84 頁.
(46)　牛村(2021)，162-169 頁.
(47)　小笠原(1930)，88 頁.
(48)　青田(1998)，38-39 頁.
(49)　板東(1998)，170-171 頁．本書は，自伝的小説として書かれているが，野球部時代の体験や心情などが具体的に叙述されているため，このようなできごとが事実として存在したと判断した.
(50)　江夏(1981)，88-89 頁.
(51)　相賀編(1985)，713 頁，および「バリカン」『日本大百科事典』ジャパンナレッジ.
(52)　大津(2021)，15 頁.
(53)　前田(2009)，134-137 頁.
(54)　小林(2012)，97-98 頁.

(55) 「丸刈りに断固抵抗　都下・大和二中の7生徒」『朝日新聞』1968年5月9日付朝刊．小須田実「カツオくん，なぜ長髪にしないの」同紙1970年1月6日付朝刊，および「特集カツオ君の坊主頭」同紙1970年1月18日付朝刊．
(56) 島岡吉郎「ゆっくり話そう　坊主礼賛論」『朝日新聞』1970年3月1日付朝刊．
(57) グレーバー(2020)，164-165頁．
(58) 「まさに“根性の男”早慶戦投げ通した安藤投手」『朝日新聞』1960年11月13日付朝刊．
(59) 「根性で勝った高知ナイン　優勝旗先頭に病院へ　負傷の二人と涙の握手」『朝日新聞』1964年8月19日付朝刊．「実らせた“心の野球”」同紙1969年8月23日付朝刊．
(60) 渡辺(2006)，38-40頁．
(61) 金本(2009)，28-29頁．
(62) 「根性」『朝日新聞』1976年7月8日付朝刊．
(63) 岡部(2021)，163頁．
(64) 江藤(1975)，51-57頁．
(65) 江本(1982)，88，112頁．
(66) 白石(1989)，45-46頁．
(67) 三原(1983)，48-49頁．
(68) 別所(1989)，116-117頁．
(69) 杉浦(1955)，180頁．
(70) 豊田(1997)，191頁．
(71) 野村(1965)，141-142頁．
(72) 新浦(1994)，46頁．
(73) 東尾(1989)，19頁．
(74) 加藤(1991)，68-69，117頁．
(75) 王(1981)，191-194頁．
(76) 大沢(1996)，111頁．
(77) 西本(2001)，99-101頁．
(78) 長嶋(2020)，223頁．
(79) 山倉(1991)，253頁．
(80) 星野(2000)，37-38頁．
(81) 星野(2000)，40-41頁．
(82) 山本(2015a)，52頁．
(83) 大豊(2004)，165頁．
(84) 星野(2000)，116-117頁．
(85) 山﨑(2014)，76-77頁．
(86) 「落合博満氏「暴力一掃に5年」根絶は小さな組織から」『日刊スポーツ』

2018年9月3日(https://www.nikkansports.com/baseball/news/201809030000406.html　2022年11月11日閲覧).
(87)　脇村(2007), 54-55頁.
(88)　松井(2017), 32-39, 47-55, 91頁.
(89)　大和(1979), 273-282頁.
(90)　浦川(1994), および佐藤(1982), 122, 123, 144頁.
(91)　野村(1965), 140-141頁.
(92)　例えば, 阿江(2022), 29-35頁, など.
(93)　本節の内容は, 中村(2022)の一部を修正・再構成したものである.
(94)　稲門テニス倶楽部・早稲田大学庭球部編(1974), 4, 449-452頁.
(95)　WMW 50年史編集委員会編(1977), 217-222頁.
(96)　稲泳会編(1991), 72-102頁.
(97)　織田(1977), 82頁.
(98)　稲泳会編(1991), 110-111, 237-238, 279-280頁.
(99)　WMW 50年史編集委員会編(1977), 233頁.
(100)　早稲田アスレチック倶楽部編(1984), 177, 207頁.
(101)　稲門テニス倶楽部・早稲田大学庭球部編(1974), 524頁.
(102)　村上(1985), 49-52頁. 江夏(1981), 90頁.
(103)　「七被告全員に有罪」『朝日新聞』1966年6月22日付夕刊.
(104)　「伝統の名でのさばる暴力　死のシゴキ事件の背景」『朝日新聞』1965年5月25日付夕刊, および「大学クラブ活動危機(上)」同紙1965年6月3日付朝刊.
(105)　「運動部の暴行続出　退部希望者に“金を出せ”」『読売新聞』1966年5月20日付朝刊.
(106)　「また“死のシゴキ？”桃山学院大ワンゲル部」『読売新聞』1966年7月28日付朝刊.
(107)　「高校生“死のシゴキ”一年生をなぐるける」『読売新聞』1968年10月11日付朝刊.
(108)　「拓大にも“放任の罪”死のしごき, 賠償命じる」『読売新聞』1973年8月30日付朝刊.
(109)　「“シゴク”ということ」『朝日新聞』1965年5月27日付朝刊.
(110)　「何が空手リンチ事件を生んだか」『朝日新聞』1970年6月20日付朝刊.
(111)　スポーツ指導・実務ハンドブック編集委員会編(2012), 280頁.
(112)　文部省体育局監修(1988), 490頁.
(113)　スポーツ指導・実務ハンドブック編集委員会編(2012), 281頁.
(114)　文部省体育局監修(1988), 491頁.
(115)　「学生のリンチふえる　目立つ運動部・寮関係」『朝日新聞』1965年12月3日付朝刊.
(116)　ミラー(2021), 115-121頁.

(117) 中村(2010), 142-155 頁.

(118) 「大阪府警, 浪商野球部に手入 下級生に拷問的な扱い」『朝日新聞』1956 年 9 月 18 日付夕刊.

(119) 「浪商問題に最終裁定 野球」『朝日新聞』1956 年 10 月 9 日付朝刊.

(120) 財団法人日本高等学校野球連盟編(1976), 157 頁.

(121) 中村(2010), 180-183 頁.

(122) 日本学生野球協会編(1984), 235-236 頁.

(123) 張本(1991), 64-74 頁.

(124) 「ヘルメットと棍棒でなぐり込み 体育部などの学生大がかりなスト破り」『早稲田大学新聞』1966 年 2 月 17 日, 「大学当局のガードマン, 運動部学生を用いた暴力的スト破壊を弾劾する!」同紙 1966 年 4 月 21 日. 以下, 本節の内容は, 特に注記のない限り, 中村(2022)による.

(125) 「明日のスポーツを求めて 大学盛衰記 1」『毎日新聞』1970 年 11 月 25 日付朝刊.

(126) 立教大学野球部編纂委員会編(1981), 426, 538 頁.

(127) 早稲田アスレチック倶楽部編(1984), 260 頁.

(128) 早稲田大学 RDR 倶楽部編(1983), 120 頁.

(129) 「大学スポーツ国内キャンパスの実態 17 変化の波」『朝日新聞』1981 年 3 月 6 日付朝刊.

終章

(1) 吉田(2002), 17-19 頁.

(2) 「姿変える体罰 撲滅なお課題」『朝日新聞』2022 年 12 月 23 日付朝刊.

(3) 清原(2018), 27-28 頁.

(4) 例えば「宮本慎也さんすべらない話, 高校野球「PL 学園野球部の理不尽!」5 年前に大谷翔平選手の本塁打王を予言!」『野球いっかん!』(https://www.youtube.com/watch?v=4b95gTS5FFM 2023 年 5 月 17 日閲覧).

(5) 大島和人「「ブラック体質」を変えるためにも必要! 高校野球の転校規制緩和」『Yahoo!News』(https://news.yahoo.co.jp/byline/oshimakazuto/20180723-00090364 2023 年 5 月 17 日閲覧).

(6) 「部活動の地域移行「教育的意義, 議論を」神谷拓・関西大教授の見方は」『朝日新聞』2022 年 6 月 17 日付朝刊.

中村哲也
1978年大阪府生まれ.
京都府立大学文学部卒業, 一橋大学大学院社会学研究科博士後期課程修了. 博士(社会学).
早稲田大学スポーツ科学学術院助手を経て, 現在, 高知大学地域協働学部准教授.
専門は日本スポーツ史.
著書に『学生野球憲章とはなにか——自治から見る日本野球史』(青弓社, 2010年), 共訳書にアーロン L. ミラー『日本の体罰——学校とスポーツの人類学』(共和国, 2021年).

体罰と日本野球—歴史からの検証

2023年12月14日　第1刷発行

著　者　中村哲也《なかむらてつや》

発行者　坂本政謙

発行所　株式会社 岩波書店
〒101-8002 東京都千代田区一ツ橋 2-5-5
電話案内 03-5210-4000
https://www.iwanami.co.jp/

印刷・精興社　製本・牧製本


ISBN 978-4-00-061622-5　　Printed in Japan